グローバル化・デジタル革命のインパクト

日系電機の凋落と官民の改革

Horiuchi Eiji

堀内英次

[著]

The Impact of Globalization and Digitalization

Decline of Japanese major electronics companies
and the reform of public and private sectors

中央経済社

はじめに

　本書は，経済のグローバル化・デジタル化が日本経済や企業にどのような影響を与え，そして現在日本の政府や企業がどのような改革を行っているのかを，経済学，経営学的な視点も交え，解説したものである。

　90年代以降急速に進んだ経済のグローバル化の中で，それまで高い国際競争力を持っていた日本の製造業は，グローバル競争の進展の中で，欧米やアジア諸国に対して劣勢に立たされるようになった。特に，かつてテレビやウォークマンなど，家電製品の市場で世界を制覇した日本の電機産業は90年代以降徐々に競争力を喪失した。一方で80年代までに日本企業にシェアを奪われた欧米企業は復活を遂げ，そしてアジア企業が製造業において急速に台頭してきている。日本経済全体を見ても，低成長はバブル崩壊から30年近く経っても続いている。都市部の景気が回復の兆しを見せる一方で，地方は過疎化や空洞化が進展し，高齢化の中で，人口減少も始まっている。

　本書はまず，90年代以降の経済のグローバル化の中で進展した国際分業の下で，日本の産業構造はどのように変わったのか，そして日本の低成長の一因となっている産業空洞化の原因と，グローバル化の関係について経済学的に検討する。この90年代以降のグローバル化の進展と日本の製造業の縮小の大きな要因の一つとなっているのが，技術のデジタル化である。アナログ技術の時代に高い国際競争力を有した日本のエレクトロニクス産業が90年代以降急速に競争力を失った背景には，技術のデジタル化の下で急速に進展したグローバルな分業と競争がある。そのような問題意識から，本書は次に，日本の大手電機メーカーに焦点を当て，90年代以降に世界に浸透したデジタル化とグローバル化がどのように競争優位の大幅な喪失をもたらしたのかを整理し，さらには近年の構造改革についても批判的に検討する。

　グローバル化，デジタル化という大きな国際競争上の変化の中では，電機産業を含め，すべての産業構造改革は，個々の企業の改革を超えて，ベンチャー企業の育成，産学連携の推進，高度人材の育成など，国の経済システムの再構築に及ぶ。本書は最後に，経済のグローバル化やデジタル化に対応した経済システム構築のための基盤整備にかかわる政府の政策改革についても，諸外国の

例と比較しながら，批判的にその内容を検討する。

　これまで，「デジタル化と日本のエレクトロニクス産業」，「グローバル化と産業構造の変化」，「日本のイノベーション・システム改革」といった個々の論点について深く論じた本はあったものの，グローバル化，デジタル化という大きな時代の流れの中での日本企業と経済の改革の全体像を，経済，経営の両面から俯瞰的に，かつ平易に論じたものはなかった。それが本書の試みである。

　その点で，この本が対象とする読者は，このテーマについて初めて学ぶ学部上級生や，経済経営に関心を持ち，グローバル化やデジタル化の影響についての基本的な知識，論点を知りたい社会人である。本書の内容はやや専門的であるが，基本的な経済学・経営学の概念を援用しながら丁寧に解説するよう心がけた。また，図・データだけでなく，最近の事例もできる限り取り入れ，初学者がイメージを持ちながら読めるよう心がけた。

　本書がこの21世紀に大きな変革が求められている日本経済，企業の問題に関心のある読者に，微力ながらも参考になれば幸いである。

　最後に，本書は多くの方々のご支援があって初めて可能となった。現在所属している帝京大学経済学部には学術図書出版助成を拠出して頂いた。学部の廣田功先生，江夏由樹先生，奥田英信先生，岩﨑健久先生には，常日頃教育・研究で大変お世話になり，本書の出版に向けてもご支援を頂いた。そして，これまで国際経済学の分野で教育・研究者として仕事を続け，曲がりなりにも本書を上程できたのは，ひとえに大学院時代の池間誠先生（故人），石川城太先生，古澤泰治先生，そして学部時代の奥田英信先生の学恩のおかげである。出版においては，中央経済社の浜田匡氏に編集上大変お世話になった。

　尚，本書は，大学の演習でゼミ生達と17年間共に研究してきたテーマをまとめたものである。真摯に学ぶ彼らとの交流と刺激がなければ完成しえなかったものであり，歴代のゼミ生に感謝したい。

　最後に，安心できる環境で育ててくれた両親に，そして同じ教員として日々共に奮闘する妻に，そして日々成長する純と愛果に本書を捧げたい。

令和3年9月

帝京大学経済学部　堀内英次

CONTENTS

I

第3章　グローバル化と産業の空洞化　　　　　　　　　59

第Ⅱ部　グローバル化・デジタル化と企業間競争

第4章　技術のデジタル化とものづくりへの影響　　　　　81

第5章 デジタル化・グローバル化と米国企業の躍進　101

第6章 デジタル化・グローバル化とアジア企業の台頭　117

第Ⅲ部　グローバル経済下の日本の政策改革

第Ⅰ部

経済のグローバル化と
日本経済

第 1 章

経済のグローバル化とその原動力

1 ▌経済のグローバル化とその実態

1.1 グローバル化の恩恵を受ける日本

　我々の生活は，海外と切っても切れない縁がある。今や国民が1人一台を所有するともいえるスマホは，ユーザーの2人に1人はアップルのiPhoneを使用している。他にサムスンのGalaxyも有名で，海外企業の存在感を強く実感できるだろう。**図1-1**は，2019年度の日本国内での携帯電話の出荷シェアを示している。iPhoneのシェアは45.4％で圧倒的であり，それは勿論海外で作られている。一方で，2位以下のシャープ，富士通，ソニーはシェアは低いものの，国内企業である。富士通以外の，それらAQUOSやXperiaの生産は，日本企業だから当然日本で製造されていると思い込んでいる人もいると思うが，実は部品の一部は国内で製造されているものの，基本的には組み立てはほとんど海外で行われている。つまりスマホはほとんどが"海外製"なのである。

　我々にとって身近な衣服はどうだろう。最近，衣服に"Made in China"のタグがついていることが多くなった。実は衣服は1980年代半ばまでは，労働コストのまだ安かった日本でも多くの割合を生産していたが，国内所得の上昇と円高によって賃金が国際的に上昇して以来，輸入が急増している。そのほとんどが中国からの輸入である。**図1-2**が示すように，1990年に48.5％だった消

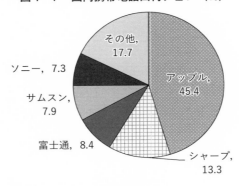

図1-1　国内携帯電話出荷シェア（%）

（出所）IDC Japanデータより作成。

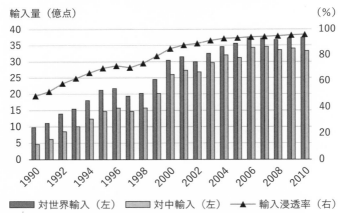

図1-2　衣類の輸入量と輸入浸透率

（注）生産：経済産業省「繊維・生活用品統計」，輸出入：財務省「貿易統計」
　　1，衣類＝衣帛外衣＋衣帛下着＋ニット外衣＋ニット下着，
　　2，輸入浸透率＝輸入量÷（生産量＋輸入量－輸出量）×100
（出所）経済産業省「繊維・ファッション業界最近の動向」の図を元に作成。

費に占める輸入品の割合（数量ベース）は，90年代以降に中国をはじめとした
アジア諸国からの輸入品の流入によって急増し，2010年には95.9％にまで上昇
している。そしてそのほとんどがメイドインチャイナである。今や日本人の購
入する衣服は，一部の高級衣類以外，そのほとんどを中国に依存しているとい
える。

　もともと資源に恵まれないわれわれ日本人の生活は，海外との関係を抜きには語れない。食料も，海外からの輸入品に多くを頼っている。昔『エビと日本人』（岩波新書）という本が出版されて話題になった。その本で日本人が消費するエビのほとんどが東南アジアで養殖され，それが現地のマングローブの林の破壊という環境破壊の原因となっていることが明らかにされた。現在でも日本人が消費するエビのほとんどは，タイやベトナムなどの東南アジアを中心とする国々から輸入されている。**図1-3**は，2019年の日本の食料輸入依存度（輸入量を国内消費量で割ったものとして計算）を示している。図が示すように，国内市場を保護している米以外は多くを輸入に頼っている。果実や肉類の輸入依存度は年々上昇し，現在はほぼ半分，小麦に至っては大部分を輸入に頼っている。

　日本人が消費するモノで，海外から輸入されるものは実に多い。たとえば，日本は産業活動に不可欠な石油や天然ガスなどのエネルギーや，そして鉄鉱石や銅，木材など，素材となる資源のほとんどを，海外からの輸入に頼ってきた。原油や天然ガスはほとんど100％を海外からの輸入に頼っている。日本は森林国であるが，実は日本国内で住宅用などに消費されている木材の約70％は，海外からの輸入に頼っている。日本人の衣食住は，海外に大きく依存しているのである。

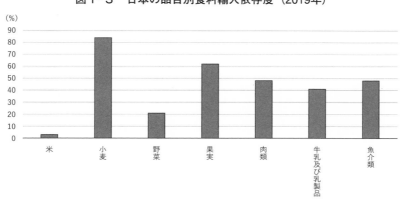

図1-3　日本の品目別食料輸入依存度（2019年）

（出所）農林水産省「令和元年度食料需給表」より作成。

　一方で，日本から海外にも多くのモノが輸出されている。資源の乏しい日本は，海外から資源を輸入し，それを加工して機械製品や鉄鋼，化学製品などの製品を輸出してきた。最も有名なのは，トヨタに代表される日本の自動車の輸出である。たとえば，トヨタの自動車は国内で販売されるだけでなく，米国，オーストラリア，中国をはじめ，2017年時点で世界中の170もの国と地域に輸出されている［トヨタHP］。機械では，自動車だけでなく，カメラ，時計などの精密機械，産業用ロボット，工作機械などの一般機械や自動車用の部品，そして半導体などの電子部品も海外に多く輸出されており，その輸出額は年々増大している。スマートフォン自体は輸入に頼っているものの，液晶パネルやメモリなど，その部品については日本製も多い。

　このように，日本と世界の間で，多くのモノが取引されている。今や世界との関係は，われわれの生産，消費の両面で欠かせないものとなっている。そして**図1-4**が示すように，我々日本人にとってそのモノの流れは近年存在感を増し，GDPに占める輸出と輸入のシェアも，90年代以降上傾向にある。日本

図1-4　日本の輸出入対GDP比の推移

（出所）財務省「貿易統計」，内閣府「国民経済計算」より作成。

と世界との間で，モノの流れは双方向的に益々活発化しているのである。

　モノだけではない。カネの流れも活発化している。国内外での拠点の新規の設立，あるいは企業や事業の売買，そして株や債券の売買や銀行による貸付などで，国際的に巨額の資金が移動している。

　たとえば，日本企業は海外に積極的に生産拠点を設けたり，海外企業を買収したりしてきた。このような海外への投資を，直接投資と呼ぶ[1]。直接投資は，資金を出すだけでなく，実際に現地での経営にかかわることに特徴があり，人材や技術の移転など，企業の経営資源の移転を伴っている。

　90年代以降，日本企業による海外直接投資は国内のバブル崩壊による景気低迷にもかかわらず順調に増大し，96年にフローベースで2.9兆円だった対外直接投資は，2019年には約8.5倍の24.7兆円にまで拡大し，ストックベースでは204.4兆円にまで達している[2,3]。このようにして，日本企業は海外に生産拠点を設けることで，現地の安い土地や労働力を使ったり，現地市場に近いところで生産することによって日本からの輸送費を節約したりしてきた。今や日本企業の海外拠点は，アジアを中心に，7.4万拠点にも及ぶ［2019年10月1日時点：外務省「海外進出日系企業拠点数調査」］。日本各地の空洞化が叫ばれて久しいが，それは企業の投資の中心が国内から海外に移ってきたことと大きく関係している。国際的に優良な企業であるトヨタ，ソニー，キヤノンなどは，企業の拡大と共に海外展開を進め，今やそれぞれ生産・販売・開発拠点を合わせると世界に何百と保有している。国内アパレル市場で圧倒的な存在感を示すユニクロも，現在グローバル展開を急ピッチで進めており，2011年に181だった海外店舗は2020年には1439店舗と，9年間で約8倍に拡大している［ファーストリテイリングHP］。今や日本企業は国境を越えて世界中に展開し，そのため直接投資という形でのカネが世界に向けて流れているのである。

　また，これらの拠点の設立や企業の買収という経営に直接かかわる形での投

1　IMFの定義に依拠した日本の国際収支統計の上では，株式取得，再投資収益，資金貸借が含まれ，出資の割合が原則として10％以上の場合を直接投資と定義している。

2　一定期間の流れをフロー，ある一時点において蓄積されている量をストックと呼び，フローの積み重ねがストックとなる。たとえば対外直接投資では，一年間の対外直接投資の量が対外直接投資フローであり，過去のフローの蓄積によって現在対外直接投資がどれだけ積み上がっているかが，対外直接投資ストックとなる。

3　ある国からみた場合，外国への直接投資を対外直接投資，外国からある国への投資を対内直接投資と呼ぶ。

資ではなく，資産の運用だけを行うカネの移動も行われている。それが株や社債，国債購入などの国際証券投資や銀行による貸し付けである。国際証券投資や国際的な貸し付けは，資産を国際的に運用することによって利子や配当，およびキャピタルゲインを得ることを目的に行われており，その日々の取引額は日々のモノの取引の何十，何百倍の規模である。一年間のフローで見ても，日本国内に有望な投資先がないことを反映して，日本からの対外証券投資は年々増えており，2019年には20.2兆円の投資が行われ，その結果ストックベースで503.1兆円もの資金が海外企業の株式や債券，および海外各国の国債などに運用されている。一方で海外から日本への対内証券投資も近年増え，2019年には年間10.8兆円の投資が行われ，その結果ストックベースでは396.3兆円もの資金が日本の企業や国債に運用されている。

　ソニーや任天堂など，日本が誇る国際的優良企業はだれが所有しているのであろうか。日本の企業だから，株主は勿論日本人だと思うかもしれない。しかし，**図1-5**が示すように，実は金融の国際化に伴う対内証券投資の拡大に伴って日本企業の株式の外国人保有比率は近年急激に上昇し，90年にわずか4％台だった外国人保有比率は近年では30％前後にまで上昇している。企業によっては外国人に過半数以上を保有された企業も存在し，たとえばフランスの

図1-5　日本の4証券取引所上場会社の外国人保有比率

（注）4証券取引所とは，東京，名古屋，福岡，札幌証券取引所を指す。
（出所）東京証券取引所「2017年度株式分布状況調査」より作成。

ルノーと提携した日産は63.7％（2020年9月），ソニーは56.7％（2020年3月），任天堂は53.9％（2020年9月）となっている。こうなるとこれら国際優良企業の所有者はもはや日本とはいえない。武田薬品工業も46.32％（2020年3月）と高く，日本の全国4証券取引所上場会社の平均でも2019年で実に29.6％となり，株式市場でも国際化は急速に進んでいるのである。今は東京証券取引所の日々の取引の6割は海外資金が占めているといわれている。近年ソニーの株価は回復し，2012年に一時1,000円を切った株価が2015年には4,000円弱にまで急回復したが，その過程で外国人投資家による株式購入が大きく貢献し，その結果，2011年末に36.5％だったソニー株の外国人保有比率は56.6％に上昇した。世界からの資金の流れは，日本の株式市場の動向に大きな影響を与えるほどになっているのである。

　2014年に1バレル100ドル近くだった原油価格は，シェール革命による供給過剰を原因として2015年には30ドルを切る水準にまで下落した（2019年初めには50ドル超に回復した）。これは，経済活動に必要な石油を輸入する日本にとっては，生産コストや庶民のガソリン代が低下し，恩恵のはずである。企業のコストが下がり，消費も拡大すれば，利益も上がり，それによって株価も上昇するはずである。しかし，日本の株式市場は一時1万9,000円台から1万7,000円台へと，2,000円近くの急激な下落に直面した。その理由には，世界的なカネの流れの影響がある。実は，高い原油価格を背景にした中東やロシアなどの産油国が得ていた巨額の輸出利益はオイルマネーとなり，国際的な証券投資によって各国の株式に投資されていた。それが2015年の原油価格の下落によって引き上げられてしまい，それが株価の下落をもたらしたのである。世界はモノだけでなく，カネの流れを通じて，大きく影響を与え合っている。その結果，日本の景気が良くても，世界の景気が悪化したりすれば，カネの流れを通じて日本も大きく影響を受ける時代になっているのである。

　世界とのモノ・カネの取引が活発化したことで，ヒトの移動も活発化している。海外と取引をしたり，海外で生産・販売をする上で，海外に出張したり，赴任したりする必要があるからである。海外にも販売している日本の大手メーカーに就職すると，海外赴任で数年間現地での生産や販売に携わることは，今や珍しくない。外務省の海外在留邦人数調査統計によると，海外に住む日本人の数は増大し，1990年に37.4万人だった海外在留邦人の数（3か月以上の滞在

者で，永住者を除く）は，2019年には北米やアジアを中心に合計約89.1万人（本人と同居家族を含む）となり，約30年で2.4倍に増加している。それらの人々の中には，留学目的外に，日本企業の海外進出に伴い，現地でマーケティング・販売活動を行ったり，現地生産に従事，あるいは現地労働者への技術指導を行ったりしている人が多く含まれる。日本で働く外国人も増えている。日本は海外からの移住を厳しく制限している国であるが，それでも日本で働く外国人労働者は，93年には10万人弱だったものが90年代に急増し，26年後の2019年には約17倍の約170万人にも増えている。このように，モノ・カネの活発化に伴い，ヒトの行き来も，日本と世界との間で，益々活発化しているのである。

1.2　データで見る世界経済のグローバル化

　このようなヒト・モノ・カネの動きは，日本と世界との間だけでなく，むしろ世界中で活発化している。世界経済は全体として，ヒト・モノ・カネの流れを，その成長と共に活発化させてきた。このように，世界経済において，ヒトやモノ，カネの流れがまるで一国経済内のように活発化することを，経済のグローバル化という。現在われわれが住む世界は，急速に経済のグローバル化の中にあるのである。

　世界のモノの流れ（貿易）は世界経済の成長を上回る勢いで急成長を遂げた。**図1-6**は1970年以降の世界でのモノの輸出額と，世界のGDPに占める割合を表したものである。**図1-6**から明らかなように，1970年に0.3兆ドルであった輸出額は，その後安定的に上昇を続け，20年後の2000年には約20倍の6兆ドル，更に15年後の2019年には60倍の約19兆ドルにまで増大した。その結果世界のGDPに占める割合も，1970年の9.3％から2019年には約21.7％へと，2倍以上に上昇している。貿易が各国の経済活動の中で果たしている役割は，ますます大きくなっているのである。

　このように貿易は各国の経済において重要な役割を果たしているが，国によってその程度は異なる。**図1-7**は，世界各国の輸出依存度（輸出の対GDP比）を2018年についてまとめたものである。輸出立国といわれた日本のそれが14.8％であるのに対して，同じアジアのシンガポール，台湾，韓国などはそれぞれ118.9％，57.2％，37.3％と，日本よりかなり高い。それらの国は国内市場が小さいため，グローバル市場への輸出や近隣地域の物流拠点となることを原

図1-6　世界のモノの輸出額とGDP比の推移

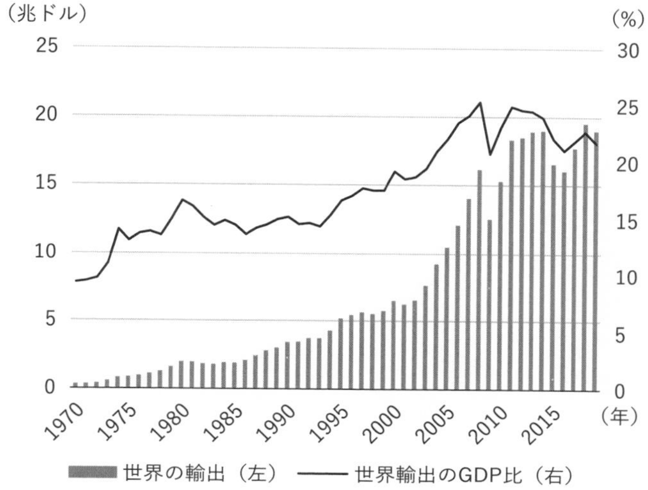

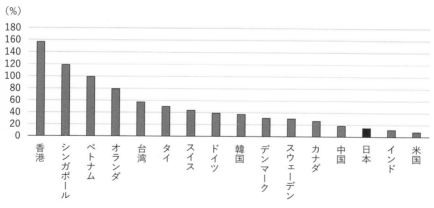

（出所）UNCTADより作成。

図1-7　各国の輸出依存度の比較（2018年）

（出所）UNCTADより作成。

動力に経済成長を実現した。経済統合をした欧州各国も日本より輸出依存度が高く，これは域内各国との結びつきの強さが影響している。

　また，カネの流れも拡大している。まず，直接投資と国際証券投資は，世界

のGDPよりも速いスピードで拡大し，世界の経済活動において企業の海外進出や，海外への資本の流れがより大きな役割を占めつつあることが読み取れる。たとえばフローベースでの直接投資は，**図1-8**が示すように，1980年代以降着実に増大を続け，特に経済がグローバル化したといわれる90年代後半以降に急増している。その結果，80年半ばには1,000億ドル弱に過ぎなかったものが，2000年にはその12倍の1兆2,000億ドル強にまで増大し，その後リーマン・ショックで一時減少したものの，2019年現在で1.3兆ドルにまで増大している。その結果，85年に世界のGDPの0.5％に過ぎなかった対外直接投資は，2007年には3.7％にまでそのシェアを拡大したあと，2019年時点でも1.5％を維持している。まさにその時期から企業の海外展開が世界規模で活発化し，それが直接投資という形でのカネの流れをもたらしているのである。

また，世界的な国際証券投資も活発化している。現在世界中で投機的な資金が流れ，国際決済銀行によると，国際的な資産取引のために必要な外貨取引は一年間で1,460兆ドルにも上り，これは一年間の貿易額の86倍にも当たる。つまり，為替レートを決定する世界の外貨取引の中心は，貿易のための外貨取引ではなく，その86倍の規模の，金融取引のための外貨取引といって良い。しか

図1-8　世界の対外直接投資（フローベース）とGDP比の推移

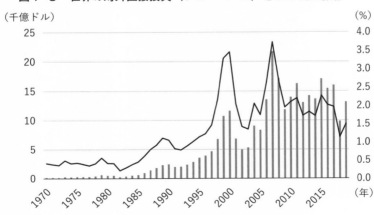

（出所）UNCTADより作成。

図 1 - 9　国際証券投資残高

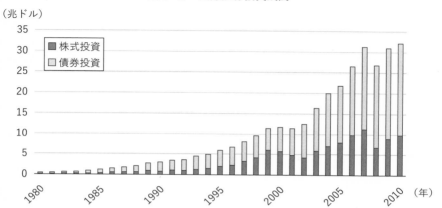

（注）先進国はオーストラリア，オーストリア，ベルギー，カナダ，フィンランド，フランス，ドイツ，イタリア，
　　　日本，オランダ，ニュージーランド，ノルウェー，スペイン，スウェーデン，スイス，英国，米個の17か国。
（出所）［谷内，2012］より転載。

　も，そのうちの95％は，逃げ足の速い外貨取引や国際証券投資など，投機目的
の資金の流れであり，それが現在世界中を駆け巡っている。各国の株価や為替
レートの日々の変動に大きな影響を及ぼすのは，この国際的な金融資産の取引
なのである［経済産業省，2007］。**図 1 - 9**は先進国の国際証券投資の残高を示
している。80年代以降国際証券投資の残高は益々増えており，90年には約 3 兆
ドルだったものが，2010年にはその約11倍の33兆ドルにまで急増している。

　これらグローバルな資金は，資金を豊富に持つ欧米間を中心に，主に先進国
間で流れている。**図 1 - 10**は，2006年の資本収支で見た世界のカネの流れであ
る[4]。世界の金融センターの中心は英国や米国であり，世界の資金が英国や米
国を経由して，ユーロ圏，米国を中心として，日本やアジアなどに，様々な形
で流れている。先進国は国際的に優良な企業の活動が活発で，株式や債券の発
行なども多く，世界の資金がそれら有望な企業に集まったり，あるいは先進国
の国債の購入に集まったりする。また企業自らが外国企業を買収したり現地市

　4　資本収支とは，一定期間の国際収支の内，投資や外国からの借り入れによる資産と負債による
　　収支を示し，主なものとして，株や債券などの国際証券投資，直接投資，外国への資金の貸し付
　　けなどがある。

図1-10　資本収支で見た世界におけるカネの流れ

(2006年)

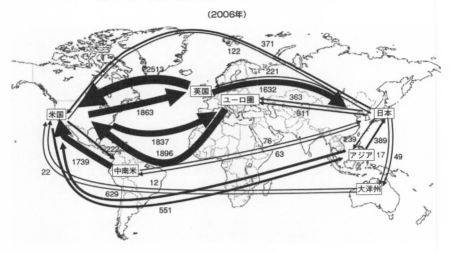

(出所) 経済産業省『通商白書　2008年版』より転載。

場に工場や営業拠点などを設立したりする直接投資などの動きも活発となっている。

　このような世界的なカネの動きは，世界の金融市場や為替市場を混乱させる副作用があるものの，世界は互いに資金を融通し合うことで，世界的に有望な国や企業は必要な投資資金を得て，そして世界中の投資家もそこから生まれる収益を享受しているといえる。

解　説	金融のグローバル化と負の側面

　世界における民間のカネの流れは，大きく分けて，国際証券投資，直接投資，そして銀行による貸し付けに分けられる。いずれの資金も，資金の余っている国から不足する国へ融通され，供与国は利子や配当，キャピタルゲインなどの利益を得て，受け入れ国は投資資金を得るので，両国に利益をもたらす側面がある。この流れは世界的に加速し，現在世界では，金融のグローバル化が起きている。

　しかし，この金融のグローバル化には，負の側面がある。そしてそれは，流れるカネの形態によって異なる。たとえば，直接投資は企業の買収や拠点の設立などを行うものであり，一度設立された拠点などはすぐには撤去されないため，比較的安定的な投資といえる。

一方で国際的な株式投資や債券投資は，短期的な売買が容易であり，また，国際的な貸し付けについても，短期での引き上げが可能である。これらの短期的なカネは，世界的に投資先・貸し付け先として有望あるいは安全地域に向けて，最も大規模に，そして不安定に流れている。この流れが以下の2つの経路を通じて，世界経済に二つの混乱をもたらす。

一つ目が，為替レートや株価の乱高下である。たとえば日本人が米国のアップルの株を購入するためには，円を交換してドルを調達する必要がある。それは円の供給とドルの需要を生み出す。為替相場は通貨の需給で決まるから，それが円の対ドルレートに円安の圧力をもたらす。このように株や債券の国際的な購入は，為替レートの変動圧力となる。この時，大規模なカネの国際的な不安定な流れは，各国の為替レートや株価を大きく変更させるので，各国経済に輸出入，資産価値への影響などを通じて，景気変動や金融システムの不安定化など，大きな影響を及ぼす恐れがある。

日本では，2008年当時，成長を続ける中国への輸出拡大などによって景気が回復し，長く続いた不況やそれに伴うデフレの克服がやっと見え始めていた。しかし2008年9月に米国でリーマンショックが起こり，欧米の金融市場が混乱すると，世界の資金が相対的に安全な資産である日本の国債に集中し，その結果，それまで100円台だった日本の対ドルレートは一気に80円台に急騰した。その結果，日本は輸出の急減と株価の下落に襲われ，その年はマイナス成長を記録し，世界の金融市場の混乱によって大打撃を受ける形となったのである。

二つ目が，投資資金の調達が不安定になることである。外国の投資が一国の経済活動に入り込むほど，国の経済成長は外国の投資に依存する形となるため，一国の経済成長が世界の金融市場の動向に大きく翻弄されてしまう形になるのである。

97年に起こったアジア通貨危機がその好例である。90年代のアジア諸国は年率5％から10％の高い経済成長率を続けており，有望な投資先として世界から資金が集まり，繁栄を享受してきた。しかし，一度経済成長が鈍化し，財政悪化などの問題が顕在化すると，国際的な資金は急に域外に逃避した。その結果アジア諸国は成長のための資金に不足するようになっただけでなく，債務返済のための緊縮財政や，株価と対ドルレートの大幅な急落に見舞われ，国内景気の悪化と輸入品価格の急騰，外貨建て債務の負担増などによって経済が大混乱したのである。

これらのビジネスの結びつきの強化に伴い，世界での人の行き来は，ますます拡大している。2007年に旅行などで国外に移動した人の人数は全世界で11億人であり，実に世界人口の6人に1人が移動したことになる。先進国のOECD加盟国に限れば，実に2人に1人となる［経済産業省，2007］。ちなみに，旅

行などの短期滞在を除く移民数は，1990年に1.5億人だったものが，2013年には2.3億人にまで増加している。

　図1-11は，2005年時点での移民（労働者，留学生，研修生などを含む）の移動を示した世界地図である。2005年だけでも世界中で移住が起きており，特にヨーロッパや北米への移民が多い。ヨーロッパはEUの経済統合を反映して，ドイツへの移住を中心に周辺の東欧諸国からの移住が多く，ドイツはその結果人口の約１割が外国人となっている。また，米国には，メキシコなどの近隣諸国をはじめ，インドや中国，フィリピンなどからも多く移住している。このような，低所得国からの職と豊かな暮らしを求める労働者の流れと共に，近年ではグローバル競争の激化の中で，企業経営の中核を担うような優秀な人材の獲得競争も各国間で進んでいる。特に米国にはインドや中国などから優秀な学生が留学に行き，各分野の世界最先端の専門知識を学び，シリコンバレーなどを中心とした米国のイノベーションを支えたり，母国に帰って国の発展に貢献したりしているといわれている。まさに，世界的に，ヒト・モノ・カネの動きは活発化し，世界はより繋がり合っているのである。

図1-11　世界における移民の移動

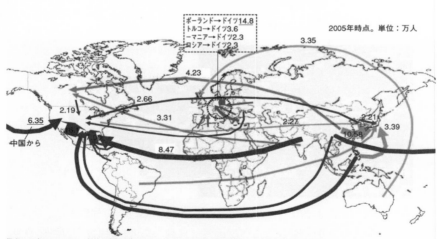

備考：日本については，有効な査証を有し90日以上滞在する者（短期滞在と再入国を除く）の人数。
資料：OECD「International Migration Statistics」。

（出所）経済産業省『通商白書　2008年版』より転載。

2 ▎グローバル化の原動力

2.1　1980年代以降の対外直接投資の拡大とその要因

　1980年代後半以降，急速に進展した経済のグローバル化をもたらした原動力は何だろうか。

　第一に挙げられるのは，80年代後半以降に進んだ世界的な貿易・資本の自由化である。80年代から90年代にかけて，東アジア諸国が貿易や投資を自由化したことで，対外的なモノの移動の規制が緩和され，その移動コストも低下したのをはじめ，為替取引や，国際的な銀行貸し付け，債券，直接投資を含む証券投資などの国際的な資本移動もより自由となった。また，ヨーロッパにおいては，90年代からEU統合へ向けて加盟国内での資本移動の自由化が進められ，93年にはヒト，モノ，カネの移動が自由化された。さらに89年に東西冷戦が終結し，91年にソ連が崩壊したことで，中・東欧諸国が市場経済へ移行して貿易・投資の自由化を進め，EUへの参加が相次いだ。一方，従来からのGATT（その後のWTO）・IMFという国際経済体制の下でも，貿易や投資の自由化が進んだ。94年にはGATTのウルグアイラウンドでの合意によってサービス産業の現地進出や直接投資に関連した貿易の規制緩和などの自由化が進んだ。さらに95年にはWTOが設立されて貿易・投資にかかわる紛争処理機能が強化され，中国や新興国が次々とWTOに加盟した。また，IMF体制下での資本の自由化も進んだ。このようなアジア諸国の貿易，投資の自由化，旧共産国の市場経済化や地域経済統合の流れの中で進展した国際的な規制緩和やグローバルな市場経済の拡大は，企業に自由なグローバル展開の機会を与えたのである。

　第二が，デジタル技術の発展である。情報通信技術の進歩は，80年代以降世界的な金融システムのネットワーク化をもたらし，特に90年代以降急速に進んだIT革命は，国際的なコミュニケーションの時間的，金銭的コストを大幅に低下させたことで，金融のグローバル化に大きく貢献しただけでなく，コールセンター，経理などのデジタル化可能な企業内サービスのアウトソーシング（BPO）ももたらした。さらに，技術のデジタル化は生産工程の分割を容易にすることで，IT革命による国際的なコミュニケーションコストの低下と相まっ

て，それまで国際分業の障害となっていた技術的，時間的，コスト的障害を大きく緩和し，企業内，および企業間のグローバルな分業を可能とした［フリードマン，2006］。

このような世界経済の大きな貿易・投資の自由化の中で，ヒト・モノ・カネの移動の世界的な活発化を主導したのが多国籍企業であり，その直接投資である。

企業はどのような理由で直接投資を行うのだろうか[5]。まず挙げられるのが，生産要素目的の進出である。海外には国内に無い生産要素が存在したり，より安価で良質な資源が存在したりする場合がある。たとえば欧米の資源メジャーや日本の商社は，中東やアフリカで石油や天然ガスなどの資源開発を行うために投資を行っている。鉱物資源は一部の国や地域に偏在しているからである。これは生産要素の中でも，特に天然資源目的の投資である。

また，国の経済成長とともに土地や人件費が国際的に見て高くなると，生産要素がより安い国に工場を移転させることもある。たとえば85年以降日本からアジア諸国への直接投資が急増したが，それはアジア諸国の投資規制の緩和の下で，日本の円高によってアジア諸国が輸出拠点としての魅力を増したためであった。日本の人件費に比べて当時の中国の人件費は1/30程度であり，そのため繊維や雑貨などの軽工業や，簡単な組み立てや縫製などの労働集約的な生産工程は，80年代後半以降急激にアジア諸国に進出していった。海外進出するのは生産要素が安くて儲かるからだけではない。国際的な競争が激しい中では，国内生産を維持して雇用を守ろうと思っても，ライバル企業が安価な海外生産を行えば，価格競争で生き残れない。そのような競争圧力も，ますます生産要素目的の進出を促進している。

二つ目が，市場目的の進出である。これは，現地市場で製品を販売するための直接投資である。現地市場に販売するには，本国（または第3国）からの輸出か，現地での生産が選択できる。しかし，現地政府は，輸入代替政策の下で，本国からの輸出を，関税や数量規制によって制限する場合がある。特に，自動車は関連技術が多く裾野産業も広いので，各国が自国で育成する傾向が現在で

5　［清田，2015］は，直接投資の目的に関する理論的な分類をはじめ，1990年代から近年までの日本の対外・対内直接投資について，既存の理論，実証研究の成果を踏まえ，より経済学的に網羅的に論じており，参考になる。

も強く，現在に至っても関税回避を目的とした投資が多い。80年代後半の日本の対米進出は，日米貿易摩擦をきっかけとした市場目的の進出であり，中国への合弁企業形態での進出も，日本からの輸出に当初は高い関税が課せられ，また100％出資の子会社による進出が規制で禁止されたためであった。

　さらに，輸入規制がない場合でも，市場目的で進出する場合がある。というのも，本国から現地に輸出する場合は，輸送費がかかってしまうからである。現地に工場を建てれば，その輸送費を大幅に節約できる。工場の新規建設コストはかかってしまうが，輸送費は輸出量が多いほど大きくなるので，現地の市場規模やその成長率が大きくなるほど，現地生産の魅力が高まる可能性がある。市場規模が元々大きい欧米はその魅力が強く，そして世界第2位の市場規模を誇り，現在も高い成長率を誇る中国は，近年賃金が高騰してきたとはいえ，生産要素だけでなく，市場としての魅力も非常に高い。大きな市場は，輸送コストの節約効果によっても，直接投資を呼び寄せる力を持つのである。

　さらに，現地に進出すれば，現地のニーズに合わせた商品開発や，マーケティング活動にも力を入れやすかったり，また，市場の動向に合わせて臨機応変に素早く対応したりもできる。これは，流行の変化が激しいアパレルの一部商品や，地域によってニーズが異なる家電製品，そして個々のユーザーに合わせたカスタマイズが重要な製品などで，大きなメリットとなる。

　三つ目が，リスク分散のための投資である。企業にとって，一つの地域や国にしか生産拠点を持たないことは，様々な理由でリスクがある。たとえば，政治的なリスクである。第二次大戦後，アフリカ諸国では，ナショナリズムの台頭があったり，内戦により政権交代が多かったりしたため，外資系企業の資産が没収されたり，あるいは操業停止を余儀なくされるなどの問題が相次いだ。近年でも，北朝鮮は度々ミサイル発射実験などで韓国をはじめとした諸外国から抗議があるたびに，韓国をはじめとした外国企業の現地工場を操業停止処分にしている。災害のリスクも見逃せない。東日本大震災の時に東北地方が被災した時，当時東北地方でしか生産していなかった自動車用のマイコンが生産不能になり，自動車の生産が停止したことがあった。このように，一地域や一国に生産を集中していると，災害があった時に大打撃を受ける可能性があるのである。

　また，為替リスクもある。国家間の為替レートは数年単位で見て大きく変動

するので，国際的に生産コストの安い国は毎年のように変化する。金融のグローバル化進んだ90年代以降，名目為替相場の変動は激しくなった。この時，複数国に拠点を持てば，為替レートの変動に対応して，相対的に安くなった国での生産割合を高めることで，常に国際的に安い生産コストを実現できる。事実，2015年には円安の下でそれまで海外生産を進めてきた日本の電機・自動車メーカーがこぞって国内生産の比重を高めたことがあった［日本経済新聞2015年5月3日］。また，最近では為替リスクやコスト上の理由から，地産地消，つまり現地で販売する製品はなるべく現地で部品の調達や組み立てを行おうとする傾向も強くなっている。ソニーやホンダなど，世界で生産と販売を行う企業は，部品調達や生産の現地化を進めることで，為替の変動に影響されない収益構造を進めている［日本経済新聞2017年4月30日］。これは，アジア諸国の高い成長率と日本の低成長を考慮すると，ますます日本からの輸出を減らす要因になることも意味している。

2.2　企業の国際展開と多国籍化

　このような80年代の多国籍企業による直接投資は，80年代後半以降の国際経済環境の変化だけでなく，企業の成長ともかかわっている。多国籍化した企業の中心を占めるのは，企業成長と共に世界展開を進めた，世界的な多国籍企業である。彼らの世界展開は，企業成長と密接にかかわっている。前述のように，海外進出には，不慣れな外国市場で生き残るだけの，競争優位が必要になるからである。それには，企業の成長による経営資源の蓄積が不可欠になってくる。国内企業の中で，研究開発力，マーケティング力，生産技術やコスト競争力などを活かし，成長する企業が出てくる。そしてそのように国内市場向けに販売を拡大していた企業の中で，やがて国際競争力を確立し，輸出を開始する企業が出てくる。輸出市場において競争に勝ち，輸出が軌道に乗り始めた企業は，やがて現地での生産・販売拠点の設立へと移り，国際展開が本格化する。さらに国際展開が進んでいくと，生産，販売だけでなく，開発も現地化するようになり，現地の優秀な人材を雇用し開発拠点を設立して，現地のニーズに合わせた製品開発を行ったり，世界向けの製品を開発したりする場合も出てくる。最終的には世界中の経営資源を利用して世界的に開発，生産，販売を行う，巨大な多国籍企業へと成長する企業も出てくる。

　企業の競争力が規模の拡大をもたらすだけでなく，規模の拡大それ自体が，企業の競争力をもたらす作用もある。たとえば，生産に必要な素材や部品の調達である。その一例が食品産業である。食品産業では，如何に良質の原材料を低価格で調達するかが，コスト競争力のカギとなる。たとえば，マクドナルドでは，世界中のマクドナルドに材料を供給するためにハンバーガー用のパン，パテ，そしてジャガイモなどを世界中から調達している。日本マクドナルドだけでも，一年間に12億個以上のハンバーガーを販売し，そのために4万トンの牛肉と11万トンのポテトを世界中から調達している（2001年時点）。この時，販売規模を拡大するほど，大量の材料を購入することになるので調達の単価も安くなり，そのメリットをより享受できる。パソコンやスマホなど，国際的に仕様が統一され，生産において部材の生産や組み立てにおいて規模の経済が働きやすい電子機器の分野においても，グローバルな販売はコスト競争力をもたらす。近年日本の食品・飲料メーカーが国際的なM&Aをして規模を拡大したり，スマホやパソコンの分野でも同様のM&Aやグローバルな販売競争が起こったりしている一因はそれである。

　多国籍企業は現在6万社を超えるといわれ，世界の貿易の実に2/3は多国籍企業内か，多国籍企業と他の多国籍企業との貿易であるといわれている。まさに，世界の貿易は，多国籍企業が主導しているといっても過言ではない。巨大な多国籍企業になると，その売上高は一国のGDPを超えるレベルにまでなることもある。たとえば世界一の小売企業で有名なウォルマートは，世界26ヵ国に1万店の店舗網を持ち，その年間売上高は，約50兆円にも及ぶ。これは，2016年のタイやアラブ首長国連邦，香港のGDPを超える額である。日本のどこのスーパーやコンビニでも売っているチョコレート菓子のキットカットは，日本人にとって昔から馴染みのある商品だが，実はキットカットはスイスに本社を置く世界最大の食品・飲料の会社ネスレが製造しているものである。その日本人にとってなじみの商品を提供しているネスレはキットカットやネスカフェなどの食料・飲料を世界中で販売し，その売上高は意外にも10兆円を超える規模である。そのような巨大な多国籍企業が，現在の世界の経済取引を主導しているのである。

　表1-1は，フォーチュングローバル500の2018年版に掲載された売上高ランキングの抜粋である。売り上げ第一位は小売業のウォルマートであり，第2位，

表1-1　フォーチュングローバル500（2018年版）

順位	会社名	業種・事業	売上高（億ドル）
1	ウォルマート（米国）	小売り	5,003
2	国家電網（中国）	電力	3,489
3	中国石油化工集団（中国）	石油	3,270
5	ロイヤルダッチシェル（蘭）	石油	3,119
6	トヨタ（日本）	自動車	2,652
11	アップル（米国）	IT	2,292
12	サムスン電子（韓国）	IT	2,119
18	アマゾン（米国）	小売り	1,779
24	ホンハイ（台湾）	IT	1,547
30	ホンダ（日本）	自動車	1,387

（出所）フォーチュン『グローバル500』2018年版より作成。

3位は，経済成長著しい中国のエネルギー関連企業が入っている。石油や鉄鉱石などのエネルギーや資源は国際的に偏在しているため，世界で活発に取引されており，それにかかわる巨大多国籍企業は多い。小売りではアマゾンも18位にランクインしている。またIT関連ではアップルが11位，サムスンが12位に入っている。日本企業では，トヨタの6位をはじめ，ホンダ（30位）などの自動車メーカー，NTT（55位），ソフトバンクグループ（85位）などの通信業，日立（79位），ソニー（97位）などの電機メーカーがランクインしている。これらすべての企業は，中国の国家電網と中國石油化工集団を除き，すべて世界中で生産や販売活動を行い成長した多国籍企業である。

　日本のトヨタは，成長と共に多国籍化し，今や巨大な多国籍企業となった典型例である。1930年代に豊田一族によって設立されたトヨタは，軍用トラックの生産を経て，戦後は乗用車の生産に乗り出した。当初は国産車育成政策の下で保護された国内市場向けの小規模生産であり，その技術力も低いものであったが，その後はカンバン方式，多能工を活用した品質改善活動によって効率的な生産技術を確立し，70年代以降からは輸出を本格化させ，日本を代表する輸出企業にまで上り詰めた。

　図1-12は2017年末時点のトヨタの海外生産拠点を示した世界地図である。トヨタは50年代から海外拠点の設立を始めて以来，国際競争力の確立によって

図1-12　トヨタの海外生産拠点（2017年末）

（出所）トヨタHPの図を元に作成。

　80年代以降急速に国際展開を進め，当時貿易摩擦があり輸出が困難となった北米に積極的に進出した。90年代にはEU統合に伴いイギリスやフランスにも積極的に現地市場向けの生産拠点を設け，2000年以降はEUのさらなる拡大に伴い，東欧にも生産拠点を設けている。また80年代以降投資規制を緩和した中国にも，90年代後半以降合弁形態で積極的に進出し，2000年代にも拠点を増やしている。その結果，2017年末時点では，トヨタは28の国と地域に51の生産拠点を設けるまでに至っている。生産拠点だけでなく，開発拠点についても，主要な開発は日本国内で行うものの，現地向け車種の開発などを中心に世界中で行っている。また，日本を含め世界での全雇用者数は36万人を超え，**図1-13**が示すようにその販売台数は約898万台である。その販売台数はダイハツと日野自動車を含めれば自動車業界で世界第3位（2017年）であり，そのうちの55％が海外生産，75％が海外販売で，まさに世界中で開発，生産，販売を行う巨大な多国籍企業といえる。

　このように，日本に限らず先進国の多国籍企業は，80年代後半の世界的な貿易・投資の自由化や企業成長を原動力として海外展開を広げていった。では，多国籍企業は，一般的に，どのように拠点を国際配置しているのだろうか。そ

図1-13　トヨタの生産・販売地域シェア

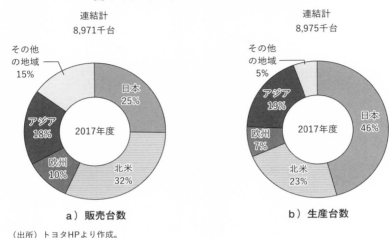

a）販売台数　　　　　　　　b）生産台数

（出所）トヨタHPより作成。

して多国籍企業は他企業との取引も含め，どのような活動を世界で行っている
のだろうか。それらの活動を，より詳細に見ていこう。

2.3　広がる国際生産・販売ネットワーク

　多国籍企業は，国際的に開発，生産やそのための材料の調達，販売，そして
マーケティング活動などを行っている。たとえば生産については，多国籍企業
は，前述のように，生産コストを低下させたり，リスクを分散したり，あるい
は輸入障壁を乗り越えるためなど，様々な理由で生産拠点を国際的に最適配置
する。

　自動車や電機機器産業で多く見られるのが，国際的な工程間分業である。こ
れは，開発，試作，部品生産，組み立てなどの生産工程を，国際的に分業する
ものである。自動車や電気機械は組み立て製品であり，実際，製品によっては，
様々な工程に分解しやすいものがある。このとき，この自社内の生産工程を国
際的に分散したり，または企業間で分担したりして，国際生産ネットワークを
構築するのである。

　たとえば，電気機器産業では，一つの製品を開発・生産する上で，それぞれ
の生産工程を，世界各国の特徴を活かして，それぞれ最適な場所に配置する，

国際的な最適配置行動がとられてきた。たとえば，多くの研究者や技術者を必要とする研究開発，加工に熟練労働者を必要とする試作など，技術集約的な工程は日本に拠点を置き，部品生産など中程度の加工技術を必要とするものは製造業の経験が蓄積されつつある東南アジアや中国に，そして組み立てなど，技術的には簡単で単純労働者を用いる労働集約的な工程は，人件費の安い中国，最近ではベトナムで生産するなど，それぞれの生産工程を，最も高い品質で，最も安く生産できる場所に最適配置している。これによって企業は，各国に広がる多様な生産資源を用いて，より良い品質の製品を，より安く生産する体制を築き，国際競争力を強化しているのである。たとえば，エアコンの生産においては，開発と設計，試作，およびコンプレッサーという冷却部分の基幹部品の生産は開発・生産技術の高い日本で行い，簡単な部品の生産や組み立ては現地で行うという国際分業を行ったりしている。

　また，自動車メーカーでは，研究開発拠点，および一部のエンジンやその特殊部品など，高度な加工技術を必要とする生産工程は日本に拠点を多く残し，一方で簡単な部品はアジア諸国や北米など現地で生産する工程間分業を行っていたりする［日本経済新聞2016年5月26日］。また，特に2000年以降は北米，ヨーロッパ，中国などを中心に，世界の優れた専門的人材が集まる地域に開発拠点を設けており，各地域の企業，大学などとも提携して世界的に最先端の研究開発を進めている。特に，自動車産業では，近年次世代カーに向けた製品開発競争が激しく，国際的に複数の研究開発拠点を分散配置することで，時差を利用した24時間体制の研究開発体制を確立することで，研究開発のスピードアップにも役立てている。

　また，多国籍企業は製品やサービスを世界的に販売することによって常に利益の拡大を目指す。各地域での事業のノウハウを活かしながら，次にどの地域でどの製品市場に参入し，販売を拡大するかを常に考えている。市場規模が大きいEUや北米は勿論，近年では，市場が拡大するアジア諸国などの新興国への進出が著しい。進出の上では，スマートフォンのように地域によって大きく嗜好が変わらず，アプリによってその調整が可能な製品については，世界的に統一した商品開発を行い，認知度をブランディングによって高めたりし，食品など，嗜好や使用状況の違いに応じて現地のニーズが大きく異なる商品については，現地に合わせた商品開発を行う。販売の拡大は，それ自体が売り上げ増

をもたらすだけでなく，前述のように，資材調達や生産において規模の経済が働く場合には，企業の世界的な競争力の拡大にもつながる重要な手段となる。電子機器や食料品の世界展開がその好例である。

2.4　国際企業提携の拡大

また，グローバル経済では，多国籍企業の国際展開だけでなく，国際企業提携も活発に行われている。グローバルな競争が激しい現在のビジネスでは，自社が持たない人・モノ・カネなどの経営資源を，世界中の他の企業との提携を通じて補完し，自らの競争力を強化することが求められている。特に，技術力はあるものの，90年代以降の不景気で資金不足にあえいでいた日本企業には，海外企業との提携で活力を取り戻したり，また近年では停滞する日本市場の制約から離れ成長市場である中国などの新興国市場に進出したりするために，海外企業と積極的に提携を結んだ例も多い。

企業提携の例としては，生産の一部を委託する生産提携，そして互いの販売網を活用する販売提携，互いの技術を供与し合う技術提携，そして，資本を持ち合う資本提携がある。生産・販売・技術提携は互いに相手の利益になるため，提携によって相手が獲得した利益を自社に還元するために，資本提携を結んで両企業の結びつきを強くすることも多い。

たとえば，アパレル業界は，生産委託による国際分業が広く普及している業界である。80年代後半以降急成長したユニクロも，中国の縫製企業に生産を委託して競争力を獲得した。当時の中国企業の縫製技術は日本と比較してまだ低く，中国製の衣服は"安かろう悪かろう"という評判だったが，ユニクロは国内の技術者を派遣して生産管理の指導を徹底することで，高品質かつ低コストの生産体制を確立し，国際的な生産委託の成功が，国内のアパレル市場でのシェア拡大につながった。

パソコンをはじめとする電子機器の分野は，部品が国際的に標準化されてきたこともあり，今や企業間での国際的な工程間分業が進展しており，生産委託も広く普及している。デルのパソコンやアップルのiPhoneが，国際的な生産提携の典型例である。

図1-14は1980年代のパソコンの工程間分業を示している。シリコンバレーなど，IT関係の研究者・技術者の多い米国でCPUやソフトウェアが生産され，

DRAMや液晶パネルなどはものづくりの開発力・生産技術の高い日本や韓国で生産されている。さらに，キーボードやマウスなど，比較的高い技術を必要としない製品は台湾やマレーシア，タイなどで生産され，それらが消費地の近くや労働コストの安い国で組み立てられて，各国の消費者に届けられていた。各部品の生産に特化した企業同士が品質・価格，さらには製品・部材の開発をめぐって国際的に熾烈な競争を繰り広げる中で，効率的でダイナミックな国際分業が進展した。

　近年では，欧米のアップルやデル，ヒューレット・パッカードなどのメーカーが，サプライチェーンの運営や販売などは自社で担当し，生産については外部に委託することで，安価なパソコンの生産を実現している。たとえば，デルが関連する企業は世界中の何百社に及ぶ。基幹部品やOSはインテルやマイクロソフトなどの米国企業，メモリや液晶パネルなどの高度な部品は日本や韓国などから調達し，それ以外の部品や組み立ては，中国に大規模工場を持つ台湾や中国の企業に委託して安く生産する国際分業が主流である。その結果，今や最終製品としてのパソコンの95％以上は中国製という状況である。

　ちなみに，その結果80年代から90年代にかけて日本の市場で高いシェアを誇っていた日本製のパソコンは，当時日本でも組み立てがなされていたものの，特に2000年以降は以上の海外企業の台頭により，コスト競争で負けて事業から

図1-14　パソコンの工程間分業

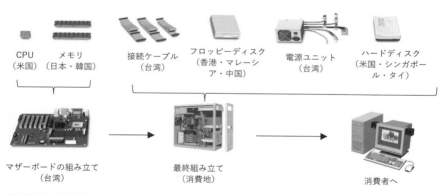

（出所）経済産業省『通商白書　1990年版』の図，及び情報機器と情報社会の仕組み素材集
（http://www.sugilab.net/jk/joho-kiki/index-sample.html）の画像を元に筆者作成。

撤退するか，あるいは生産を続けていても，アジア企業による委託生産がほとんどとなり，国内生産だけでなく自社での海外生産もかなり縮小してしまった。現在，日本企業は技術力を活かしたメモリやコンデンサをはじめとした電子部品の生産に特化している例が多い。デスクトップパソコンの価格が，80年代には1台30万ほどしていたが，現在では1/6の5万円を切る値段で買えるようになったのは，この競争的な環境の中での国際分業と密接な関係がある。パソコンメーカー間，部品メーカー間の熾烈な競争の中で広がった国際分業は，企業にとっては過酷でありつつも，世界的には大きな消費者利益をもたらしたといえる。

　また，自動車産業は，近年特に国際企業提携が頻繁に行われている。自動車はグローバルな競争が激しい中で，エンジンをはじめとした複雑な部品の開発，多様な車種の開発・生産と，それらのための多額の開発資金，世界的な販売体制の確立などが求められている。このため，自らが持たない技術，車種の生産体制，販売網などを補完するために，国内，国際的な提携が広く行われてきた業界である。

　また，近年の自動車市場環境として，ハイブリッドカー，電気自動車，燃料電池車など，様々なエコカーが登場し，どのエコカーが次世代の主流になるのか分からない状況にある。各社とも，どのエコカーが主流になっても生産可能にしておきたいものの，たとえば電気自動車はモーターや蓄電池，電子制御関連の技術が必要であり，また燃料電池車は炭素繊維製の水素タンクの生産技術が必要だったりするなど，従来のガソリン車向けの技術だけではなく，業界を越えた最先端の技術が求められている。そこで各社は不足する技術をいち早く補うために，国際的な企業提携を活発に結んでいる。

　たとえば，自主開発が中心だったトヨタでさえ，電気自動車の開発を迅速に進めるために米国のベンチャー企業で電気自動車の電子制御技術を持つテスラモーターと一時的に資本提携を行ったこともあり，また燃料電池車では必要となる炭素繊維製のタンクの技術力を持つBMWと提携したりしており，それらによっていち早く自らの手薄なエコカーを開発，生産できるよう手を打っている。また，近年実用化が近づきつつある完全自動運転車の開発でも企業提携は多く生まれており，たとえばトヨタは車外情報の収集，および分析に必要なAIやそのための半導体，そして自動運転時代に生まれる様々なITサービス基

盤の獲得のために，それらに強い異業種のソフトバンクとも提携している。

　このように，現在のグローバル競争の中で，各企業は生産工程を国際的に分散配置したり，あるいは海外企業が持つ経営資源を有効に活用したりすることで，熾烈な国際競争を生き残っているのである。

事例紹介　**日産とルノーの提携**

　90年代の後半，日産は倒産寸前に陥った。当時の日産はバブル崩壊後の国内需要の縮小に加えて，技術を過信して過剰品質による高価格車の販売を続けたこと，さらにはデザイン力の低さなどから顧客離れが進み，その結果国内シェアを急速に失った。一方でバブル経済以来の過剰設備は温存されて赤字体質となり，その結果，90年代末には2兆円もの有利子負債を抱えるに至ったことが原因である。

　当時の日産には再生のための資金と抜本的な改革が不可欠であり，そのための提携先を探すこととなった。特に，抜本的な改革を主導する次期社長には，社内に様々なしがらみを持つ生え抜きの人材ではなく，社外の人材が求められた。そこで白羽の矢が立ったのがフランスの自動車メーカーであるルノーだった。ルノーは資金力が豊富であり，日本市場へ進出したいもののその基盤を持っておらず，提携相手を探している状態だったからである。

　日産は，ルノーから，ブラジルでの大胆なリストラによる事業再生で実績をあげ「コストカッター」の異名がついたゴーンを社長として招くことになった。これが成功への鍵となる。

　日産はこの提携によって，日産株の約40％を購入してもらう形で資金不足を解消し，代わりに日産の持つ高いエンジン関連技術をルノーに供与したのをはじめ，互いに相手国での販売を相互に委託する提携も結んだ。さらに，ゴーン社長の下で1999年に「日産リバイバルプラン」という抜本的な改革案を策定し，持ち合い株を含む資産売却による2兆円の有利子負債の解消や，当時600社あった系列取引先の半減による部品調達コストの引き下げ，そして5工場の閉鎖による過剰生産能力の解消，そしてデザイン力強化などを一気に推し進めた。4年間でその改革目標は実現し，日産の売上は復活した［日本経済新聞社（編），2000］。

　近年でもその提携関係は続いており，ルノーが日産株の43.3％，日産がルノーの株の15％を持ち合う資本提携をはじめ，エンジンの共同開発やお互いの市場での販売提携などを続けている。日産・ルノー連合はこの提携の効果もあり，2014年には販売台数でトヨタ，VW，GMに次ぐ世界第4位の地位にまで上り詰めた。

　現在では提携効果をさらに高めるために，従来別々に行っていた開発・生産体制の一体化や，部品の共通化と調達の共通化，そして燃料電池車や電気自動車，自動運転車など先端技術の開発の一体化を進めている。

　日産とルノーの国際企業提携は，グローバル市場での生産と販売を目指し，さらには日々新しい技術が求められる自動車市場において，日産の技術とルノーの資金力の交換，そして互いの販売網の活用，開発，調達，生産，販売の共通化などを通じて，経営資源を補完し合い，競争力を高め合う効果を生み出した。自動車業界では多くの提携が行われ，企業文化の違いなどで思うような相乗効果が得られず解消された例もあるものの，この日産とルノーの提携は，最も相乗効果が得られたものの一つといわれている。

　また，成長の中心が新興国に移り，日本企業は新興国で新たな販売を展開するために，現地での新たな販売網の確保が求められている。しかし，現地での販売網の構築をゼロから自前で行うのは時間と資金が膨大に必要になるため，各社とも，販売網を持つ現地企業との販売提携を行う例も多く見られる。三洋は，中国での白物家電の販売を促進するために，2002年にハイアールと販売提携を実施し，共に提携相手国での販売をお互いが請け負う協力関係を築いた[6]。

　自動車産業で見られる，相手企業の株の一部を保有する資本提携ではなく，その究極の形として，相手企業やその一部事業を買収してしまう場合もある。買収は多額の資金が必要でその分リスクも大きいものの，相手企業やその事業の経営権を完全に獲得してしまうことを通じて，自らの企業戦略の中で，相手企業の経営資源を自由に利用できるというメリットがある。

　近年，グローバル展開の中で，新たな市場で必要となる技術を獲得するための買収が増えている。日本を例にとると，第8章でも論じるが，たとえば，日立はグローバルに鉄道事業を展開しようとしており，そのため欧州での標準信号システムの技術を獲得するために，イタリアの防衛・航空大手のフィンメカニカから鉄道車両，信号事業を買い取った。信号システムは，日本と海外で異なり，特にEU進出のためには，域内各国をまたがる共通の信号システム技術の獲得が不可欠だったからである。

　表1-2は，近年の日本企業による海外企業の大型買収の例である。キヤノ

　6　2010年に三洋が白物家電部門をハイアールに売却したため，それに伴い提携関係は解消された。

表 1-2　近年の日本企業による大型買収

業界	買収先企業と買収金額，および買収理由
製薬	武田薬品がスイスの製薬会社ナイコメッドを11年に約 1 兆1,000億円で買収。ロシアや東欧での販売網獲得を目的とし，世界市場への本格的な進出を狙う。18年にはアイルランドの製薬会社シャイアーを約 6 兆8,000億円で買収。多くの新薬候補と消化器や中枢神経系の治療薬の強化を狙う。
電機	ダイキンが米国でトップの空調会社グッドマンを12年に約2,960億円で買収。北米で主流のダクト式空調設備で強みがあり，全米に販売網があるのが魅力。キヤノンはスウェーデンの監視カメラメーカーのアクシスを15年に約3,300億円で買収。ネットワーク監視カメラの技術獲得が目的。
通信	ソフトバンクが米国第 3 位の契約者数を持つ携帯電話会社のスプリント社を13年に約 1 兆6,000億円で買収。2016年にはスマホ用CPUで 9 割の世界シェアを持つ英国の半導体設計会社アームホールディングスを約 3 兆3,000億円で買収した。人工知能（AI）やIoTの時代に需要の爆発的な拡大が見込めるチップセット事業と，その基盤技術の獲得を目指す[7]。
飲料	サントリーが「ジム・ビーム」で有名な米ウィスキー大手ビームを14年に約 1 兆6,500億円で買収。アサヒは16年にベルギーのビール世界最大手のアンハイザー・ブッシュ・インベブから，東欧のビール事業を約8,700億円で買収。両社ともブランドと生産・販売網の獲得が目的。
銀行	三菱UFJ銀行が，13年にタイのアユタヤ銀行を約5,600億円で買収。三井住友銀行も，14年に香港の東亜銀行を約1,000億円で買収。どちらもアジアでの日系企業，および現地企業向け業務を拡大するため。
保険	16年に東京海上日動火災保険が米国のHCCインシュアランスホールディングスを約9,400億円で買収。SOMPOホールディングスは米損害保険会社エンデュランス・スペシャルティ・ホールディングスを16年に約6,400億円で買収。どちらの買収も，農業保険や役員賠償保険など専門性の高い保険のノウハウ獲得や事業の分散化を目指す。後者は運用力の獲得も目指した。

（出所）日本経済新聞より作成。

ンは，既存のデジタルカメラ市場がスマホの登場により頭打ちになる中で，新たな事業を伸ばそうと，ネットワーク監視カメラの最大手であるスウェーデンのアクシスを買収し，また国内では医療用機器事業の拡大のために，東芝から医療用機器子会社の東芝メディカルシステムズを買収した。また，飲料メー

7　IoTとはInternet of Thingsの略で，モノにセンサーと通信器を付けてネットワークでつなげることで，モノとモノとの間で情報をやり取りすること。モノの情報をコンピュータで分析することで生産現場の故障を未然に防いだり，機器を遠隔操作したり，データを共有したりできるなど，様々なサービスが可能になる。

カーも，グローバル展開を急ぐ中で，自前では時間も費用もかかる現地での販売網やブランド構築を一気に獲得しようと，買収を活発化させている。たとえばサントリーはジム・ビームで有名な米国のウィスキー大手のジムを1兆6,500億円もの資金を投じて買収した。世界の飲料業界は，買収による企業の巨大化が進んでおり，日本企業も，そのような海外の大手メーカーの調達・生産・販売力に対抗すべく，海外企業の買収を積極的に進めている。

　このように，経済のグローバル化の中で，各国企業は，国際展開をしたり，海外企業の経営資源を活用したりすることで，世界的な開発・生産・販売力を強化し，グローバル競争を生き残ろうとしているのであり，そのような動きが，さらに経済のグローバル化を活発化させているのである。

第 2 章

国際分業の進展と日本の産業構造転換

1 ▌日本の対外直接投資の拡大とグローバル化

1.1 プラザ合意後の円高と対外直接投資

　第1章で示したように，現在日本をはじめ世界でヒト・モノ・カネの動きが活発化している。本章では日本に焦点を当て，グローバル化の中で進展した日本と海外との国際分業と，それによって大きく影響を受けた日本の産業構造の変化を，東アジアとの関係を中心に議論する。

　日本では1980年代後半以降，急速に東アジアとの国際分業が進展したが，このような背景には，企業の海外進出の活発化がある。

　図2-1が示すように，80年代までの貿易では，日本企業は海外から鉄鉱石や石油・天然ガスなどの鉱物資源を輸入し，鉄鋼製品，電気機器，自動車などの加工品を輸出する加工貿易を行っていた。しかし，80年後半以降，輸入に占める製品の割合は急増し，その結果輸入に製品が占める割合は，80年の22.9％から，2000年には61％へと急増する変化が起こっており，2020年には67％にまで拡大している。一方で，日本の輸出は60年代には繊維・同製品が多かったものの，重化学工業化の中で化学製品，金属および同製品，自動車を含めた機械機器のシェアが急激に拡大した。特に1960年に26％だった機械機器の輸出シェアは，石油ショック，85年のプラザ合意後の円高後も順調に上昇し，75年には

図2-1　日本の商品別輸出・輸入構造の推移

a）　日本の輸入の商品別構成比の推移

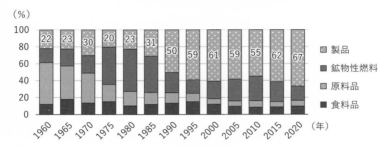

b）　日本の輸出の商品別構成比の推移

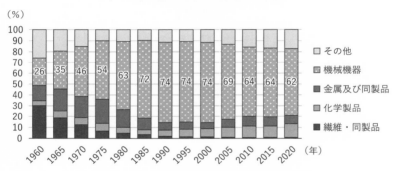

（注）88年以降の分類に基づく。87年以前は旧分類に基づくため，厳密には前後で連続しない。輸出について，
　　　その他には，原料別製品の「紙類・紙製品」，原料品，鉱物性燃料，非金属鉱物製品，食料品，その他の特
　　　殊取扱品と雑製品（科学光学機器と写真用・映画用材料を除く）を含む。機械には一般機械，電気機器，輸
　　　送用機器，精密機器（科学光学機器のみ）を含む。
（出所）財務省「貿易統計」より作成。

54％，85年には72％と急増し，95年にはピークの74％を迎えた後，2020年にも
62％を維持している。このように，日本と海外の関係は，日本が素材を輸入し
て製品を輸出する垂直貿易の関係から，海外と工業製品を輸出し合う水平貿易
の関係に大きくシフトしていった。
　　この変化に大きく関係したのが，日本企業の対外直接投資と，アジア諸国の
工業化である。80年代中頃までの日本企業は，海外の輸入制限などがある場合
を除き，国内の高い技術・技能を持つ労働力を利用して，日本国内で生産をし，
世界各国に輸出をしていた。しかし，80年代以降，日本のこのような輸出には

陰りが見え始めた。まず，70年代以降，日本からの輸出が欧米を中心に急増する中で，衣類，テレビなどの家電製品，自動車などで米諸国との貿易摩擦が勃発し，現地での輸入制限や日本の輸出自主規制によって，それら一部の産業・製品で日本からの輸出を拡大できない状況が生まれた。さらに，85年のプラザ合意以降は，それまで1ドル240円だった対ドルレートが2，3年で一気に120円という2倍の円高になり，海外の生産コストがそれまでより大幅に安くなった。さらに，第1章で述べたように，東アジア諸国の貿易・投資の自由化が80年代に進んだことで，国際的な生産ネットワークを作りやすくなった。それまでは海外に工場を建設しようにも自由な進出が制限され，さらに部品や素材，生産用の機械設備などの輸入に関税や数量制限などが課せられていたのが，それら規制や制限が緩和されるようになったのである。

　このような国際環境の変化の中で，80年代後半以降，日本からアジア諸国，欧米への直接投資が加速した。欧米への進出は自動車など，関税や輸入制限を回避するための，いわゆる市場目的の進出が多く，一方でアジア諸国へは，安価な土地や労働力などを求めた，生産要素目的の進出が多く見られた。いずれにせよ，これらによって80年代後半以降日本企業の海外生産は急増した。

　日本の対外直接投資はどのように行われ，それは日本国内の生産や海外との貿易にどのような影響をもたらしているのだろうか。日本の対外直接投資の推移を地域別にまとめたものが，**図2-2**である。日本の直接投資は，85年のプラザ合意以降の急激な円高に伴い増大し，90年のバブル崩壊と2008年のリーマンショックの後に減少した後も，特に近年，円高の中でさらに拡大を続けた。地域としては，北米やEUなどの先進国への投資が半分以上を占め，特に80年代は北米への投資が半分以上を占めていたが，2000年代に入って中国やASEANを中心としたアジア諸国への投資のシェアが拡大し，近年では北米に匹敵する水準に達している。一方で，アフリカなどの低所得国への投資は僅かなものであり，先進国や近隣のアジア諸国への投資が全体の8割を占めている。

　また地域によって，進出する産業にも違いが見られる。**図2-3a）**が示すように，アジアへの直接投資は，電気機械，輸送機械をはじめとした製造業が多く見られ，投資の半分以上を占める。一方で，経済のサービス化が進んだ北米に向けては，**図2-3b）**が示すように，不動産，金融・保険，卸・小売などの非製造業が，大きな割合を占めている。これは，国際競争力のある米国の

図2-2　日本の地域別対外直接投資の推移

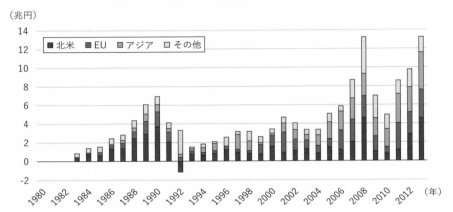

（兆円）

（注）　国際収支統計の変更が1996年にあり厳密には前後で接続しない。1986年以前はアジアの統計はとれない。
　　　　1983-1995年の北米は米国のみ。EUはその当時のEU（またはEC）加盟国で集計されている。財務総合政策
　　　　研究所Webサイト，日銀Webサイトから作成。
（出所）　経済産業省『通商白書　2014年版』より転載。

金融・保険業界への出資や情報通信関連企業の買収，卸，小売業界の国際展開
などを主因としている。ソフトバンクによる2013年の米国スプリント社の買収
がその例である。

　図2-4は，日本企業の海外生産比率の推移を，業種別に1989年から2016年
までについて見たものである。どの業種も基本的に80年代後半以降海外生産比
率を上昇させたことが見て取れ，製造業平均では89年に5％だった海外生産比
率は，2000年には約15％にまで上昇し，2016年には約24％に達している。

　図から明らかなように，海外進出の進展は業種によって差があり，各国の市
場動向や規制，そして産業の技術的特性がそれらの違いをもたらしている。最
も海外生産比率が高いのは自動車を中心とした輸送機械，その次が電気機器産
業である。自動車は各国が自国で自動車産業を育成しようと輸入制限をしてい
る場合も多く，また，輸送コストも高い。そのため，市場目的の現地生産が多
く，現地での販売は基本的に現地生産で賄う体制が整えられていった。近年は，
成長著しい中国などの新興国での現地生産を拡大しており，さらに現地生産比
率が上昇し，2016年には46％近くになっている。また，電気機器産業は，第1
章で述べたように，比較的少数の部品・ユニットを組み立てて最終製品ができ

図2-3　日本の業種別直接投資の推移

a）アジアへの日本の対外直接投資（フローベース）

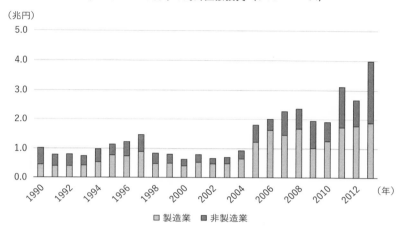

□ 製造業　■ 非製造業

b）北米への日本の対外直接投資（フローベース）

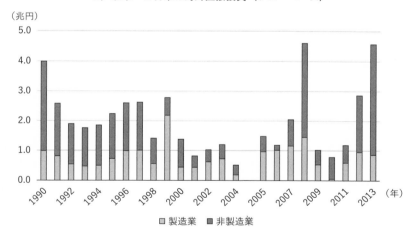

□ 製造業　■ 非製造業

（注）2004年までは直接投資の報告・届け出ベース，2005年以降は国際収支の直接投資（ネット）ベース。このため，その前後で，厳密には統計は連続しない。資料：財務省Webサイト，日銀Webサイトから作成。
（出所）経済産業省『通商白書　2014年版』より転載。

図2-4　日本の業種別海外生産比率の推移

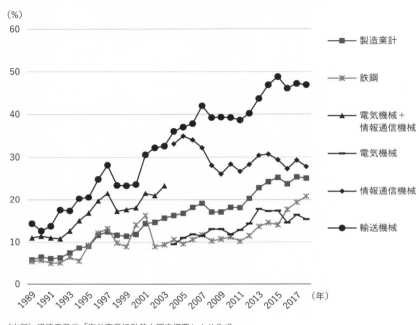

（出所）経済産業省「海外事業活動基本調査概要」より作成。

　るため工程を分離しやすく，また輸送コストも安いため，それぞれの工程を国際的に最適に分散配置する国際生産ネットワークが構築されている。そのため特に単純労働力を用いる最終組み立ての工程は，安い人件費を求めてアジア諸国に移動し，2016年現在でも約27％の水準を維持している。一方で，鉄鋼業のように，同じ製造業でも，工場の新設に数千億円以上という巨大なコストがかかり，また原材料から最終製品まで一気に加工した方がエネルギーコストが安くなる場合には国内生産の維持が選ばれ，海外生産比率はそれほど上昇していない。

　また，日本の企業は，直接投資以外にも，海外の現地企業と提携する形で，日本向けの製品の製造を委託し，商社などを通じて衣類や食品，日用雑貨などを日本に輸入するようになった。セブンのセブンプレミアム，イオンのトップバリューなど，スーパーのプライベートブランドも，日本人のニーズや嗜好に

合わせて，アジア諸国で現地の企業に技術やニーズなどを伝え，日本に輸入してきているものも多い。現地のコストを活かし，安い商品を店舗で並べるためである。また，アジアの工業化に伴い，近年ではパソコンや携帯などの電子機器などのハイテク製品も委託生産され，日本に輸入されるようになっている。国際的に優良な企業も韓国や台湾，中国などをはじめとして台頭し，それらの企業が自社ブランドで日本に家電製品や電子機器を輸出するようにもなっている。今や家電量販店やアマゾンで，アジア企業ブランドの家電製品を見ることも多くなった。

　このように，産業によって違いがあるものの，80年代後半以降，各国の貿易・投資規制の変化や急速な円高によって急速に海外展開が加速し，日本企業の国際的な生産ネットワークが張り巡らせられた結果，それまで農産物や資源を輸入し，工業製品を輸出する産業間貿易が中心だった日本と海外の貿易は，工業の各産業内で行われる貿易も多くなり，また企業が企業内の国際的な生産拠点間で部品や半製品を融通することから生まれる企業内貿易も盛んになった。このような水平分業，中でも企業内貿易の進展は，90年代以降，世界の企業が国際展開を急速に進めグローバル競争が激化する中で，ますます加速していった。

2 ▎各国の対内直接投資促進策

2.1　受け入れ国の直接投資優遇策

　第1章で紹介したように，経済のグローバル化の中で直接投資が活発化した。その背景の一つに，受け入れ国の誘致政策がある。直接投資は様々なメリットを受け入れ国にもたらすため，特にアジア諸国では，土地や労働力という安価な生産要素を活用して，先進国向けの輸出拠点としての魅力で直接投資を誘致し，日本からも80年代後半以降，多くの対外直接投資が行われてきた。先進国でも製造業の縮小に代わる産業の育成のために，各産業の研究開発機能や金融業をはじめとした非製造業の産業集積の形成を目指し対内投資の誘致が積極的に行われ，今や対内投資の促進は重要な成長戦略の一つである。

　本節では，日本の対外投資の受け入れ先となってきたアジア諸国を中心に，各国の誘致策を紹介した上で，東アジアと日本の国際分業の進展が，日本の産業構造の変化にどのような影響を与えたのかを議論する。

　まず，日本の製造業の対外直接投資に大きな影響を与えた，アジア諸国の直接投資優遇策を紹介する。

　80年代の東アジアでは，輸出志向型の開発戦略の下で，輸出加工区という制度が広く採用された[1]。輸出加工区とは，現地に進出した企業には，製造した製品をすべて（あるいは一定割合以上を）輸出させるということを条件に，様々な優遇措置を与える特別区のことである[2]。優遇措置としては，法人税の一定期間の免除や減免，土地の使用料あるいは固定資産税の一定期間の免除，通常は輸入にかかる関税が部品や機械設備の輸入については減免されることなどがある。輸出の義務が課されないものも含め，一般に自由貿易地域（Free Trade Zone）とも呼ばれる。表2-1は，輸出志向型の経済成長を目指したアジア地域が1988年時点で採用していた投資優遇策である。たとえば中国は経済特区に進出し製品の70％以上を輸出する企業に対しては法人税を20％ほど減免し，また土地代も減免したり無償提供したりして優遇した。マレーシアも進出企業には法人税を5％免除し，部品などの輸入にかかる関税も2％に減免，50％以上を輸出する企業に関しては，100％の出資比率を認めるなどの優遇措置を与えていた。

　表2-2は，1996年2月時点のアジアの主要都市・地域の投資関連コストを比較したものである。日本の神奈川県と比較して，アジアの中心国である台湾，シンガポールでは，一般工職の賃金は約1/5〜1/3であり，マレーシアのクアラルンプールは1/16〜1/10，中国の北京や深センに至っては約1/50〜1/20と安い。工業団地の借料についても，台北やシンガポールでも1/10程度，北京や深センは1/1,000〜1/50の安さである。業務用の電気料金についても，台北やシンガポール，クアラルンプールは日本の約1/3〜1/2，中国も北京が約2/5，深セン

1　輸出志向型の開発戦略とは，外資企業の誘致などをてこに比較優位のある産業を輸出産業として育て，経済成長を図ろうとする戦略のことである。海外企業の進出と輸入を規制して国内産業を保護し，輸入を国内生産に代替することで経済成長をはかろうとしてきたそれまでの輸入代替政策とは対照的な戦略といえる。
2　輸出を条件とするのは，競争力のある進出企業が現地販売を行い，現地産業の成長を阻害してしまうことを防ぐためである。

表2-1　各国の直接投資優遇策（1988年）

国・地域	優遇措置
中国	・本来33％の法人税を，特定の特区では15％に優遇，また特定地区で70％以上を輸出する企業，先進技術企業については10％に優遇。また土地使用料についても減免。また，利益が出始めた2年間は法人税免除，3～5年目は半減の優遇措置の例もあり。輸入設備への免除，土地使用料の減免もあり。
マレーシア	・特定の業種（主に先端技術を持つ輸出企業）に対しては法人税を5年間免除。原材料の調達の際の関税は2％に減免。輸出比率50％以上の場合は，100％まで外資比率を認める。
シンガポール	・特定の先端技術を持つ産業は，法人税を最高10年間免税。
タイ	・輸出志向型企業には法人税を3～5年免税。輸入機械の関税も免税。

（出所）JICA報告書（http://open_jicareport.jica.go.jp/pdf/10744845_05.pdf）より作成。

表2-2　アジア主要都市・地域の投資関連コスト（1996年2月時点：ドル）

	台北 （台湾）	シンガポール （シンガポール）	クアラルンプール （マレーシア）	北京 （中国）	深セン （中国）	神奈川 （日本）
賃金 （ワーカー：一般工職）	912～1,278 （3.4～2.4）	632～984 （4.9～3.1）	190～310 （16.3～10.0）	72～170 （43.0～18.2）	60～162 （51.6～19.1）	3096
工業団地借料 年額/m²当り	154 （11.7）	168～210 （10.7～8.6）	210～230 （8.6～7.8）	1.8～1.9 （1002～949）	13～35 （139～52）	1804
業務用電気料金（kwh当り）	0.09～0.12 （2.3～1.8）	0.07 （3）	0.07 （3）	0.08 （2.6）	0.13 （1.6）	0.21
法人税率（％）	25 （-25）	27 （-22）	30 （-20）	15～33 （-35～-17）	15 （-35）	49.98

（注）表内のカッコは神奈川のコストの何分の1かを示す。法人税率に関しては日本との差。
（出所）ジェトロ『第2回　アジア主要都市・地域の投資関連コスト比較』（1996年）より作成。

が2/3である。法人税率についても，50％近い日本より，どのアジア諸国も少なくとも20％は安く，北京や深センでは最大で35％も安い。総じて，量産型の大規模組み立て工場などで重要となる地代，一般工職の人件費などについて，アジア諸国は日本など先進国よりも圧倒的に安く，その中でも中国の生産要素の安さは際立っていたといえる。このような生産要素の安さに政府による税の減免措置などの優遇措置が加味されることにより，アジア諸国は輸出拠点としての高い魅力を確立してきたのである。

　国内企業と競合しない輸出加工区は，発展を目指す世界中の途上国に採用され，韓国，台湾，東南アジア，中国などのアジア諸国や，メキシコ，中南米など，多くの国の経済成長において重要な役割を果たしてきた。特に70年以降急増し，1990年までには27カ国86箇所にまで及んだ［鐵，2001］。たとえば，80年代にこの輸出加工区を設置した東南アジアには多くの外資系企業が進出し，そのおかげで東南アジアは農業国から工業国への転換を果たし，高い経済成長を実現した。

　近年ではアジア諸国の賃金は高くなったとはいえ，いまだ日本よりも製造業の生産拠点としては安い。**図2-5**は，日本とアジア諸国の1996年，2017年のワーカー（一般工職）のひと月あたりの基本給を比較したものである。96年の段階では，中国の北京，上海，大連などは横浜の1/40～1/25程度の賃金でしかなく，それから21年経ち，中国の賃金が急激に上昇した現在も，日本の横浜と比べれば，依然として1/6～1/4の水準である。もっとも，近年は繊維など，労働集約的な産業については，賃金の上昇した中国から，ベトナムなど，より賃

図2-5　アジア各国のワーカー（一般工職）月額基本給

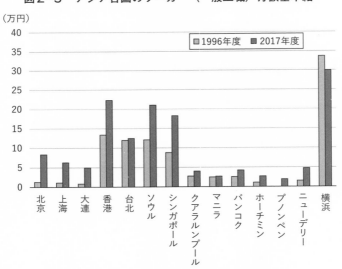

（注）96年の海外データは各地域の賃金の最大値と最小値の平均値であり，またニューデリーについては96年はデリー，横浜については96年は神奈川県のデータを利用した。
（出所）ジェトロ「アジア・オセアニア主要都市・地域の投資関連コスト比較」（1996年度，2017年度）より作成。

金の低い近隣国への工場移転が見られる。賃金格差はかなり縮小したとはいえ，アジア諸国の経済成長率や現在の市場規模を考慮すれば，現地生産の魅力は依然として大きいといえる。

解　　説	直接投資がもたらすもの

　直接投資は，現地の経済成長に必要な多くのものをもたらす。

　まず一つ目が，雇用である。外資系企業が現地に進出すれば，雇用が生まれることになる。さらに，その労働需要の急増と生産性の上昇によって，賃金の引き上げをもたらす可能性もある。

　さらに，現地の労働者が外資系企業において技術や技能を獲得する可能性がある。たとえば，自動車関連の工場が現地に設立されると，技術漏洩阻止のために移転されない技術や工程もあるものの，現地の労働者に対して，工作機械の操作方法をはじめとした部品を加工する技術，そして各部品をミスなく素早く組み立てる方法や，検査の方法など，一連の技術・技能が現地の労働者に移転されることになる。現地の労働者を経営の重要なポストに就けたりする場合には，経営管理のノウハウが移転されることもある。このようにして技術や技能を習得した労働者が，現地で転職して，それがやがては現地経済全体に広がっていく例もある。外資系の縫製メーカーが多数進出した中国やバングラデッシュでは，外資系企業から縫製技術を教わった労働者が独立して，その結果現地の縫製メーカーの発展につながった。

　また，外資系企業による直接投資は，現地に資本も移転する。経済の成長には，新規に工場を建設したり，また新たな機械設備を導入したりして，生産力を拡大していく必要がある。資本は国内の貯蓄から調達するか，海外からの資本の流入で調達するしかない。海外からの資本の流入に恵まれない国は国内の貯蓄の範囲内でしか投資ができないが，直接投資は資本を提供することを通じて，そのような制約から国を開放し，資本の蓄積を促す。80年代以降の東南アジアや現在の中国の経済成長は，まさに外資を活用した資本蓄積による経済成長であった。

　さらに外資系企業による投資は，外貨をもたらす。投資が外貨という形でなされる場合が多いからである。新たに生産活動を行う場合，しばしば新しい技術や，現地で調達できない機械設備や部品などを外国から輸入する必要が出てくる。この時に必要となる外貨は，途上国自身が輸出によって稼ぐ必要があり，それが発展の制約になる。直接投資に伴う外貨の獲得は，その制約を緩和するのである。

　さらに，外資系企業は輸出をもたらす。市場としての魅力が小さい途上国においては，

外資系企業はしばしば安価な労働力や土地を利用した輸出拠点設立を目的として進出する場合が多い。彼らの生産は現地の生産拡大に貢献し，さらに現地で生産した製品が世界に向けて輸出されることで，外貨ももたらす。世界的なブランドを持つ企業がほとんど存在しない途上国にとって，外資系企業がグローバルブランドと販売網を活用して，一気に輸出を拡大してくれるのは大きな魅力である。

　このように，外資系企業の現地進出は，様々なメリットを現地にもたらすのである。

2.2　その他の促進政策

　以上のような輸入規制や直接投資の優遇策以外にも，各国は自国に投資を呼び込むために，多くの政策的な努力を行っている。最初に挙げられるのがビジネスインフラの整備である。

　まず挙げられるのが，港湾や空港の整備である。港や空港を整備することは，外資系企業の誘致に大きな影響をもたらす。より便利で，より安く使える空港や港が存在することは，現地の工場から海外の工場・市場へのアクセスを容易にしたり，またビジネスマンの国際的な移動を便利にしたりすることで，その地域への生産・営業・研究開発など，様々な拠点設立の魅力を高めるからである。それら港湾や空港は国の基本的なインフラであり，その設立や運営には政府が深くかかわるため，政府の役割が重要な分野である。また，近年市場が急速に拡大する東アジアでは，各企業が当該地域でのビジネス活動全体を統括するために地域本社（地域内の意思決定の拠点）を設立する動きを進めている。その誘致には，周辺各国へのアクセスのしやすさが重要となり，そのための港湾や空港の利便性が欠かせない。

　港湾や空港を整備する二つ目の理由が，物流ネットワークのハブとしての機能の獲得である[3]。経済のグローバル化の中で，アジア域内でも膨大な量の物流が生まれており，そのハブをどこの国が獲得するかの競争が各国間で強まっている。アジアの中でその地位を確立しているのがシンガポールである。シンガポールは，自国の空港や港を都心からアクセス容易な場所に配置し，また24時間安価な料金で使いやすいように整備し，また海外からの入国・税関の審査手続きも簡素化することによって，その地位を確立した。近年では韓国，中国も国際空港や国際港湾を同様に整備することによって物流量を増やし，東アジ

ア内での物流拠点としての地位を向上させている。

　他にも，ビジネスインフラの整備のために，インターネット網の整備や，関連する人材の育成を充実させている国々も見られる。たとえば近年世界からの投資を集め急成長を遂げている中国は，この外資の誘致政策に，国，地域それぞれのレベルで力を入れている。たとえば大連は誘致専門の担当者が存在し，彼らは世界に誘致活動に赴くだけでなく，誘致のためのインターネット網，港湾の整備，英語や日本語に堪能な人材の教育などを通じてBPO関連の誘致を積極的に進めた結果，現在では欧米企業や日本企業のコールセンター業務やデータ処理，ソフトウェア開発などの業務を受注する企業が多く進出し，現地の雇用創出と地域の発展に大きく寄与している［大前，2006］。

　次に行われているのが，法人税率の引き下げである。法人税率は企業の税引き後の収益に直結する。企業が国際的に立地先を自由に選ぶようになった近年，企業の利益に課税する法人税率を引き下げて，自国企業の海外移転を抑えたり，また，海外企業の誘致を目指したりする国が多くなってきた。図2-6は2000年から2009年までの各地域の法人税率の推移を見たものである。アジア諸国だけでなく先進国でも法人税率は低下傾向に有り，日本や米国が40％近くにとどまった中，イギリスをはじめとした先進諸国やアジア諸国は，上記10年間で20％代半ばにまで引き下げた。さらに，前述のように，アジア諸国では，産業によっては更に低い税率を用意しているところもある。法人税率の引き下げは，企業からすれば株主の利益につながるだけでなく，将来の研究開発や設備投資なども左右しかねない。よって法人税率の10％を超える違いは，その後の開発投資や設備投資に影響することで長期的な競争力にも影響しかねず，企業にとって立地上の重要な指標となっている。EUをはじめ，各国ともに財政的に余裕がない状況の中でこのような税率の引き下げ競争が起こっていることは，企業の立地選択における税率の重要性を物語っている。

　3　効率的な物流にはハブ＆スポーク理論が応用されている。ハブとは自転車等の車輪において，車輪の外周から車軸に向かってスポークが集まっている部分である。地域全体のあらゆる地点から発送される輸送品は，まずエリア内のハブに集められ，そこから目的地近くのハブに一括輸送され，さらにそこで仕分けされて最終目的地に配送されることになる。このように各地域の荷物を各ハブに集中的に集め，ハブ間で大量輸送することによって，出発点と目的地が個々に異なる各配送を全体として効率的に輸送するのが，ハブ＆スポーク理論の考え方である。物流ネットワークは実際にこのように張り巡らされており，この時各エリアのハブの地位を確立した地域にはモノが集まり，大規模輸送の拠点として発展していくのである。

図2-6　各地域の法人税率の推移

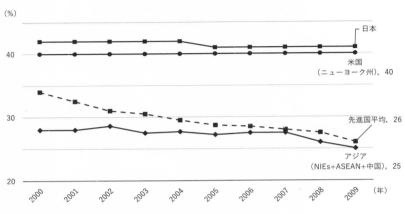

（出所）経済産業省（2010）「産業構造ビジョン2010」より転載。

2.3　誘致政策としての地域経済統合

　1980年代以降，世界各地で地域経済統合が進んでいる。最も代表的なものは
FTA（Free Trade Agreement）であり，加盟国同士の貿易における関税を原
則ゼロにする協定である。他にも，FTAに投資や人の移動に関する協力を含
めた経済連携協定なども活発に締結されてきた。FTAは基本的にはそれによっ
て加盟国間の貿易促進を目的とし，また経済連携協定も，域内の投資や人の移
動の活発化を目指している。図2-7は，1990年代以降の主な地域経済統合の
動きを表したものである。たとえば，ヨーロッパ諸国はECのもとで1992年ま
でにヒト・モノ・カネ・サービスの自由な移動を実現する市場統合を進め，
1993年には単一通貨，共通外交なども目指すEU（欧州連合）へと発展した。
北米では1994年にNAFTAが締結され，1993年には東南アジアのAFTA，そし
て南米では1995年にメルコスールなど，近隣の地域間での地域経済統合の動き
が目立っている。これはGATTやその後のWTOによる世界的な貿易自由化が
今や150を超える各国間の対立によって一向に進展しない中で，利害対立が少
なく貿易関係も強い近隣諸国同士で関税を撤廃することにより，域内の貿易や
投資を促進する効果を期待したものである。しかしこの地域経済統合には，域
外からの直接投資を呼び込む効果もある［伊藤 元., 2005］。

図2-7　世界の主な地域経済統合

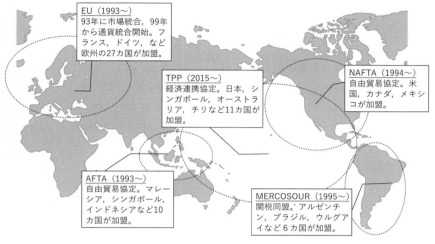

EU（1993～）
93年に市場統合，99年から通貨統合開始。フランス，ドイツ，など欧州の27カ国が加盟。

TPP（2015～）
経済連携協定。日本，シンガポール，オーストラリア，チリなど11カ国が加盟。

NAFTA（1994～）
自由貿易協定。米国，カナダ，メキシコが加盟。

AFTA（1993～）
自由貿易協定。マレーシア，シンガポール，インドネシアなど10カ国が加盟。

MERCOSOUR（1995～）
関税同盟。アルゼンチン，ブラジル，ウルグアイなど６カ国が加盟。

加盟国数は2020年６月10日時点。

（出所）外務省HPを元に作成。

　実は，ヨーロッパにおいてEUが設立された経緯には，各国単位では対抗できない中で，市場を統合することによって米国と肩を並べる経済圏となることで，域内の貿易や投資を活発化したり，規模の経済によって域内企業の国際競争力を強化したりすることに加え，海外からの投資の魅力を高めようという狙いがあった。

　なぜFTAをはじめとした地域経済統合は，域外からの投資の拡大にも結びつく可能性があるのだろうか。FTAの効果に注目すれば，域外国の企業にとって，域内間でFTAを結んでいない場合には，仮に域内の特定の国，たとえばイギリスに生産拠点を設けても，フランスやドイツ向けに輸出する際に高い関税がかかる場合には，市場規模の大きくはないイギリス市場向けの投資にしかならず，わざわざ投資費用の掛かる自動車工場を新設する魅力は小さい。しかしEU全体がFTAを結べば，イギリスはEU市場全体に向けた輸出拠点となり，拠点設立の魅力は一挙に高まる。もちろん，域内国間の競争が激しくなるという副作用はあるが，EUは競争によって企業競争力を高め，さらには域外からの投資を高めるために，経済統合の道を選んだ。その結果，EUには自動車産

業など，域外からも多くの直接投資が流入した。

　ASEAN加盟国内が締結した自由貿易協定AFTAもその典型例である。ASEANは80年代に先進国からの投資を集め工業化を果たしたが，しかし90年代に中国が投資規制を緩和すると，先進国からの投資が中国に流れ，ASEANは投資減少の危機に見舞われた。ASEANのAFTA締結は，そのような状況を打開し，投資を域内に再び呼び込むことや，域内に拠点を持つ外資系企業を域内につなぎ止めることを意図していた。ASEAN諸国にはもともと自動車関連産業が集積していたが，FTAの締結により自動車部品の域内での融通がしやすくなった。その結果，自動車の国際生産ネットワークがさらに拡大し，ASEANは自動車産業の一大集積地として発展を遂げ，日本からも多くの自動車メーカー・部品メーカーが現地生産を行っている。このように，FTAには直接投資を誘致する効果もあるのである。

---

3 ┃ アジアの国際分業の進展と日本の産業構造の変化

3.1　デジタル化と東アジアでの国際分業の進展

　日本企業の直接投資や，アジア諸国の製造業の発展に伴い，現在製造業では国際的な生産ネットワークが形成されている。基本的には，アジアでも生産できるような製品あるいはその一部工程は次々とアジアに移転され，その結果第1章2.3.や2.4.でも例示したように，現在日本とアジアの間では製造業内の大規模な国際分業が進展している。

　たとえば，80年代後半以降急速に国際分業が進んだ繊維産業では，各国の特徴に応じて，**図2-8**のような分業体制が東アジアにおいて生まれている。日本には高級品の市場があり，高度な加工が可能な職人が豊富である。それを反映して，日本では高度な加工技術と，短納期が可能な国内生産の利点を活かして，高級な服の素材生産から縫製までを短納期で行っている。衣服の中でも，流行が大きく変動し，流行り廃りの激しい製品ほど，この短納期が重要となる。一方で，大多数の中・低級品や納期に余裕のある製品などについては，人件費の安さを重視して，東アジアの工場で縫製を行っており，素材に関しては現地

図2-8　繊維産業における日本と東アジアでの国際分業

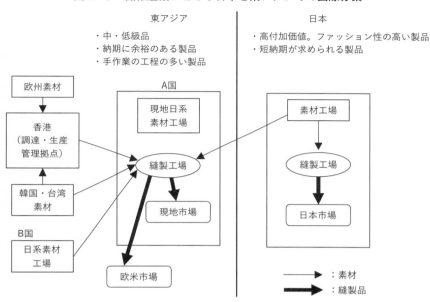

（出所）経済産業省『中小企業白書　1997年版』より転載。

で調達する場合もあれば，日本や欧州から高級な素材などを調達する場合もある。特に中国は，GAP，ユニクロなど，現在世界中のアパレルメーカーから委託された製品の一大縫製拠点となっている。それらは日本や欧米に輸出されており，三角貿易が形成されている。

　このような三角貿易は，電気機器産業でも見られている。東アジア内では国際分業の進展に伴い，中国に組み立てを中心としたグローバル市場向けの大規模な電子機器の生産拠点が数多く設立された。そのような世界の工場と化した中国の台頭の下で，産業用ロボットや半導体・液晶製造装置などの高度な産業機械を日本が台湾や韓国に輸出し，それらの国々で液晶テレビや半導体が製造されたり，また日本や韓国・台湾で製造した素材，部品を中国に輸出して組み立てたりして，それを欧米や日本に輸出する国際生産ネットワークが確立されている。近年液晶テレビやスマホで国際競争力の高いサムスンは，同市場で日本のソニーやシャープと競合関係にあるが，サムスンがそれらの製品を製造す

る上で，最終製品に必要な日本製の部品や素材，産業機械の輸入は不可欠であり，両国は最終財市場では競争しつつも，中間財市場では協力関係にもあるといえる。

　図2-9はパソコン生産における国際分業の様子を示している。図が示すように，中国は今やこれらの国際分業の進展によって，最終製品としてのパソコンの96％を生産するに至っているが，一方で，CPU，コンデンサ，液晶パネルなど，必要な電子部品については日本や欧米など先進国がまだ生産シェアが高く，先進国や他のアジア諸国で製造した部品を中国で組み立てるという工程間分業が形成されている。ただし，近年では，中国の部品製造能力も向上し，日本をはじめとした先進国から工作機械や産業用ロボットなどの産業機械を購入し，垂直統合的に部品生産から最終財組み立てまでを行う一貫生産にも乗り出し始めるなど，経済成長に伴う分業の変化も見られる。特筆すべきは，この分業は直接投資を通じた企業内分業によるものではなく，国際的な企業間分業によるものである。いずれにせよ，パソコンやスマホなどの情報通信機器は，第Ⅱ部で詳述するように，ネットワーク機器であるため，技術標準が業界で決められ，その下で部品が標準化されることで，業界内での企業間分業が進展し，その過程で各企業の競争力，分業の形も年と共にダイナミックに変わっている。

　このような工程間分業の進展は，東アジア内での中間財貿易の活発化をもたらしている。**図2-10**は，日本と中国，韓国との間での中間財貿易の2000年から2008年の変化を示したものである。日本と韓国の間での中間財の輸出入はこ

図2-9　電子部品とパソコンの生産地域別シェア（出荷額，2008年）

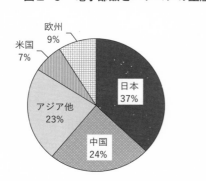
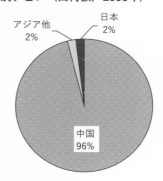

（出所）経済産業省　『通商白書　2010年版』より転載。

図2-10　日本・中国・韓国間の貿易額（中間財）の変化

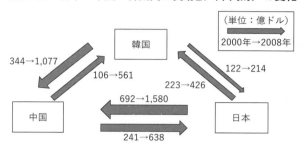

（出所）経済産業省『通商白書　2010年版』より転載。

の8年間で2倍になり，一方で日本から中国への輸出は2倍強，中国から日本
への輸出に至っては，3倍弱にまで拡大している。特に輸出額が伸びているの
は，携帯電話，パソコンで必要とされる電子部品で，液晶パネル，コンデンサ，
集積回路の関連部品などである。

　また，世界の工場となった中国への産業用機械の輸出も急増しており，その
結果日本の一般機械の生産量は2000年以降，日本の大手電機メーカーが苦境に
あえぐのとは対照的に，安定的に増大している。

3.2　国際分業と産業構造の変化

　このような国際分業は，日本の産業構造を大きく変えてきた。**図2-11**は，
1980年以来の，日本の製造業の産業別出荷額の構成比を表したものである。

　85年以降の円高の中で急速に海外移転が進んだ産業が繊維産業である。繊維
産業は高度成長期以降，そのシェアを低下させていったが，85年以降，相対的
な規模だけでなく，絶対的な規模で見ても，縮小を始めた。85年に120万人
だった繊維産業の就業者数は，2005年には40万人，2012年には30万人弱となり，
30年間で実に1/4にまで縮小した［経済産業省「工業統計」］。これは，繊維産
業は，特に染色や織物などの川中，そして縫製などの川下に行くほど労働集約
的となり，労働コストの上昇が競争力の喪失につながりやすいためである。ま
た，技術的にも，電気機械や自動車のように製品の高付加価値化を進めること
ができる産業と異なり，一部のデザイン性の高い衣類や機能性繊維，産業用化
学繊維を除けば，製品の差別化，高品質化には限りがあるので，価格競争力の

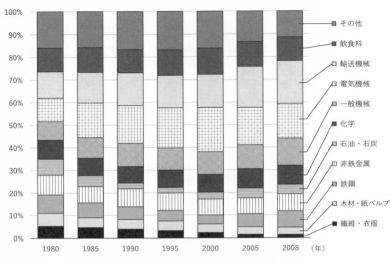

図2-11　日本の製造業内各産業出荷額シェア

（出所）厚生労働省『労働経済白書　2009年版』。

低下を技術革新で補いにくいという限界があるためである。このため，日本の経済発展の中で，海外からの輸入が増加し，特に80年代後半以降は，縫製部門の海外移転や，現地の縫製メーカーとの提携の中で，生産地が中国を中心とした海外に移っていったのである。

　一方で，80年代にも生産性の向上や製品の高機能化，新製品の開発を進めた電気や自動車，一般機械は，国内生産の拡大とそれに伴う輸出の拡大を進めていったが，80年代後半以降は海外展開や海外企業との提携を進め，国際的な生産ネットワークを構築しつつ発展を続けた。その結果，85年の急激な円高以降も機械工業はシェアを拡大し，製造業の中心となっている。

　このような国際分業の進展は，日本の産業構造に，大きく分けて2つの変化をもたらした。1つ目が，製造業の高度化である。国際的な工程間分業の進展の中で，各製品の製造工程が，国際的に分散する動きが見られる。たとえば，電気機器産業を例にとると，部品などは労働コストも安く一方で製造業の経験もある東南アジアや台湾，韓国で行い，最終組み立ては労働コストの安い中国，最近ではベトナムで行うという国際分業が広がり，その結果日本の生産は研究

開発，試作品の製造，基幹部品の製造に集中する傾向が見られる。自動車でも，研究者が必要な研究開発や熟練した技能が必要な試作，そして技術的・技能的に高度なエンジンなど基幹部品の生産は日本で行い，一方でその他の部品生産は，現地で技術を移転しながら安価に製造する試みが広がっている。また，両産業において，国内工場は，海外での量産工場立ち上げのための生産体制の構築や技術研修などを行うマザー工場の運営などに集中する傾向にある。

　また，各製品の製造に関しても，国際分業は進展している。たとえば，技術的に成熟した白物家電，AV機器の低・中級品などは，日本企業によって労働コストの安いアジア諸国に生産拠点が移されたり，現地のメーカーに製造を委託したり，または自社ブランドで生産できる現地企業が台頭することで，日本への輸入が増大する傾向が強まっている。以前は白物家電といえば日本製が中心だったが，2000年代以降，中国のハイアールをはじめ，それ以外のアジア企業のブランドを，日本の家電量販店で見かけることも多くなった。日本で生産されるのは，高機能付きデジタルビデオカメラ（DVカメラ）や一眼レフカメラなど，高度な技術を用いた製品や，各製品の中でも日本市場向けが中心のハイエンド品に限られるようになってきている。

　さらに，産業単位で見ても国際分業は日本の産業構造に影響を与えている。繊維産業や食品加工，雑貨などの軽工業はますます海外に移転され，日本に製品が輸入されるようになっており，日本の産業構造は，国際競争力を持つ電機，自動車，一般機械などの知識集約型の産業にその中心が移りつつある。

　それを示したのが**図２-12**である。80年代後半まで，製造業のほぼすべての産業・部門を保有し，フルセット型と呼ばれていた日本の産業構造は，80年代後半以降の東アジアとの国際分業の急速な進展の結果，軽工業，繊維産業などの労働集約的な産業は東アジア諸国に移転し，一方で自動車や一般機械などの産業は拡大した。また，工程間分業の進展の中で，電気機器産業では，液晶パネルなどの基幹部品やそれら部品に必要な金属，化学繊維などの特殊素材など，技術集約的な部門は日本で生産し，一方で最終財の組み立てなど労働集約的な部門は東アジア諸国に移転するなどしている。また，製品レベルでも，電子レンジの低・中級品など，技術的に古い製品はアジアに生産地が移転し，一方で新しい製品であるDVカメラの高機能機種が日本で生産されるなど，製品レベルでも国際分業の進展が起こっている。その結果，日本には技術集約的な部門

図2-12　国際分業の進展と産業構造の変化

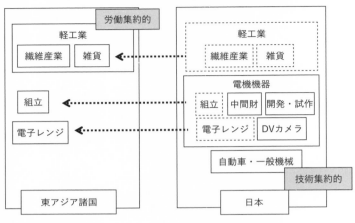

（出所）筆者作成。

が残り，東アジアでは労働集約的な部門を中心に工業化が進展している。

　このように，国際分業の急速な進展の下で，日本の製造業は様々な次元で高度化しているといえるのである。

3.3　経済のサービス化と産業構造の変化

　国際分業が日本の産業構造に与えた二つ目の大きな変化が，製造業の縮小と，経済のサービス経済化である。80年代後半以降の急速な円高により，労働集約的な工程や産業を中心に生産拠点の海外移転が進み，また，国内で競争力を保てなかった製造業が廃業した。さらにバブル崩壊の下で国内市場が縮小したことで，日本の製造業の就業者は，1992年の1,603万人をピークに減少を続け，2012年末には1,000万人を割っている。

　これらの製造業から放出された労働者は，第三次産業に吸収されることになった。それを示したのが**図2-13**である。図は1980年以降の，日本の各産業の就業者数の推移を示している。1980年に1,135万人だった製造業の就業者数は2015年には984万人に減少した。製造業を含め，第一次産業や第二次産業から放出された労働力は第三次産業に吸収される形になり，その結果第三次産業の就業者数は1980年の2,350万人から2015年には4,117万人に増加し，最大のシェ

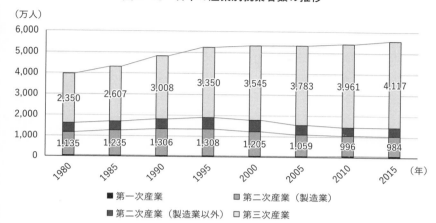

図2-13　日本の産業別就業者数の推移

（出所）総務省統計局「労働力調査」より作成。

アを持つ産業へと拡大している。

　このような第三次産業のシェア拡大は，経済の発展と共に世界的に見られる
現象である。経済の発展に伴い，経済のサービス経済化が進んでいく。その主
因は，基本的には以下の通りである。第一に，所得の増大に伴い，人々の需要
はモノから娯楽，教育，医療など，健康的，文化的に豊かな生活を送るための
サービスに変わっていく。また，第二次産業の活発化が，それに伴う物流や金
融などの付随サービスの需要を誘発したり，産業が高度化する中で，経済が知
識化してコンサルティングなどの知識サービスの需要が増大したり，経済の情
報化が進んで情報提供，情報処理，ソフトウェアなどの情報サービスの需要が
拡大したりする効果もある。これらが経済のサービス化を促すのである。

　これらの効果に加えて，日本の円高と国際分業の進展も，経済のサービス化
をもたらす原動力の一つとなった。製造業の生産するモノは，生産と消費の場
所を分けられる貿易財である一方で，第三次産業である非製造業がもたらす
サービスの多くは，生産と消費を分けられず，非貿易財である。貿易財は国際
的な競争の中で，円高に伴い，海外進展が進んだり，また海外からの輸入品と
の競争にさらされたりすることで，国内生産は厳しい状況にさらされてきた。
一方でサービス産業は，海外で生産したサービスを国内で消費する訳にはいか

ないので，海外との競争の影響を直接には受けなかった。デジタル化したりすることで国際的に移転可能な映画，ソフトウェアなどのサービスなどを除き，たとえばカットのサービスを受けるには，国内で美容師にカットしてもらう必要があり，海外の安いカットサービスを"輸出"してもらうことはできないからである。教育も医療も同様に，原則的には現地で教育・医療のサービスを受ける必要がある。この結果，非貿易財であるサービスの貿易財に対する相対価格は徐々に上昇し，それは国内の生産資源の配分を，製造業から，サービス産業である第三次産業にシフトさせる効果を持った。また，モノとは異なり輸入できず，地産地消の性質を持つサービス需要の拡大は，供給面，つまり産業構造の面からも，経済のサービス化を促したのである。

　サービス業の割合が上昇する一方，製造業の割合が低下していく現象は，日本だけでなく先進国すべてに共通する現象である。**図2-14**は，主要先進国の製造業，サービス業の就業者シェアの推移をそれぞれ1980年から2000年について見たものである。日本は80年に製造業の割合が25％だったものが，2000年には20.5％へと低下している。一方で米国では80年に22％程度だった製造業の割合が2000年にはわずか14.7％になり，製造業の縮小はさらに進んでいるなど，他の国々も同様に製造業の縮小が進んでいる。逆にサービス産業のシェアはすべての国で上昇しており，これら先進国では，製造業から，金融，情報通信，医療など，サービス分野が拡大することで，経済成長が維持されている。

　この先進国全体に見られる製造業の縮小，いわゆる「産業の空洞化」と呼ばれる現象については，次の章で日本の例を詳しく議論していく。

図2-14　先進各国の製造業・サービス産業の就業者シェア

a）製造業の就業者シェア

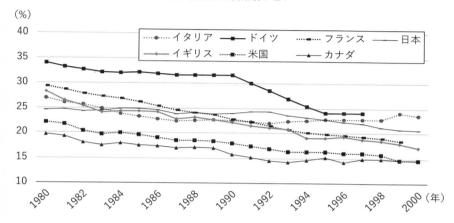

b）サービス産業の就業者シェア

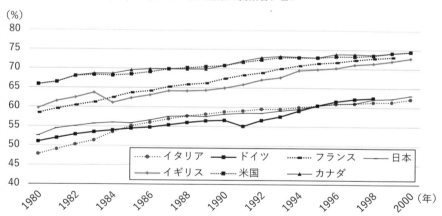

※サービス産業は卸・小売（レストラン・ホテルを含む），運輸・通信，金融・保険・不動産，地域・社会・個人
　サービスの合計。
（出所）経済産業省（2007）「サービス産業におけるイノベーションと生産性向上に向けて」
　　　（http://www.meti.go.jp/report/data/g70502aj.html）を元に作成。

第 **3** 章

グローバル化と産業の空洞化

1 ┃ 日本の対外直接投資と産業空洞化

1.1 　日本企業の工場立地：国内と海外

　第2章で述べたように，アジア諸国が製造業の魅力的な立地先として台頭する中で，日本の製造業の就業者は1990年代半ばをピークに減少を続けている。製造業が縮小する要因は，労働人口自体の減少，第三次産業の拡大を理由とした産業構造の転換など，様々な理由が考えられるが，その一つとして，企業の海外進出による産業の空洞化も，大きな要因として考えられてきた。

　産業の空洞化とは，生産拠点の海外移転によって，国内の生産基盤が縮小する現象を指す。国内の各地域の産業集積の中で，それを構成する様々な企業・工場は，それぞれ多様な技術を持ち寄ることで，産業集積の技術基盤を形成してきた。たとえば大田区，川崎市など，京浜地域では，鋳造，切削，研磨，プレス，溶接などの金属加工や，機械の開発，設計，試作など，多種多様な技術・技能を持つ中小企業，大企業，関連研究機関・大学などによってものづくりの産業集積が形成され，そこでは各現場の労働者が様々な技能を蓄積し，その無数の現場が世界最高峰のものづくりの技術基盤を形成してきた。しかし，それらの工場のいくつかが海外に移転してしまうと，それら企業や労働者が保有していた技術や技能が国内から消失してしまい，産業集積を形成する貴重な

技術基盤が毀損してしまうことになる。あるいは，産業空洞化とは，より広い定義として，海外進出に伴い，国内投資や雇用が減少する現象を指す場合もある。この広い定義によれば，日本の製造業の就業者が1990年年代半ばをピークに減少を続けていることは，日本の製造業が全体として空洞化していることを示している。

　図3-1は，1988年から2018年までの，日本企業の海外現地法人数の推移を表したものである。85年からの円高以降，年によって増減はあるものの，海外現地法人の設立は一貫して増加してきた。日本経済が90年にバブル崩壊を経験し，その後景気の低迷を経験したことを考えれば，海外法人が継続して増加したことは，強い海外投資圧力があったことを物語っている。

　一方で，**図3-2**は85年以降の国内への設備投資件数の推移である。海外法人の数が増加傾向にあったのとは対照的に，敷地面積で見ても，立地件数で見ても，国内への立地はバブル崩壊もあって90年以降急速に減少し，その後も回復の兆しを見せていない。明らかに，海外への進出が活発化した85年以降の同時期に，日本国内への新規の工場立地は減少している。

　80年代以降に日本国内の工場立地が減少した理由の一つは，80年代後半以降の1ドル240円から120円への急激な円高に伴う国内の生産コストの急上昇と，第2章で示したアジア諸国の貿易・投資の自由化に伴う，輸出拠点としてのアジア諸国の台頭である。電機産業では最終財生産を中心に海外生産の増大によって生産の中心を日本から海外に移す流れが進み，それは日本の生産・輸出，そして国内投資にマイナスの効果をもたらした。自動車産業でも同じような流れが続いた。それらに加え，台頭する海外企業との競争も，国内生産や投資にマイナスの影響をもたらした。

　近年でも，日本の立地拠点としての魅力の低さは続き，2011年の東日本大震災の後には，国際競争の中で国内に拠点を置く企業が被る不利なビジネス環境として，"六重苦"が問題とされた。

　第一の理由が円高である。日本は2008年のリーマンショックの後に一時対ドルレートが70円台の円高になり，国際的に一気にコスト競争力を失った。ちなみに，その後2012年末からのアベノミクスによって120円台の円安となったため問題は沈静化した。

　第二が，高い法人税率である。**図2-6**で示したように，世界的な誘致競争

図３-１　日本の海外現地法人数の推移

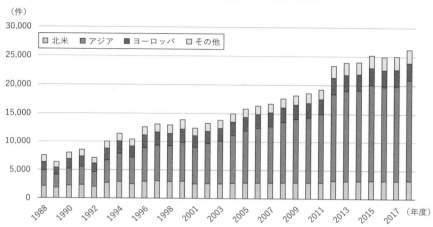

（出所）経済産業省「海外事業活動基本調査」より作成。
（出所）国土交通省『平成16年度国土交通白書』より転載

図３-２　日本の国内設備投資件数の推移

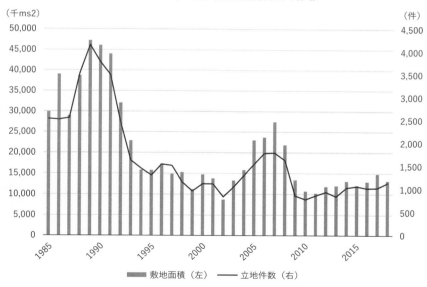

（注）2012年からは太陽光発電施設を除外して集計。
（出所）経済産業省「工場立地動向調査」より作成。

の中で世界的に法人税率が20％台に下がる傾向にある中，日本だけ2012年末の時点で法人税率が35％で高止まりし，日本に立地する魅力がますます薄れていた。

第三が，厳しい労働規制である。日本では労働規制が厳しく，正社員の解雇が難しい。一時製造業への派遣労働が大幅に解禁され，柔軟で便利な雇用手段として200万人が雇用されたが，現在では再び規制が強まり，雇用年数の規制やその後の直接雇用義務などが存在するため，企業にとって便利な雇用手段ではなくなってきた。日本の雇用環境は，正社員労働者を守るためとはいえ，世界競争が激しく自社製品・サービスの売れ行きが大きく変動し得る中で柔軟な生産体制を築きたい企業にとっては，厳しい条件として敬遠されているのである。

第四が，自由貿易協定の締結の遅れである。日本は韓国などと比べて貿易相手国との自由貿易協定の締結が遅れているため，たとえば日本から米国に輸出すると関税がかかる一方で，米国と自由貿易協定を結んでいる韓国から米国に輸出すると関税がかからず，国内生産の不利化を招いている。主要な貿易国と近年政府はその問題への対応として，経済連携協定の締結を進め，輸出市場での不利な状況を改善しようとしてきた[1]。

第五が，厳しい環境規制である。日本は2009年の民主党鳩山内閣の下で，二酸化炭素の排出量を1990年比で25％削減するとの国際公約を行った。ちなみに，その後のリーマンショックなどによる国内景気の低迷，震災による原発停止などの影響でそのような野心的な国際公約は解消されたが，それでも2016年の時点で，2030年までにCO_2の排出削減目標を2013年比で26％の削減することを国際公約として掲げている。そのため，製造業企業は依然厳しい生産上の制約を課されているのである。

第六が，電力コストの問題である。日本はもともと電力コストが米国などと比べて倍ぐらい割高であった。それを示したのが**図3-3**である。2012年当時に震災の影響で電力価格がさらに上昇し，国内電力コストは海外より上昇傾向にあった。さらに当時の計画停電による電力使用制限が，国内生産の困難化を助長した。

1　これについては第10章の2.3で詳述する。

図3-3　産業用電気料金の国際比較（2013年）

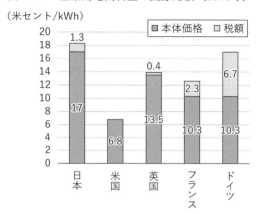

（出所）経済産業省資源エネルギー庁HP資料
　　　　（http://www.enecho.meti.go.jp/about/whitepaper/2015html/2-2-4.html）より作成。

　このような国内固有の様々なビジネス環境上の不利が，国内生産の不利を持続させてきたのである。

1.2　国内生産の減少と対外直接投資

　前述のように，産業空洞化を国内生産量の減少や雇用の減少と定義した場合，日本経済全体として，製造業の空洞化が起きている。国内工場の閉鎖と共に海外移転がなされたこともあり，対外直接投資は空洞化の一因として見られてきたが，実際にどの程度国内の産業空洞化につながっているのだろうか。

　直接投資が直接国内の生産に与える効果としては，直接投資が貿易に与える以下の３つの効果を利用して考えることができる。最初に挙げられるのが，輸出代替効果である。これは，現地生産が始まるのに伴い，それまで現地向け（あるいは第三国向け）に行われていた日本からの輸出が，現地生産・現地販売（第３国への現地からの輸出）に置き換わる効果である。新しい市場への進出のために直接投資をする場合にはこの効果は発生しないが，既存の輸出市場向けに現地生産を開始する場合には，この効果が発生する。たとえば，自動車産業では，欧米との貿易摩擦に対応するため，欧米諸国に進出することで，日本からの輸出を現地生産に切り替えた。また，第三国向けに行われていた輸出

が，現地からの輸出に置き換わったりする場合も考えられる。たとえば，80年代に日本と欧米との間で繊維製品の貿易摩擦が起こったとき，日本企業は日本から欧米への輸出制限に対応するために，東南アジアに縫製部門の拠点を移し，現地から欧米への迂回輸出を開始した。

　次に挙げられるのが，逆輸入効果である。これは，現地生産が始まるのに伴い，母国への逆輸入が生まれる効果である。たとえば，80年代後半以降，日本のパナソニックなどが東南アジアでブラウン管テレビの組み立て工程を設立し，日本に現地の安価な労働力を活用した安価な製品を逆輸入してきた。この逆輸入が既存の国内生産を代替するものならば，その分国内生産の減少効果となる。

　海外への生産拠点の移転がもたらした輸出代替効果と逆輸入効果を示した例として，ブラウン管テレビやVHSビデオの生産が挙げられる。80年代後半から90年代に東南アジアや中国での海外生産が進み，日本に向けての逆輸入が増大して以来，それらの国内生産は減少した［小浜，2001］。近年でも，2011年頃の円高の時には，パナソニックが海外生産比率を高めるために白物家電の中国生産を拡大し，日本への逆輸入を増やした例がある［日本経済新聞2011年8月11日］。

　一方で，直接投資は，母国の生産や輸出を拡大する効果もある。それが，輸出誘発効果である。現地生産が始まると，現地では調達できない生産設備などの資本財，そして素材や部品などの中間財が必要になる場合がある。それが母国から輸出される効果である。これは母国の生産を拡大することにつながる。

　この輸出誘発効果は，現地でどれほど原材料や部品などの資材や産業機械などの資本財を調達できるかと関係している。このうち，現地で製品を生産する場合の素材や部品の調達率を現地調達率といい，この現地調達率が高いほど，本国からの原材料や部品の輸入割合は低下する。

　現地調達率は，様々な要因に依存する。まず，現地調達率は2国間関係によって大きく変わる。たとえば，日本から途上国に進出する場合には，現地に関連産業の基盤がなく調達できるものが限られるため，輸出誘発効果は大きくなる傾向にある。一方で先進国同士であれば比較的小さくなる。また，進出する産業によっても大きく変わり，繊維産業のように比較的労働集約的で高い技術を必要としない場合には現地で調達可能なものが多いために低くなるが，一方で自動車産業のように，何万点もの部品が必要で，かつそれぞれの部品の加

工に熟練の技能を要する場合には高くなる傾向にある。また，政府の現地調達率規制や輸入規制なども影響する。

　また，この現地調達率は，時間と共に上昇してゆく傾向がある。これは，現地での生産に伴い，現地で関連産業が育っていくからである。進出企業内で技術が移転され，現地生産が可能になる素材，部品が出てきたり，進出企業と取引を行う現地企業に技術が移転されたり，さらには本国から関連産業が進出し，部品などを供給するようになるからである。

　表3-1は地域別に，97年，04年，13年の日系現地法人の調達先の割合を示した表である。現地と域内からの調達率は，97年よりも2013年が上昇している。特にアジアにおいては，97年の57.1％から2013年には72.6％へと大きく上昇している。

　また，アジアのように，家電や自動車を購入できる中間層が拡大することで市場としての魅力が増大しているものの，まだ人々の所得が低い新興国では，消費者が価格を重視するため，進出企業が製造コストを抑えるために現地調達率を引き上げる効果も生まれている。たとえば，インドや東南アジアにおいては，経済成長に伴う購買力の増大によって近年自動車市場が急激に拡大を続けているが，まだ一人あたり所得が低いため，売れ筋の自動車は70万円以下といわれている。このため，自動車メーカーは，近年生産コストを下げようと労働コストの高い母国での生産を減らし生産を可能な限り現地化しようと，母国の部品メーカーの進出を促したり，現地企業を育成したりすることで，現地調達率を上げる努力を行ってきた。また，たとえばASEANではAFTAなど経済連携協定の推進によって，域内生産ネットワークの構築を支援してきた。その結果，輸送機械という技術的に高度な産業ながら，アジアでは，96年に51％とま

表3-1　製造業の地域別現地調達率の推移

	a）現地＋域内からの調達			b）日本からの調達			a）＋b）以外からの調達		
	97年	04年	13年	97年	04年	13年	97年	04年	13年
アジア	57.1	65.1	72.6	38.8	33.3	24.5	4.1	1.6	2.9
北米	59.2	64.2	65.4	38.0	31.7	28.2	2.8	4.1	6.4
欧州	57.3	51.2	61.1	34.2	44.5	25.5	8.5	4.3	13.4

（出所）経済産業省「海外事業活動基本調査」より作成。

だ低かった現地調達率は，2013年には77％に上昇した[2]。

　日本からの資本財の輸出誘発についても，資本集約的な産業が進出し，たとえば半導体や液晶パネル，自動車産業のように，高度な産業機械を使用する程，日本からの輸出誘発は大きくなる。日本の自動車メーカーが80年代以降中国に大挙して進出したが，それに伴い日本の産業機械の多くが輸出され，産業用ロボットや工場の自動化機械など，一般機械の輸出は2008年のリーマンショックを除けば，安定的に増大している。

　製造業の進出がもたらす輸出代替効果や逆輸入効果，そして輸出誘発効果は，85年の国際分業の進展以降，結局量的にはどの程度だったのだろうか。直接投資が貿易収支に与える影響についてジェトロが行った試算を用いて，直接投資が国内生産に与える影響を［伊丹　伊丹研究室，2004］まとめたのが**表 3 - 2**である。表は，1988年から2000年までの日本企業の海外生産がもたらした効果を，国内生産の減少要因となる輸出代替効果・逆輸入効果，国内生産の増加要因となる資本財・中間財の輸出誘発効果に分けて推計したものである。現地法人の生産が1988年の16.9兆円から2000年の54.0兆円に拡大にするに伴い，輸出代替効果は1988年の3.4兆円から徐々に増大して2000年には8.0兆円にまで拡大し，逆輸入も1988年の1.1兆円から5.7兆円にまで拡大している。ただし，逆輸入は現地生産高の10％程度であり，全体として現地生産は日本への逆輸入向けではなかったといえる。これらの結果，対外直接投資が国内生産・貿易収支の赤字化に与える影響は，1988年の4.5兆円から2000年には13.6兆円へと拡大している。一方で，国内生産の増加効果・貿易収支の黒字化に与える影響も，中間財の輸出誘発を通じて1988年の6.6兆円から2000年には13.8兆円のプラスに拡大しており，その結果，94年を除き，海外生産に伴う国内生産・貿易収支への純効果は毎年僅かながらプラスとなっている。つまり，80年代後半から2000年までの対外直接投資は，日本経済全体の空洞化にはつながっていなかったのである。

　ちなみに，日本からの調達率が下がる中でも日本からの輸出誘発効果が拡大してきた背景には，現地市場の拡大に伴う現地生産の拡大がある。たとえば，アジアでの効果を見ると，日本の輸出誘発効果には，「日本からの調達率」×「現地生産の規模」が影響するため，日本からの調達率が下がる中でも，現地

　2　これは，裏を返せば，日本からの輸出誘発効果がますます小さくなっていく可能性を意味する。

表3-2　対外直接投資の国内生産への影響（兆円）

年度	現地法人生産高（売上高）	①国内生産減少要因			②国内生産増加要因			海外生産による純効果（②-①）
			輸出代替	逆輸入		資本財輸出誘発	中間財輸出誘発	
1988	16.9	4.5	3.4	1.1	6.6	0.6	6.0	2.1
89	21.4	5.9	4.3	1.5	6.7	0.3	6.4	0.9
90	25.3	6.2	4.7	1.5	6.8	0.6	6.2	0.5
91	24.4	6.5	4.6	1.8	7.9	0.7	7.3	1.5
92	23.7	6.4	4.6	1.8	7.3	0.6	6.7	1.0
93	26.8	7.8	5.4	2.4	7.9	0.4	7.4	0.1
94	32.1	9.5	6.5	3.0	9.0	0.5	8.6	-0.5
95	34.6	9.7	6.6	3.1	10.4	0.6	9.9	0.7
96	45.0	11.6	7.6	4.1	12.7	0.8	12.0	1.1
97	50.0	13.4	8.2	5.2	13.7	0.9	12.8	0.3
98	48.7	11.7	7.3	4.4	13.0	0.7	12.3	1.3
99	48.7	12.1	7.2	4.9	12.5	0.6	11.9	0.4
2000	54.0	13.6	8.0	5.7	13.8	0.7	13.1	0.1

（注）石油石炭，木材紙パルプ，食料品の3業種を除いた製造業。上記3業種からの逆輸入には単純な原材料の輸入が相当程度含まれており，現地法人の生産活動が与える影響を試算する上で，不適当であるため，現地法人売上高には日本への売り上げを含む。また，輸入転換効果は国内雇用には影響を与えないと仮定した。
（出所）経済産業省「海外事業活動基本調査」より［ジェトロ，2002］が行った推計を元に［伊丹 伊丹研究室，2004］が作成した表を転載。

経済の拡大に伴う現地生産の拡大の中で，日本からの輸出誘発効果は拡大した。**図3-4a）**は，アジアの日系製造業現地法人の売上高の推移を1997年から2012年までについて見たものである。現地生産は1997年の20兆円規模から，2012年には50兆円規模にまで拡大しており，その中でも現地市場の貢献が大きい。日本への輸出（日本から見れば逆輸入）については，同時期には増大の傾向はあまり見られない。また，**図3-4b）**は日系製造業現地法人の資材調達額の推移を1990年から2012年までについて見たものである。図から，日本の製造業の現地での生産拡大に伴い，日本からの資材調達額自体は年々増大しており，2012年の段階で約10兆円規模の輸出誘発効果をもたらしていることが分かる。現地市場の拡大が，調達率低下のマイナスを凌駕しているのである。

図3-4　アジアの日系製造業現地法人の売上高と資材調達額の推移

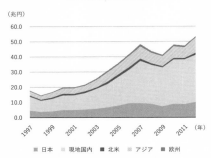

ａ）地域別売上高

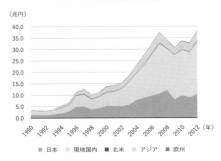

ｂ）地域別資材調達額

（出所）経済産業省『通商白書　2014年版』より作成。

　それでは，日本の80年代以降に実際に起こった製造業の生産や雇用の縮小は，どのような要因によって起こったのであろうか。第一に，90年代の生産の停滞については，［伊丹 伊丹研究室，2004］が示すように，バブル崩壊後の内需の停滞が大きな要因となっている。それを示したのが図3-5である。図3-5によれば，国内の製造業の出荷額は90年をピークに停滞を続けている。出荷額は内需向けと輸出向けを合わせたものであるが，まず内需に関しては出荷額と同様に停滞，減少している。一方で輸出は90年代以降，目に見えては減少していない。さらに，それらを減少させる可能性がある輸入については，急増しているわけでもないので，直接投資に伴う輸入の急増が内需の減少や輸出の減少をもたらしたともいえない。つまり，国内生産額の停滞や減少は，バブル崩壊後の内需の減少に伴うものであると考えられる。

　また，90年代には，図が示すように，雇用者数は200万人ほど減少している。これは90年代の円高の下で続いた高付加価値製品へのシフトや機械化などによる労働生産性上昇の影響を強く受けている［伊丹 伊丹研究室，2004］。

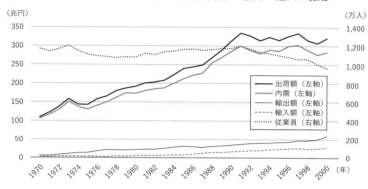

図３-５　日本の製造業の生産・内需・輸出・輸入の推移

（注）出荷額・内需・輸出額・輸入額は日本銀行「物価指数年報」の国内卸売物価指数・輸出物価指数・輸入物価
　　　指数から産業ごとに適切なものを用いて実質化している。内需＝出荷額＋輸入額－輸出額で計算。原データ
　　　は経済産業省「工業統計表」，経済産業省『通商白書』，財務省『日本貿易月表』。
（出所）［伊丹 伊丹研究室，2004］より転載。

2 ┃ 直接投資は空洞化をもたらすのか？

2.1　直接投資は空洞化をもたらすか：経済全体への影響

　前述のように，国内生産量の減少や雇用の減少で見た場合，日本経済全体と
して，製造業の空洞化が起きている。ただし，直接投資が急増した80年代後半
から2000年までにかけての日本のデータでは，４つの直接的な効果を見る限り，
直接投資は空洞化をもたらしていなかった。

　では，多くの先進国で製造業の縮小が見られるが，直接投資は空洞化をもた
らすのだろうか。仮に空洞化をもたらすとした場合には，それを禁止すべきだ
ろうか。経済学的に考えてみよう。

　直接投資が空洞化に与える影響を考える上で重要な視点が，［伊藤 元.，
2005］が示す通り，マクロ的な視点と，ミクロ的な視点に分けて考えることで
ある。

　まず，マクロ的な影響，つまり国内経済全体への影響について考えてみよう。
結論からいえば，マクロ的に考える場合，国内工場が移転してしまっても，空

洞化が発生するとは限らない。

　直接投資が国内の生産や貿易にもたらす効果としては，前述のように輸出代
替効果，逆輸入効果，輸出誘発効果がある。よって，空洞化は国内生産を代替
し，逆輸入によってさらに国内生産を代替してしまう可能性があるが，しかし，
たとえば最終組み立てのラインが海外に移転すると，現地工場で必要な部品な
どの中間材や生産設備などの資本財の輸出が増え，国内生産が増える可能性も
ある。この輸出誘発効果は，サプライチェーンの国際的な再配置の一環であり，
海外との分業の進展の中で，国内は研究開発部門を拡大したり，量産工場をマ
ザー工場に転換したり，あるいは基幹部品の生産に集中したりして，雇用を吸
収してゆく可能性もある。あるいは，経済全体として産業の高度化が順調に進
み，新しい最終財や中間財，資本財が次々と開発，生産されたりする場合には，
空洞化にはつながらない。

　このように，母国が市場で売れる新製品を開発し続けたり，国際分業の進展
の中でより高度な工程を拡大したりする力があれば，空洞化の影響は和らげら
れる。事実，日本ではテレビやVHSビデオなどの国内の生産が海外に移転さ
れるたびに，新しい製品としてデジタルビデオカメラ，液晶テレビなどの新し
い製品が作られるようになった。むしろ，国内の労働力や資本などの限りある
生産資源を新製品や得意な工程に振り向ける代わりに，比較優位のない製品や
工程の製造を海外に移転できれば，国内の限られた資源をより効率的に活用す
ることにつながる。

　では，仮にそのような新たな動きがなく，対外直接投資が空洞化をもたらす
として，その場合，対外直接投資を政策的に制限すべきだろうか。それには少
なくとも3つの問題がある。第一に，［伊藤　元.，2005］が示すとおり，仮に
直接投資がなくても，貿易を通じた国際競争がある限り，空洞化は起こる可能
性がある。たとえば，ナイキやギャップなど，先進諸国企業の技術移転や現地
企業の自主努力による成長によって，アジアでコスト競争力のある縫製メー
カーが近年急速に育っているが，彼らが安価に生産した衣類が日本に輸出され
ることで，日本の国内衣類メーカーは現に急速に縮小した。また，シャープは
技術漏洩を防ぐために海外生産ではなくあえて三重や大阪での国内生産を選ん
だが，その結果サムスンなど海外企業との価格競争に負けて，液晶テレビの生
産は大幅に縮小した。つまり直接投資がなくても，海外との貿易関係がある限

り，競争を通じて空洞化は起こるのであり，直接投資を規制しても意味がないのである。

　第二の理由が，直接投資が逆に企業の競争力を向上させることを通じて，国内生産を残す可能性である。第2章で指摘したように，直接投資をはじめとした企業の国際展開は，海外の生産資源の活用や世界への販売を通じて，企業の競争力を強化し，それが国内に残された工場の維持や本社・研究機能の維持・拡大につながる可能性がある。事実，[天野，2005]は，日本企業が競争力を失った部門や事業を海外に移す事業改革を行ったことを通じて，それら企業が倒産を免れ，ひいては国内の他の部門，事業の生産や雇用の維持・拡大につながったと指摘している。つまり，グローバル競争が激しい21世紀において，競争力維持・強化のための事業構造の調整は不可避であり，対外直接投資を禁止することは，企業の国際競争力の低下を通じて，逆に国内生産を減らす可能性があるのである。

　第三に，[伊藤 元.，2005]が示す通り，直接投資は，国内に有望な投資先がない中で，企業にとって有望な資金の運用先となっている。空洞化によって国内の労働所得が減少しても，直接投資によって企業が海外で利益を上げ，それによって利潤所得が増大して最終的に国民に所得として還流すれば，GNP上は問題ない。実際に，直接投資は所得収支のプラスを生み出して，日本のGNP上貴重な所得の源泉となっている。経済発展によって実質所得が上昇し，輸出競争力を失った日本にとって，直接投資は投資資金の効率的な運用先になるのである。

　また，そもそも仮に海外への直接投資が空洞化をもたらすとしても，海外からも直接投資が同様に起こるならば問題はない。直接投資が問題なのは，対外直接投資が活発なのに，対内直接投資が不活発であることに起因しているともいえる。対内直接投資は，中国や東南アジアの工業化への貢献はもちろん，先進国についても，イギリスが国内に豊富に存在する高度人材という強みを生かして，外資系の金融機関の誘致によって金融センターとして発展した例もあるなど，先進国でも国内投資の活発化をもたらす可能性がある。

　製造業は，特に量産工場については土地や労働力などの生産資源が安く比較優位を持つ途上国が基本的に有利であり，前述のような誘致政策，そして国内での需要面からのサービス経済化の流れと労働力不足を考慮すれば，直接投資

を禁止するよりも，対内投資によって，医療や金融など日本の高度な生産資源を活かしたサービス産業や，製造業でも比較優位のある研究開発部門などの拡大を目指す方が，日本の資源や強みを活かせる道といえる。

　しかし，日本の対内直接投資は国際的に見ても低い。それを示したのが**図3-6**である。図は，主要先進国の対内直接投資残高のGDP比を比較したものである。EU統合を果たしたイギリス，フランス，ドイツは20％以上と高い。アジアでも韓国が12.4％，シンガポールに至っては262.3％と圧倒的に高い。一方で日本だけが3.8％と突出して対内直接投資が少ない状況となっているのである。

　また，日本に限らず，経済発展の歴史は産業構造の変化の歴史でもあり，工業化，それに続くサービス経済化の歴史である。特に，賃金の上昇する先進国では，人々の需要がモノからサービスに移行し，サービス経済化が進展してゆく。むしろ産業構造の第三次産業への転換が進めば，それは製造業の縮小を促す可能性がある。特に日本は高齢化が進む中で，医療や介護などの需要が増大しており，それらはすべて生産と消費の同時性を持つサービスであるため，国内で供給されなければならず，労働力など生産資源の確保は喫緊の課題である。また，AIやIoT，バイオテクノロジーによる遺伝子治療の発展など，新しい技術が新しいサービスを生み出す可能性があり，それら新サービスに国内の資産

図3-6　主要国の対内直接投資残高/GDP

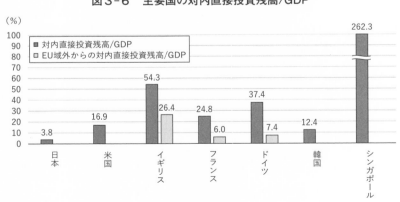

（出所）経済産業省『通商白書　2014年版』のデータを元に作成。

資源を振り向ける必要もある。米国では，80年代以降の製造業の縮小の中で，マイクロソフトやグーグルなどのIT産業，映画などの娯楽産業，銀行・証券などの金融業界などが成長し，製造業から放出された雇用を吸収した。むしろ，新しいサービス産業が生まれる中では，不足する労働を，製造業の海外移転によって，間接的に輸入できることになる。このように，新たな産業が国内のどこかで生まれ，産業構造の転換がスムーズに行く限りは，空洞化はマクロ的には問題ない。よって政策的には，空洞化阻止よりも，円滑な産業構造の転換に目を向ける必要がある[3]。

2.2　直接投資は空洞化をもたらすか：地方への影響

　このように，マクロ的に一国全体で考えた場合，空洞化は起きるとは限らないし，起きたとしても，それが問題であるとは限らない。事実，直接投資が国内生産に与えた影響はマイナスではなく，国内生産の減少は大部分が国内需要の減少が要因である。では，直接投資が空洞化に与える影響は，ミクロ的，つまり，各地域単位ではどうだろうか。マクロ全体と比較すると，直接投資は，特に工業が発達し魅力的な産業集積がありまたサービス経済化も進む都心は別として，日本の地方に対しては，やはり空洞化をもたらす可能性がより大きくなる。

　地方には，茨城県日立市（日立）や三重県亀山市（シャープ）など，企業城下町ともいえる地域が多い。そのため企業が海外に移転してしまうと，地域の産業集積が抜け穴になり，空洞化が起こってしまう。特に，研究開発部門や，機械工業の産業集積に恵まれた試作部門がある京浜地域や名古屋圏など，アジアとの国際分業の中で比較優位を持ち発展の可能性がある都市部とは異なり，安い土地や安価な労働力を求めて量産型の工場が多く建設されてきた地方は，80年代後半以降アジア地域と完全に競合し，第2章で紹介したように土地や人件費が圧倒的に安く，税などの優遇策も講じるアジア地域に対して劣勢に立たされてきた。

　図3-7は，2009年に日本の製造業283社に対して行った，海外移転に関するアンケートである。図が示すように，本社，研究，開発機能については，一部

3　これについては第10章で詳細に議論する。

図3-7　海外移転に関するアンケート

問，今後，国内の生産機能，開発機能，研究機能，本社機能を海外に移転するか

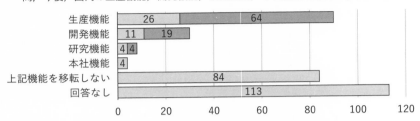

□ 一部または全部を移転する　■ 一部または全部の移転も視野に入れて検討中

(出所) 経済産業省 (2010) 資料「日本の産業を巡る現状と課題」
　　　 (www.meti.go.jp/committee/materials2/.../g100225a06j.pdf) のグラフを元に作成。
　　　 原データは経済産業省「我が国の産業競争力に関するアンケート調査」(n=283社)。

または全部を海外に移転する，あるいは検討中の企業は少ないものの，生産機能に関しては，1/3の企業が移転するか，移転を検討していた。高度な産業集積が形成されている首都圏や名古屋圏とは異なり，地方経済では量産型の生産機能を担う工場が多く，地方の方が海外移転の圧力を大きく受けていたことを示している。

　そのような状況の中で，現在の地方をめぐる現状は厳しい。日本経済は90年以降失われた20年といわれる程の低成長にあえいできたが，またその中で地方の経済成長率は都市圏と比較して停滞しており，日本の中でも都市と地方で成長率の格差が生じている。さらに，日本は2005年以降人口が減少し始めているが，地方では東京への一極集中により，人口の減少はより鮮明である。

　それを示したのが図3-8である。図は，日本の地域別の経済成長率と人口増減を見たものである。東京圏と名古屋圏では，96年から06年の間にそれぞれ約6％，5％の経済成長を実現したのに対して，関西圏と地方圏はそれぞれ6％，2％のマイナス成長と，10年間で経済規模が逆に縮小する形となっている。人口についても，2005年から2020年についての推計では，東京圏が増大するのに対して，大阪圏，地方圏となるほど人口減少が見込まれた。2030年までについて見ると，すべての地域で減少し，地方圏は20％弱と最大の減少率となる。地方は人口減少と高齢化，そしてGDPの停滞の中で，立地拠点としてますます厳しい状況に立たされたのである［経済産業省，2010］。

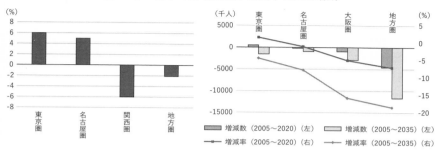

図３-８　日本の地域別GDP成長率と人口増減

（注）東京圏：埼玉，千葉，東京，神奈川，名古屋圏：岐阜，愛知，三重
　　　関西圏：京都，大阪，兵庫，奈良，地方圏：三大都市圏以外
（出所）経済産業省（2010）『産業構造ビジョン』の図を元に作成。

　そのような中，日本の地方経済が雇用を維持し，産業の発展を目指すためには二つの政策的課題が考えられた。第一に，製造業の立地拠点として如何に魅力を復活させるかという課題である。日本の地方が，アジア諸国という強力なライバルに立地拠点として対抗するためには，如何に海外と差別化するか，ということが大きなテーマとなった。

　地方は，そのような海外にない魅力，その地方独自の魅力で，企業を誘致する政策努力を続けてきた。その典型例が，三重県によるシャープの誘致例である。周知のように，シャープは，他の企業が持たない高度な液晶技術を保有しているので，その技術を社外に絶対に漏らしたくないという事情を，経営戦略上抱えていた。これに目をつけた三重県は，国内だったら企業の技術が漏れにくいという，海外にはない国内の魅力を利用して，シャープをはじめとした高い技術を持つIT企業を積極的に誘致した。三重県は，補助金を異例の100億円も拠出することを通じて，最終的に，シャープの液晶工場の誘致に成功した。これを成功例として，その後多くの地方自治体が，多額の補助金によって大型の工場の誘致を競い合った。しかし，その後シャープはその国内生産によって国際競争力を失い，液晶テレビの生産規模を大幅に縮小した。その後は携帯用の小型液晶パネルの生産拠点として復活したが，当初期待された雇用創出効果と税収は実現できていない。その後実現した大阪府堺市のシャープへの誘致政策でも同様の問題が生じた。2000年代後半の大型の誘致政策は総じて期待して成果をもたらさず，現在は補助金返還のトラブルも生まれている。**表３-３**は

各地域の2000年代後半から2010年代前半にかけての工場誘致策と，その最終的な顛末を表している。

どの地域も，日本が競争力を持つ電子機器産業の最先端工場の誘致を多額の補助金を使い行ったが，誘致政策を成功させたとしても，世界的な競争が激しい中で，第Ⅱ部で詳しく議論するように，技術の急速な陳腐化によって企業は競争力を維持できず，その後の長期的な雇用創出・維持が難しいという事態に直面した。そもそも製造業の工場誘致を補助金頼みで行うことに政策的効果があるのかを再考すべき時代になっているといえる。現在政府は，小規模な工場単位の誘致を行うのではなく，各地域の特色を生かした産業集積の形成を支援する「産業クラスター計画」を進めており，京浜地域のものづくりの産業集積や，近畿地方ではバイオテクノロジーの産業集積の育成支援を行っている。ただし，アジア各国が量産型工場の立地拠点として有望であり，中国や東南アジアがものづくりの高度な産業集積として台頭してくる中，日本の各地域が生き残るためには，海外にない魅力的な産業集積を形成する必要があり，その確立は容易ではない。

このように地方における製造業の立地回帰が難しい中，今後の地方が目指すべきもう一つの課題が，第三次産業の育成である。日本経済がサービス経済化し，特に地方は前述のように人口減少を抱え，その中で過疎化，高齢化を迎え

表3-3　日本各地の誘致政策とその顛末

自治体	企業	内容
三重県と亀山市	シャープの亀山工場	総額135億円の補助金を拠出。世界初の液晶テレビ一貫生産工場を設立したが，競争力低下で2009年に機械設備を中国の企業に売却。現在はスマホ用液晶パネルを生産。当初期待した雇用創出効果が得られず，補助金返還問題が発生。
兵庫県	パナソニックの尼崎工場	兵庫県が80億円を拠出。2006年からプラズマパネルを生産していたが，2013年にはパネルの生産を停止。ここでも補助金返還問題が発生。
大阪府と堺市	シャープの堺工場	大阪府は先端産業誘致のため，シャープの堺工場建設のために最大150億円の補助金拠出を決定した。しかし，競争力低下により液晶テレビの生産を停止した。その後台湾企業の出資を仰いで共同経営に転換し，テレビ用液晶パネルの生産も復活したが，当初期待した雇用創出効果は得られていない。

（出所）日本経済新聞より作成。

る中，医療，介護などは慢性的に不足し，それら産業を担う人材の育成や，新たなサービスの創出が求められる状況にある。しかし，現在地方ではそれら産業をはじめとして多くのサービス産業を育成する上で需給両面での構造的な問題を抱えている。供給面では，人手が不足し，また規制によって新たなサービスの発展などを阻害している。さらに，サービス業は生産と消費の同時性があるため，一定の需要の見込める人口の多い地域でないと発展が難しい。東京でビジネス，娯楽などあらゆる面でサービス業が発展しているのがその好例である。一方，人口減少が進む地方では，一部の都市部を除き，サービス産業の拡大が難しい。

　そのような地方にとって一つの選択肢が観光による町おこしである。日本の地方には，北海道，京都，沖縄など，豊かな観光資源を持つ地域も存在する。近年アジア諸国を中心に，外国人観光客が急増し，2000年に500万人だった訪日外国人旅行者は，2014年には1300万人を超え，観光による町おこしは，製造業の縮小に悩む地方にとって，一つの有望な経済振興の手段となっている。

第Ⅱ部

グローバル化・デジタル化と
企業間競争

第 4 章

技術のデジタル化とものづくりへの影響

1 ┃ アナログ技術の時代における日本の国際競争力と 日本のものづくり

1.1 アナログ時代のものづくりと日本的経営

　経済のグローバル化の中で，特に1980年代後半以降，日本企業の国際展開は加速化し，さらには海外との国際分業も急速に進展した。その中でも，日本のエレクトロニクス産業においては，日本企業の対外投資が活発化するだけでなく，欧米企業の復活，アジア企業の台頭による国際分業も急速に進展した。その背景には，エレクトロニクス産業の技術がアナログ技術からデジタル技術に変化した，いわゆる技術のデジタル化やIT革命が影響している。第Ⅱ部では，グローバル化とデジタル化に最も大きな影響を受けた産業として日本のエレクトロニクス産業に焦点を当て，アナログ技術の時代に高い国際競争力を保持していた日本の大手電機メーカーが，グローバル化と技術のデジタル化によって如何に競争力を失ったのか，そして欧米企業やアジア企業がどのようにしてそれら市場で台頭してきたのかを議論する。

　80年代までのアナログ技術で構成されたエレクトロニクス製品では，元々欧米企業が生み出した製品アイデアや基幹技術，あるいは大学の基礎研究の成果を取り入れ，応用して製品化したものが多い。日本企業はそれらの漸進的な改

良を続けることによって，品質や機能の改善，生産の効率化を実現し，高品質かつ低価格な製品を生み出すことを，世界市場での勝ちパターンとしてきた。

　たとえば，ブラウン管テレビは，基幹技術であるトランジスタやブラウン管の技術は，米国のRCA社やオランダのフィリップス社から導入し，その後部品の品質向上，歩留まりの向上や量産化による規模の経済によって品質向上とコスト削減を実現した[1]。中でも，カリフォルニア大学の米国のローレンス博士らが1951年に発明したクロマトロン方式を採用し，60年代末に改良を重ねてソニーが世界で初めて量産化に成功したトリニトロン・カラーテレビは，明るさや解像度の点で画期的な画質をもたらし，世界市場で強い競争力を維持した［ソニー広報部，1998］。VTRも，当初は米国のアンペックス社が放送用に商品化したものを出発点に，日本企業が最終的に長い録画可能時間，コンパクトさ，壊れにくさを実現したVHS方式の家庭用VTRとして開発したものである。その他コピー機などの事務機器やカメラなども，当初は欧米で開発された製品を，日本企業が改良を重ねたものであり，高品質低価格なものとして，世界市場を制覇した。

　それをもたらしたのが，日本企業のものづくり力であり，その基盤となる高い技術，技能を持つ労働者や，系列グループと呼ばれる総合家電，垂直統合型の巨大組織である。

　日本企業のものづくりの基盤となったのは，労働者の高い技能や部門間の連携による品質改善活動と，機械化による自動化である。企業に対する労働者の高い忠誠心，そして高い技能や，それに基づく現場での品質改善に大きな役割を果たしたのが，日本の終身雇用制度，年功賃金，企業内労働組合などの，日本的経営と呼ばれる労使慣行である。特に労働者を定年まで雇用する終身雇用制度は，日本人の集団行動への高い意識，勤勉さとも相まって，労働者による現場での創意工夫や，技術・技能の蓄積を促進する働きをしてきた。終身雇用の制度は，労働者の忠誠心を向上させ，また，企業にとっては重要でも転職の際には評価されない企業特殊的な技術を労働者が身に付けるインセンティブが高まるなど，現場での労働生産性を向上させる効果をもたらした。また各現場

1　歩留まりとは，生産ラインにおいて生産される製品から，不良製品を引いたものの割合を示す。これが高いほど投入物や時間を効率的に使えていることになり，生産性の重要な指標の一つとなる。

での雇用削減につながりかねない機械化などの新技術への抵抗が小さくなり，配置転換などもしやすいため，機械化による生産性の向上が円滑に行われたり，新規分野への進出も容易にしたりするなど，日本企業の国際競争力を高める上で重要な役割を果たした[2]。また，企業側も，労働者が辞める確率が低いので，安心して労働者に投資し，長期的な視点に立った行動が取りやすくなり，その結果，企業内研修，現場労働者を主体とした改善活動を促す効果を持った。

　さらに，日本のエレクトロニクス産業には，アナログ時代のエレクトロニクス市場での競争力を確立する上で，重要な組織上，事業構成上の特徴があった。

　第一が，垂直統合型組織による一貫生産である。日本の大手家電メーカーでは，開発，設計，部品の生産から組み立てまでを一貫して企業グループ内で生産する体制が原則として取られてきた。この垂直統合型の組織構造は，その中で開発・設計部門，製造部門の間ですり合わせが行われることで，品質や機能，そして生産効率を向上させ，それによって日本の競争優位の源泉となった。

　一貫生産の優位性は主に以下の理由による。第一に，テレビなど，アナログ技術の時代には，まだ多くの部品が業界で標準化されていなかった。部品の内製化は，その販路を企業グループ内部で持つ必要があり，開発・製造コストが往々にして高いなどというデメリットがある反面，製品の差別化をしたり，また部品の安定供給を実現できたりするメリットがある。日本の総合電機の場合，多くの製品を製造するためブラウン管や半導体などの社内需要は多く，規模の経済や製品の差別化を実現できるメリットがあった。たとえばIC（集積回路）チップなど，半導体の内製化は，製品の性能や小型化に直結するため，ラジオ，電卓，テレビをはじめ，あらゆるエレクトロニクス製品の差別化を図るために，日本の家電メーカーがこぞって自社開発した。

　また，これら部品などの内製化は，それ自体の性能が製品の差別化につながるものの，他の部品とのすり合わせが必要であったり，あるいは他の部品とすり合わせることで初めて製品全体として高い機能を生み出せたりするものも多かった。すり合わせが必要とされる産業は，自動車・電気機器（ブラウン管テレビ，VHSビデオなど），コピー機などの事務機器，産業用機械（産業用ロボットなど），精密機械（カメラなど）である。どの産業も，機械構造が複雑

2　実際に，80年代後半の円高でも，中途採用，新卒採用を超えて，配置転換が最も活用された。

解　　説	ものづくりと部門間のすり合わせ

　従来のものづくりでは，部品を複雑に組み合わせて製品を作り込むことによって品質を高める作業が多く用いられた。たとえば，ブラウン管は，（図4-1 a）のように真空管の中で電子銃から電子ビームを発生させ，それを偏向コイルの磁力で曲げることによってブラウン管の画面部分内側の発光面に電子ビームを当て，それによってブラウン管が光ることで画像を表現する。このとき，それぞれの電子ビームをブラウン管の画面のそれぞれの箇所に的確に当てることが重要となるため，ブラウン管，偏向コイル，電子銃などの様々な部品を相互にすり合わせて微調整することが必要になる。品質の高いブラウン管を製造できる企業は限られ，当時世界で最も良い画質のブラウン管テレビを製造できたのは，日本のソニーであったといわれている。

　VHSビデオも，電気的信号で画像や音声を符号化した物を，電気信号の強弱から磁気の強弱に変換し，それを磁気テープに磁気として記録する。このため，録画，再生時にテープと磁気ヘッドとの連動や，テープの高速回転が適切に行われ，また巻き戻し，早送り，取り出しなどの動作が適切に行われるように，（図4-1 b）のように多くの部品を複雑に構成させる。そのとき，それぞれが正しく連動するように，互いの部品をすり合わせながら設計・製造する作業が必要となる。このVHSビデオも，日本企業の国際競争力が高く，世界市場で高いシェアを誇っていた。

　このように，80年代終わりまでのものづくりでは，企業内での開発や設計と製造部門間，あるいは製造部門内の各部品部門間での綿密なすり合わせが必要であり，それが日本企業の高い国際競争力につながっていたのである。

図4-1　ブラウン管テレビ・VHSビデオの内部構造

a）ブラウン管の内部構造　　　　　　　b）VHSビデオの内部構造

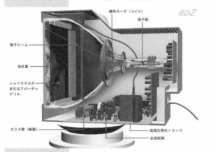

（出所）　a）は情報機器と情報社会の仕組み素材集（http://www.sugilab.net/jk/joho-kiki/index-sample.html）の画像，b）は筆者撮影。

であり，その主要な部品が業界内で標準化されておらず，企業内部で設計した独自部品を互いに調整しながら組み合わせることで全体の機能が生まれる。

　たとえば，産業用ロボットであれば，80年代以降自動車や家電製品の組み立て・加工・塗装などに用いられるようになったが，作業によっては，プログラムの指示通りに0.1mmの誤差もなく動き，停止直後にぶれることなく，正確に長時間動く性能が求められる。また，コピー機や印刷機などの事務機器も，一枚一枚用紙を繰り出し，それに鮮明に画像を転写した上で，一枚一枚送り出し，その作業を何万回行っても不具合が生じないように維持する必要がある。それら機械の高い動作性能を実現するためには，個々の機械部品を精密に加工し，必要な強度を確保した上で，精密に組み立て，また動作を何万回繰り返しても故障したり摩耗したりしないよう部品の素材とその加工方法を吟味したり，また個々の部品の形状を設計，製造の段階で互いにすり合わせたりするなど，様々な部門間の連携が必要になる。

　また，パソコン，携帯電話など，多くの電子機器は小型化，高性能化が進んだため，それらを構成する部品も小型化し，求められる加工技術も飛躍的に高くなった。製品を最大限小型化するためには，個々の部品を小さくするだけでなく，部品相互の設計をすり合わせ，小さな空間にできるだけ多くの部品を組み込む必要がある。

　日本企業は部門間の連携が緊密であり，また個々の部品を内製するための高度なものづくりの技術を蓄積したため，そのような製品の小型化に強みを発揮した。従来のステレオから録音機能やスピーカーを省き，各部品を大幅に小型化して携帯型の音楽プレーヤーを世界で初めて開発したソニーのウォークマンや，日本企業の小型ノートパソコンの開発は，一貫生産によるものづくり能力の集大成ともいえる。

　また，企業グループ内部の連携だけでなく，外部企業との連携も，日本企業は長期的に行ってきた。ものづくりでは，部品の組み立てだけでなく，素材の加工などにおいても，素材の改善や，素材の状態や出したい性能に合わせて製造装置をカスタマイズしなければならない場合も多い。日本企業は，企業グループ内の製造装置の部門との間ですり合わせるだけでなく，関連産業である素材メーカー，製造装置メーカーとの間でも，長期的な取引によってコスト削減や部品，製造装置の共同開発に取り組み，製品製造のための最適な機械，お

および生産ラインの構築を実現していった。たとえば，80年代に世界市場を制覇した日本の半導体産業においても，装置メーカーとの緊密な連携による製造装置の改善と，それを各半導体の生産に応じて最適に使いこなす現場労働者の技能は，歩留まりの向上に大きく貢献した［湯之上，2009］。

　また，ものづくりの上では試作や金型の製造も重要であり，日本の国際競争力が高かった80年代後半までは，それらには匠の技と呼ばれる職人の技能が必要とされた。

　モノを大量生産するときの工程の流れは，基本的には企画→設計→試作→金型の生産→製品の量産となる。金型とは，タイ焼きを例に取れば，タイ焼きを大量生産するための鯛の形をした鉄板である。企画が決まり，設計図も書き上がると，外部の加工業者に図面を送り，その道30年～40年の熟練の職人が設計図を読み取り，工作機械を駆使して製品の試作品を作る。送り返された試作品を元に，大手企業はデザインを確認したり，形状の正確さを確認したり，組み立てのシミュレーションをし，変更があれば修正を要請する。何度かの修正を経て試作品が完成すれば，次は量産の段階に入る。まず金型屋が設計図を元に金型を製造し，その型を使い大量生産するわけである。この金型の正確な形状・強度が，設計図通りの精密な部品の量産に直結し，製品の性能を大きく左右する[3]。

　日本には大手電機メーカーを中心として，それらと関連のある素材，装置メーカー，金型生産の中小企業など，機械工業の関連産業の産業集積が形成された。特に京浜地区には金属加工，機械製造の産業集積が形成されており，その内で最も有名な東京の大田区には，高い金属加工技術を持つ中小企業が多数存在する。それら企業が精密な部品の試作，金型の生産などをはじめとした高度な技術を要する加工を大企業から多く請け負っている。大田区には，様々な分野の熟練の金属加工の職人が集まっており，大手電機メーカーが研究開発した製品を試作したり，金型などを製造したりする上で，大田区の中小企業群は大きな技術的基盤となった。様々な電化製品の加工には様々な分野の専門的な

3　たとえば，CD-RやDVD-Rなどの光ディスクの製造では，ディスクの表面を真っ平らにしなければならず，そのため金型は0.01ミクロンの歪みも許されない。また，大量生産するため，数百万，一千万枚同じ金型で製造しても，摩耗しないような強度の金型を製造しなければならない［馬場，2000］。

加工技術が求められるが，「大田区で設計図を紙飛行機に折って飛ばせば，製品ができ上がる」，といわれるほど，すべての金属加工技術が揃っていた［関，1993］。80年代には，GMやフォードなど，世界の大手自動車メーカーが，重要な金型を作りにわざわざ大田区まで足を運んだといわれている［馬場，2000］。96年の段階で，世界の金型生産額の43％を日本が占め，日本はものづくりに不可欠な金型生産で世界トップシェアを誇っていたのである。

1.2　アナログ時代のものづくりとイノベーションの特徴

　日本の大手エレクトロニクス企業の技術基盤は，アナログ時代の電気，電子機器に必要とされた，電子工学，機械工学をはじめとした，科学素材，金属加工などの技術基盤である。

　これら技術基盤の形成には，政府の教育政策，科学技術政策も重要な役割を果たした。日本政府は大学教育においてものづくりに必要な工学部の設立を充実させ，それによってものづくりにおける研究者，技術者などの専門人材を多数輩出し，また大学研究も基礎研究を通じて技術基盤の蓄積に貢献した。

　日本の大手エレクトロニクス企業は，戦前から存在する東芝や三菱電機，日立など，戦時中にあらゆる機械製品を政府の命令で製造するようになった経緯で，発電所や鉄道などのインフラから家電製品まであらゆる電気・電子機器を手掛ける重電系と呼ばれる企業群や，戦後のシャープ，ソニー，など家電や音響機器を中心とした家電系，そしてNECや富士通など，コンピュータや電話機を中心とした通信系と呼ばれる企業群に分かれ，発展してきた。どの企業も電子機器が発達するにつれて，中心となる製品群は異なるものの，ラジオ，テレビや録音機をはじめ，半導体の内製で蓄積した電気・電子機器製造技術の幅広い技術基盤という総合力を活かし，家電製品や情報通信機器をはじめとした様々な電気・電子機器の分野に進出し，80年代には総合電機として，テレビやVHSビデオをはじめとした世界の家電市場において高い競争力を持った。

　日本の研究開発で重要な役割を果たしたのは大企業である。日本企業の研究開発活動は，その後の貿易・投資の自由化がもたらす国際競争の激化に備えて1960年代以降活発化し，石油ショック以降も，産業の高度化を目指して継続的に活発化した。研究費のGDP比は順調に上昇して89年にはGDPの2.91％となり，米国，フランスやドイツを抜いて世界第1位となった［科学技術庁，1991］。

　その中で主要な役割を果たしているのが民間部門である。研究費における民間の負担は1989年の時点で81.3％であり，その中でも大企業（3,000人以上）が占める割合は年々増大し，87年には約7割に達している。このように，民間の大企業の研究開発により，日本では技術開発が進められてきた。

　このような研究努力により，研究のアウトプットの一つである特許登録件数は，1970年の14万件弱から，90年には37.7万件にまで急増し，一貫して世界一位を維持してきた。1990年の特許申請数を技術部門別に見ると，加工型重工業に関連する物理部門9.3万件（構成比27.8％），電気部門8.4万件（同25.0％）が多いのが特徴である［科学技術庁，1992］。電気機械工業は1970年から売上高に占める研究開発費の割合が最も高く，かつその後も1位を維持しながら上昇し，1989年には5.89％を開発に投じている。

　日本企業の技術開発には大きく分けて2つの特徴がある。第一が，新製品の開発を重視する欧米企業と比較して，顧客からのニーズを開発に取り入れ，既存製品を漸進的に改善していくことが多いことである。また，設計，生産など，製造工程間での情報交換によって，新しい製造工法の開発・工程の改善を上げるプロセス・イノベーションの比率が高いことである[4]。たとえば，VTRは，部品と生産工程の標準化，集積回路の活用，自動部品挿入機の導入などによるコスト削減により，1980年に12.7万円だった製品価格は86年には6.2万円に低下し，一方で製品は小型軽量化し，音質や画質が向上した［ポーター，竹内，2000］。

　また，日本企業の研究開発の特徴は自前主義（クローズドイノベーションとも呼ぶ）である。自前主義のメリットは，社内資源に頼るために開発に時間がかかるものの，他社の技術に頼らず，自前の研究資源で創り出すことによって，他社との差別化を図ることである。また，一度開発した独自技術が外部に漏洩しにくい。アナログ時代のエレクトロニクス製品は，現在のように部品が業界で標準化されていなかったために，部品の独自開発によって差別化が可能となり，また機械・金属・化学工学などを用いて自然法則の下で改善を進めるアナログ技術は，一度技術を確立すれば長く市場を支配できるメリットがあった。たとえば，ソニーのトリニトロン・カラーテレビは，1970年代から1990年代の

---

4 同一製品の生産方法を改善するのがプロセス・イノベーションであるのに対して，新しい製品を生み出すのが，プロダクト・イノベーションである。

約30年にわたって，世界市場で高いシェアを獲得し，日本のVHSビデオも，1980年代から，デジタル型のレコーダーが普及し始める2000年代まで，約20年も世界で高いシェアを維持した。

　このように，日本企業はすり合わせによるものづくりが品質を大きく左右する自動車や，テレビ，VTRなどのアナログ型エレクトロニクス製品などにおいて，関連する熟練の技術者，技能者を多く育て，製品開発から生産工程の改善までを含む関連技術を総合的に蓄積し，製造の現場の漸進的なカイゼン力によって，海外企業がまねできない高品質，多機能，小型化や，低価格を実現してきたのである。

2 ┃ものづくりのデジタル化と日本の競争優位の喪失

2.1　技術のデジタル化と設計・製造装置への影響

　一方で，80年代ごろから，開発，設計，製造の部門で，技術のデジタル化とそれに伴う製造技術の機械化・自動化が進んでいった。デジタル化とは，デジタル（離散量）情報を用いた技術の事であり，数値制御や，コンピュータを使った技術を指す。

　たとえば，製品の設計図は，60年代に2次元の設計ソフトである2D CADが発明され，そしてその後3次元で立体的に設計図を書く3D CADが登場した[5]。3D CADは80年代までは高価で，フランスのダッソ社が作った製品は一台2億円もしたが，90年代からは数百万円台になったことで製造業に広く普及しはじめ，現在では自動車や電気機器などほとんどすべての製造業で使われるようになった。これにより，これまで困難であった紙ベースの2次元の設計図を3次元の立体として読み取り試作や金型の製造を行う熟練の技術が不要になり，また，他の企業への設計情報の転送が容易に行われるようになった。

　また，製品を製造する上で欠かせない製造装置もデジタル化された。装置がデジタル化されれば，職人による微調整が求められる余地は減少する。さらに，

　5　CADはcomputer-aided designの略。

3D CADで作成された設計データを使い，工作機械を制御するためのソフトウェアである3D CAMを使えば，設計データを元に，3D CAMを使ってマシニングセンターなどの自動機械を操作することで，金型の製造や部品の自動加工が可能となった。このため，資金力と，数年間ソフトウェアや機械操作を学んだ技術者がいれば製造できる金型や部品も多くなった。**図4-2**は，アナログ時代からデジタル時代への移行によって，熟練の技能者の技術がどう不要になったかを表している。図が示すように，アナログ時代に2次元の紙の設計図を元に試作品を製造するために必要であり，さらに精密な金型を製造する上でも必要とされた，時にその道3，40年の経験と勘に基づく熟練の職人の技能必要な場面は，デジタル時代に3D CADや3D CAMを活用した自動機械が登場することで，大きく減少したのである［馬場，2000］。

　また，デジタル情報は容易にコピー，転送が可能である。設計情報をはじめ，製造装置の操作方法も，デジタル化されていれば容易に模倣，移転が可能であ

図4-2　アナログ時代とデジタル時代のものづくりの違い

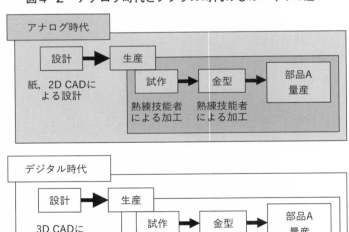

（出所）筆者作成。

る。さらに，３Ｄスキャナーや３Ｄプリンターの登場は，部品をスキャンすることで製品の形状を完全に複製することを可能にし，また従来は多額の費用がかかった試作品の製造や小規模生産を安価かつ容易にした［アンダーソン，2012］。

　また，電子機器はハードウェアとソフトウェアから構成されるが，そのソフトウェアはコピー可能であり，特に携帯やパソコンなどネットワークでつながる情報通信機器は業界での分業が進み，業界標準となるソフトウェアが国際的に流通するようになったので，ソフトウェアを自社開発できなくても，製品市場に参入できるようになった。その典型例がパソコンのWindowsであり，スマホのAndroidである。このように，ソフトウェアを自前で調達できなくても，購入してインストールさえすれば，機器に必要な基幹的な技術が，ソフトの面でも外部から調達可能になったのである。

　ただし，技術がコピーしやすいからといって，他の企業の技術をいつでも獲得でき，市場に参入できるとは限らない。ものづくりにおいて参入障壁になりうるのが特許である。たとえば，医薬品の市場で，開発した企業が長い間自社開発の薬の供給を独占し高い収益を上げられるのは，それが特許によって法的に20年の間守られているからである。このように，特許技術が製造に不可欠な場合には，その技術の特許を持つ企業は，それを他企業に使用させないことで，参入を法的に阻止することができる。

　しかし，近年のデジタル型製品の必須特許は製品によってはハード，ソフトを合わせて数百～数千に激増し，世界中の多くの企業が製品の製造に必要な特許を分散して持つ事態となった。このため，製品に不可欠な特許の使用を一企業でも拒否すると製品が製造できなくなる事態を回避するため，普及品の製造に不可欠な基盤技術については，特許の管理方法として，パテント・プール方式が採用されるようになった[6]。

　しかも，デジタル製品では，そのプールされた特許のパッケージを安く利用できるように，全特許が製品価格の10％以内という安価な使用料で流通するようになった。これは，技術を開発・製造する先進国企業に不利に，そしてそれ

　6　パテント・プール方式とは，製品の機能の実現に不可欠な特許のすべてをある団体が一括管理し，すべてをセットでライセンスなどを行う方式を指す。ちなみに，DVDプレーヤーは2,000件以上の特許から構成される［小川，2009］。

ら技術を導入して製品市場に参入しようとする途上国企業に有利に働いた。

2.2　技術のデジタル化と設計思想のモジュラー化

　日本が世界市場で高いシェアを誇っていた家電製品，特にテレビ，ビデオ，携帯型プレーヤー（いわゆるウォークマン）などのAV機器では，80年代中ごろまでは製品内にアナログ技術が使われていた。しかし，80年代から特に90年代に，製品にデジタル技術が用いられるようになった。この技術のデジタル化は，エレクトロニクス製品を中心に，様々な分野で進んだ。表4-1は，技術がデジタル化された製品を示している。

　パソコンはもともと電子の流れを01の2進法でデータとして読みとり演算を行うデジタル製品である。携帯電話も，元はアナログ式だったものが，90年代ごろからPDC方式などのデジタル式に変わった。TVディスプレイもブラウン管内の電子ビームによる発光を用いたアナログ式のものから，デジタル化した画像情報を入出力して表示するデジタル型の液晶，プラズマディスプレイに変

表4-1　技術がデジタル化された製品の例

対象機器	従来のアナログ形式	日本でのデジタル形式の普及
パソコン		もとからデジタル技術。
携帯電話	音波をそのまま電気信号に変換して送信する方式。	音波を送信側でデジタル化して送信し，受信側でアナログの音波に戻す方式。90年代前半に2Gの通信サービスが始まるとともに移行した。
カメラ	銀塩のフィルムにレンズを通して光を当て，その化学変化で映像を記録。	イメージセンサーで光を電子化して記録。95年発売のカシオのデジタルカメラQV-10で国内に普及。
TV用ディスプレイ	ブラウン管内で電子ビームを蛍光体に照射させて発光させる方式。	デジタル情報を受信し，画像処理LSIによって液晶やプラズマディスプレイに表示する方式。2003年のデジタル放送から，デジタル式の液晶，プラズマTVの普及が進む。
音響機器	音波を磁気情報に変換してカセットテープに記録。	CDやMD，あるいはフラッシュメモリなどにデジタルデータとして情報を記録し，それを半導体レーザーなどで読み取る方式。80年代半ばにソニーがD-50という小型CDプレーヤーを発売し，国内でも普及。
自動車	機械的制御	各種センサーで車の状態をデジタル情報として読み取りマイコンが指令を出す電子制御へ

（出所）筆者作成。

解　説	ものづくりにおけるアナログ技術とデジタル技術

　アナログとは，連続量のことである。自然界にある音，色，温度はすべて連続的なものであり，音の高低や強弱，色の濃淡，温度の高低は，すべてアナログ情報である。アナログ技術とは，このような様々な情報を連続量としてそのまま記録する技術である。たとえば，水銀温度計では水銀の体積が温度によって変化することを利用して，連続的に温度を表現する。レコードでは音の波形をそのままレコードに溝として写し，カセットテープやVHSビデオでは，音の波形を電気信号に変換し，それをそのまま磁気の強弱として連続的に記録する。フィルム式カメラでは，銀塩のフィルムに光を当て，その化学反応の仕方の違いによって映像を記録する形をとる。

　これと対照的な概念が，デジタルである。デジタルとは，離散量であり，0，1など飛び飛びの数値で表される世界である。人数が1人，2人，リンゴが1個，2個，などがその例である。つまり，デジタル技術とは，音や光，温度などの情報をすべて離散量に変えて利用する技術である。たとえば，デジタル式温度計では，温度センサーで温度を35.5度35.6度のように離散情報に変換する。

　近年，カメラも音楽プレーヤーも技術がデジタル化した。光や音という連続情報を離散情報に変えるのである。そのデジタル技術の中核となるのが電子であり，集積回路である。

　たとえばデジタルカメラでは，レンズから入った画像全体の各ポイントを，画像センサーによって電子の流れに変え，集積回路に順に流す。集積回路のマイコン（頭脳部分）は，回路内を電子が流れれば1，流れなければ0というようにして電子の流れを0か1の信号として読み取り，それを2進法の情報として読み取る。（たとえば赤は16進数で#FF0000と読み取る）。それを再度色に変換して再生するのである。CDなども，まず音の波形を各時点の断続的な音に細かく分割し，それを2進法のデジタルデータに変換する。そして再生時には，そのデータを再度スピーカーで音に変換しているのである。

　デジタル技術は，元の連続データを離散データにするために，元の連続情報が損なわれ，画像や音などの再現性がアナログ技術よりも劣る反面，一度デジタルデータにしてしまえば，ただの01のデータであり，テープなどの磁気情報などと違ってコピーでデータ情報も劣化せず，移転も容易である。さらにデジタルデータをマイコンが読み取って高速演算することで，瞬時に色やノイズを修正したり，画像を圧縮したりして表示することもできる。たとえばデジタル式の補聴器は，音声情報の特徴をマイコンが読み取り計算することで，ノイズを減らしたり，話し声を聴きやすくしたりする加工ができる。このように，用途に応じて高い機能を実現でき，その上機能の大部分を小さな集積回路が担うことで機器も小型化できるため，様々な機器に応用されるようになった。

わった。音響機器も，音波をセンサーで磁気情報に変換してテープに記録するカセットテープ方式から，CDやハードディスクなどにデジタルデータとして記録するものに変わった。自動車も，機械によって制御・表示するものから，センサーなどを用いて電子的に状態を把握し，制御・表示を行う部分が増えつつある。

　この技術のデジタル化に伴い，機器の機能を実現する上でのソフトウェアの重要性が飛躍的に大きくなり，マイコン（パソコンでいうCPUやメモリなどから構成される集積回路）とソフトウェアが制御の中核を担うようになった。自動車や電化製品など，80年代までの機器では，たとえばVHSビデオのように機械部品の相互連携によって様々な機能を実現していたが，90年代以降は電子制御が多く用いられるようになった。たとえばDVDレコーダーは今やマイコンと100万行のプログラムによって制御されている。自動車でも，エンジンにおける燃料の噴射や点火，そしてブレーキングなどの主要動作も，今や500万～1,000万行のプログラムに基づいたソフトウェアによって電子制御され，その行数は年々増大している[7]。「最近の車は電子制御システムで動いており，デスクトップパソコンに匹敵するほど多様なソフトを搭載しているともいわれる。ドアのカギを開けるのも，座席の位置を調節するのも，エンジンをかけるのもプログラムの役目。エアバックやスロットル・スピード制御などの安全装置も電子制御だ。」，「ドライバーがアクセルを踏んでも，アクセルペダルはスロットルを制御する金属ケーブルに作用しない。代わりに，スロットルに電子信号を送り，より多くの燃料を注入させるのだ。」[8]。このように，複雑な機械機構による制御から，電子制御に移りつつあり，ソフトウェアと半導体チップ内での制御に，ものづくりの技術的な中核が移りつつあるのである。

　この結果，部品間の相互調整が必要な余地は限られるようになった。たとえばDVDプレーヤーも，昔のVHSビデオとは異なり，映像の再生，早送り，巻き戻しなどの動作は，すべてモーターでディスクを回転させ半導体レーザーで情報を読み取った上で，後はソフトウェアとマイコンによる演算によって行うようになった。このように，従来機械相互の連携によって機器を制御していた

7　経済産業省資料（www.meti.go.jp/committee/materials/.../g70507a06j.pdf）
8　ニューズウィーク日本語版2010年2月18日「ソフトウェアで走る車は信用できるか」
　（http://www.newsweekjapan.jp/stories/business/2010/02/post-1019.php）。

ものづくりは，デジタル化に伴い，制御の大部分を中央演算部のマイコンとそれを制御する OSなどのソフトウェアが行うようになったのである。

それに伴い進んだのが設計のモジュラー化である。モジュールとは，特化した機能を持つ個々の部品の事を指し，モジュラー化とは，それら機能ごとに分かれた個々の部品の接合部を標準化し，それを組み合わせれば多様な製品ができるように設計を変更することを指す。モジュラー化によって部品は機能ごとに分かれ，そして機械の構造も，マイコンが制御の多くの部分を行うようになった結果，部品点数は従来のアナログ製品より大幅に減少した。

その一例を表したのが図4-3である。パソコンは元々記憶部分と演算部分が設計上複雑に絡み合ったものであり，演算部分の回路を変更すればそれに合わせて記憶部分の回路も修正する必要があった。しかし設計が変更されることで各機能ごとに構成要素が分離されて互いに干渉しないようになり，現在のように演算機能をCPU，記憶部分をメモリなどというように，モジュールで分離されるようになった。

エレクトロニクス製品のモジュラー化と標準化は，情報通信で必要となるソフトウェアや各モジュールの業界標準規格を獲得した上で，業界内での分業を進めようと，設計のモジュラー化を主導する企業が現れ，それによってパソコンをはじめ，携帯電話や液晶テレビなど，デジタル化した多くの電子機器に急速に広がっていった。

図4-3　パソコンのモジュラー化

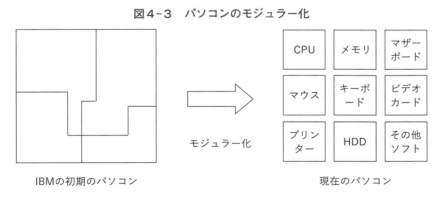

IBMの初期のパソコン　　　　　　　　　　　　　現在のパソコン

モジュラー化

（出所）筆者作成。

| 解　　説 | 製品アーキテクチャ：モジュラー型とインテグラル型 |

　アーキテクチャとは，製品の機能を出す上で，機械や回路をどのように設計するか，そのやり方，いわば設計思想の事である。アーキテクチャは，モジュラー型と，インテグラル型に大別される。モジュラー型とは，特化した機能を持つ個々の部品から構成され，さらに部品同士の接合部が標準化されることで，それらを組み合わせれば製品になるように設計することを指す。個々の部品には個々の機能が完結して入っているため（このような部品をモジュールと呼ぶ），部品の改良を他の部品に影響を与えずに行える利点がある。

　その典型例がパソコンである。パソコンは，80年代に開発された当初は，演算機能と記憶機能が明確に部品単位に分かれていない複雑な設計であったが，その後業界内で設計変更が進み，現在では演算機能（頭脳の役割）はCPU，記憶機能はメモリ，入力はキーボードなど，それぞれの機能別にモジュールに分かれ，接合の仕方（インターフェイス）も業界で世界的に標準化されていった（たとえばUSB接続）。これにより，部品間のインターフェイスと技術的な規格を守れば，部品間ですり合わせることなく別々に改良を加えることができ，たとえば演算速度の改善は，CPUの改良だけで可能となった。このモジュラー化によって各部品の開発・製造を他とは独立してできるようになったことで，モジュール単位での世界的な水平分業が可能になり，一気にパソコンの機能向上と低価格化が促進されたのである。また，モジュールを国際市場で調達して組み立て，最終製品市場に参入することも容易になり，これが日本企業に大きな打撃となった。

　一方で，インテグラル型とは，個々の機能を部品単位で完結して出すことができず，部品設計を相互調整して全体最適な立場から設計しないと，製品全体の性能が出せないタイプの設計方法である。

　その典型例が自動車である。自動車は数万点ともいわれる部品を組み合わせて製造する製品だが，たとえば"乗り心地"という機能は，あるひとつの部品が生み出すものではなく，車の重心，車高，エンジンやシャフトの性能など，様々な部品，そしてその相互作用に影響される。また，"高速度"もという機能も，エンジンだけを改良すればよいわけではなく，関連するシャフトなどの強度，場合によってはボディの形状なども合わせなければならない。よって，インテグラル型で設計された製品の製造においては，機能を作り出すために部品間，あるいは設計部門と製造部門とのすり合わせが必要となる。このようなすり合わせによる品質改善を伴う製造は，調整が困難な他企業との分業よりも，社内で情報交換をしやすく利害も同じ垂直統合的な組織の方が向いているといえる。また，部品も作りこまれ企業内の独自の部品が多くなる（つまり業界の標準部品は作りにくい）。そのため，その部品すべてを企業が外販しない限り，同じ最終製品を他企業が製造することも不可能となり，市場参入は難しくなる。今も自動車は日本が強いのはこのためである。

2.3　モジュラー化とエレクトロニクス製品市場の競争優位

　このようなモジュラー化は，大きく分けて2つの大きな変化をエレクトロニクス製品市場にもたらすことになった。一つ目が組み立てへのアジア企業の参入であり，二つ目が欧米企業による，モジュラー化を利用した水平分業の主導と，日本の既存製品を凌駕する，革新的な製品の世界普及である。

　このようなモジュラー化によって，部品点数が減少し，組み立てが簡単になったものは多い。その代表例がパソコンであり，テレビも，ブラウン管テレビからデジタル機器である液晶テレビに変わることで，大きく部品点数が減少し，その結果組み立ては容易になった。**図4-4**は，ポータブルプレーヤーの部品点数の変化を表したものである。**a）**はアナログ技術を駆使したテープ式ウォークマンの内部構造であり，**b）**はデジタル技術を駆使したハードディスク型iPod shuffleの内部構造である。アナログ時代のテープ式プレーヤーからデジタル式のプレーヤーへの移行によって，部品点数が大きく減少したのが分かる［NHK取材班，2013］。

図4-4　テープ式ウォークマンとiPod Shuffle

a）テープ式ウォークマン

b）iPod shuffle

（出所）筆者撮影。

　このため，製品の製造において個々の自社グループの特注部品を互いにすり合わせながら設計し，それを複雑に組み合わせるという高度な作業は必要なくなり，国際市場で流通している標準部品を組み合わせれば，コモディティならば製造できるようになった。DVDプレーヤー，パソコン，スマホ，液晶テレ

ビなどは，すべてこのような製品となった。高度な技術が要求される部分は基幹部品として一部の企業に独占的に供給され，他の部品の供給は世界中の企業が競争する中で供給され，最終製品は製造の総合的な技術を持たずとも，比較的少数のモジュールを組み立てるだけで可能になったのである。

　図4-5は，エレクトロニクス製品がアナログ製品からデジタル製品に移行したことによって，如何に市場への参入が行いやすくなったかをまとめたものである。

　図4-5 a）が示すように，80年代終わりまでのアナログ時代には，研究開発で得た独自技術は特許で守ることができた。また開発，設計，部品の生産には，相互にすり合わせが必要であり，その過程で社内の独自部品が作られ，それを最適に組み立てることで，競合企業と差別化できる独自製品を市場に出すことができた。

　しかし，技術がデジタル化すると，図4-5 b）が示すように，ソフト・ハードから構成されるエレクトロニクス製品の特許はパテント・プール方式によって安く一括購入可能となった。また開発と製造は分離し，部品もモジュラー化されたために標準部品となり，部品単位での市場参入が可能となった。その部品の生産も，ターンキー・ソリューション型の製造装置が欧米や日本の装置産業から提供されることにより，技術障壁は大幅に低下した。さらに最終製品では，国際市場に流通する標準部品を組み立てれば製品が製造できるようになり，製品のコモディティ化が急速に進行した。勿論部品を自社で内製して差別化することも可能であるが，たとえばパソコンや携帯などの情報通信機器では，基幹部品のCPUやOSなどの主要なソフトウェアは米国企業に押さえられることにより，その結果，最終製品を部品の独自生産で差別化する余地は大きく低下し，筐体の内製化など，周辺的な部分でしか差別化できなくなった[9]。

　9　一般的に，垂直統合のメリットは，すり合わせによる改善，技術漏洩防止，取引コストの削減などであり，一方でデメリットは自社製造がもたらすコストや専門性の低下，開発，生産時間の長期化である。一方で，水平分業のメリットはその逆である。IT革命は，取引コストを低め，更に電子機器産業で進展したモジュラー化がすり合わせの必要性を大きく減らしたため，分業の下で専業化とイノベーションが急速に進むことで，当業界での水平分業のメリットを強めた。

図4-5　ものづくりの参入障壁の低下

ａ）アナログ時代のものづくり

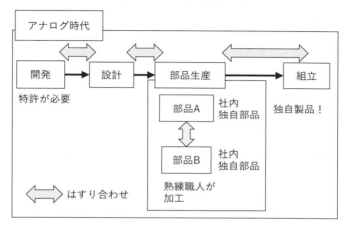

ｂ）デジタル時代のものづくり

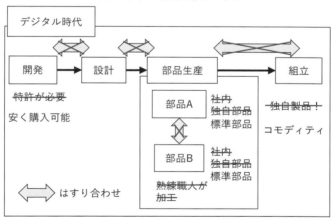

（出所）筆者作成。

　これらの結果，ものづくりにおける競争上の優位は，第5章，6章で詳しく議論するように，ものづくりにおいて技術的・技能的な総合力を持つ日本企業から，ソフトウェアや通信などのITに強い欧米，そして広大で安い土地と労働力を持ち，そこで大規模な工場を作り大規模生産ができる，コスト競争力のあるアジア系の企業に大きく移ることになるのである[10]。

デジタル化・グローバル化と
米国企業の躍進

1 ┃ 米国企業の復活と新たなビジネスモデル

1.1 選択と集中と国際水平分業の活用

　デジタル化は，技術移転の容易化や製品設計のモジュラー化によって，国際的な分業を容易にした。この流れを主導したのがまさに米国企業である。本章では，デジタル化したエレクトロニクス産業での国際的な水平分業を主導した米国企業の役割に焦点を当て，彼らが情報通信機器産業において確立したビジネスモデルについて議論する。

　80年代に，ブラウン管テレビやVHSビデオなどの家電製品や半導体の市場において，日本企業が米国市場でシェアを高める中，米国企業は収益を低下させた。

　これに対し，株主からの経営圧力が強く，株主価値の最大化を目指し，そのため不採算部門があれば撤退，あるいは売却する傾向にある米国企業は，多くの家電製品の市場から撤退した。

　彼らの構造改革の中心が，選択と集中である。米国企業は，自らが強みを発揮できない事業からは撤退し，競合他社が模倣できない圧倒的な競争力（コア・コンピタンス）を持つ事業に集中し，それを強化することで，競争優位を復活，強化させる戦略を取った。

　たとえば，それまでDRAMなどのメモリICを主力としてきた半導体専業企業のインテルは，当時DRAM市場で重要となった資金力や微細加工技術を強みとする日本のNECや東芝，日立が台頭してくると，DRAM部門からは撤退し，より技術集約的なロジックICであるCPUの開発・生産に集中する戦略を取った[1]。

　また，日本と同様の総合電機メーカーで家電など事業分野が重なっていた米国のGE（ゼネラルエレクトリック）は，「業界で1位か2位となれる事業しか残さない」という経営方針の下で，日本と競合し収益が低迷する家電市場からは大胆に撤退し，この過程で，就任当初40万人いた従業員は80年代後半には30万人を切るようになり，つまり10万人以上をリストラしたといわれている。一方で原子力発電や医療機器など，自社が強い分野に集中し，そこで優秀な人材を重用，育成することで，業績を回復させた［ウェルチ，2001］。

　80年代までメインフレームなど企業向けのコンピュータやThinkPadなどパソコン市場でも高い収益を上げていた巨大企業IBMも，パソコン市場でアジア企業が台頭し収益が低下すると，90年代にガースナー社長の下で，ハード部門を中国のレノボに売却し，自らは企業向けのソフトウェアやITコンサルティングの分野に集中した。それに伴い，最盛期には全世界で40万人いた従業員は，90年代にはハード部門の人員を中心に30万人以上がリストラされ，新たにソフトウェアやコンサルティングの会社を買収したり，関連する専門的人材を新規採用したりすることで，20万人が新たに雇用された。これにより，IBMはハードの会社から，ソフトの会社に完全に生まれ変わった［田村，2005］。

　このような，終身雇用を維持する日本企業では考えられない大胆な選択と集中によって，米国企業は90年代以降復活を遂げることになった[2]。

　図5-1は，電子機器の事業における事業プロセスと収益性の関係を示したものである。これは台湾のEMS企業Acerの創始者スタン・シーが初めて唱えたもので，電子機器の製造は，製品企画・開発やサービス（ITコンサルティングや修理サービス，データセンターなど）の方が収益性が高く，次いで基幹

　1　メモリICとは，DRAMのように，回路においてデータの読み込み，保存，読み出しを行う集積回路を指す。一方でロジックICとは，演算処理を行う集積回路である。
　2　第10章で詳述するように，米国では日本と比較して容易に解雇されるものの，一方で人材の流動性も高く，転職も比較的容易である。よって日本とは解雇を巡る前提条件が異なり，留意が必要である。

図5-1　スマイル・カーブ

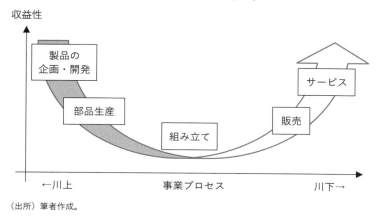

（出所）筆者作成。

部品の製造や販売が高く，簡単な部品の製造や組み立てなどに至っては最も収益性が低いとするものである。この収益性の並びがスマイルのように見えることから，この事業プロセスと収益性の関係はスマイル・カーブと呼ばれ，付加価値の低い組み立てはEMSに任せるようスタン・シーは訴えたのである。

　米国企業は，アジア企業がパソコンなどデジタル機器の製造・組み立て分野で台頭し，さらに製造の受託製造サービスを提供し始めると，組み立てなど収益性の低い事業からは撤退し，CPUに特化したインテルのように，図の左側の基幹部品の生産に特化したり，あるいはIBMのように製造を大幅に縮小して右側に動き，ソフトウェアやITサービスなどの分野に集中したりする選択と集中を行うようになった[3]。アップルも，自らはiPod，iPhoneなどの革新的な商品の企画・開発やそのOSの開発，製品の販売に経営資源を集中し，従来内製していた部品や組み立てなど製造はアジア企業に委託する体制を進めることで，高い収益を上げる国際分業体制を作り上げた。

3　IBMは，データセンター，コールセンターなどのITサービス，生産管理や顧客管理などビジネス用の様々なソフトウェアの開発や，個々の企業のニーズに合ったサプライチェーンマネジメント用のシステムの開発，ビッグデータを活用したマーケティング手法の開発など，ITを活用したコンサルティング・サービスを拡充していった。

1.2　デジタル機器の水平分業と新興企業の優位性

　また，90年代以降の米国では，既存企業の復活以外にも，新興企業が多く生まれ，エレクトロニクス市場を大きく変えるようにった。特に，グローバル化やデジタル化の中でIT革命が起こり，情報通信機器による新たなサービスの機会が急速に拡大する中で，シリコンバレーを中心に新しいベンチャー企業が世界的な水平分業の中核を担い，デルをはじめ，GAFAと呼ばれるグーグル，アマゾン，フェイスブック，アップルなどが，通信機器やデジタルサービスを世界的に次々と創り出していく成功例も数多く生まれた[4]。

　これらベンチャー企業がパソコンや携帯などの情報通信機器，そしてデジタルサービスの市場で，90年代以降に急速に優位に立つようになった理由として，以下の３点が挙げられる。

　第一に，パソコンの登場のより，それまで大型コンピュータを持つ一部の大手企業しかできなかった大量かつ複雑な計算を，零細企業でも可能になったことである［野口，2018］。また，インターネット網の発達により，ゼロコストで世界中の企業と協業できるようになった。これらいわばIT革命の果実が，零細企業に有利に働いた。

　第二に，モジュラー化の進展により，ものづくりを中国などの新興国に委託できるようになった。それまでのものづくりでは，製品アイデアを具現化するための試作だけでもかなりの費用を要し，量産のための設備投資も含めると，零細企業には極めて不利であった。しかし，EMSサービスの普及により，魅力的な製品アイデアと設計図さえあれば，製品市場に参入することが出来るようになったのである［アンダーソン，2012；藤岡，2017］。

　第三に，情報通信機器はソフトウェアや半導体チップなどの各種モジュールの集合体であり，世界的に情報通信機器が普及する中で，ソフトウェアやハードウェアの技術とアイデア，人材さえあれば，世界中の企業との分業や協業によって，特定のソフトウェアや設計に特化することで情報通信ビジネスの一翼を担うことができるようになった。

　これらは，大企業の情報処理上の優位性や，組織内コミュニケーションによ

　4　GAFAのビジネスモデルについては［田中，2019］を参照のこと。

る取引コスト上の優位性，そして垂直統合組織によるソフト，ハード，あるいは開発と生産などの総合的な技術・生産基盤の優位性を大きく低下させた。むしろ，競争力の源泉として，柔軟さや速さが重要となり，ニーズや技術が変化する市場の中で，如何に臨機応変にスピーディーに対応して自らの最適なポジションを実現し，そして強化するかが重要になった［野口，2018］。特にデジタル化した機器，サービスの市場では，ソフトウェアやそれによって生み出すデジタル・サービスの開発力が重要であり，その点でも，ものづくりの力よりも，革新的なアイデアを創造するために高度人材を引き寄せたり，他企業と連携して世界中の知的資源を活かしたりすることで，新しい市場を素早く創り出す力が重要となった。

　その点で，大企業は総合力を持つ一方，巨大組織のために往々にして意思決定が遅く，また過去の技術，工場などの経営資源や，既存製品の収益などというしがらみを持つため，それらを犠牲にし得る変化への対応は遅くなりがちとなる。一方でベンチャーなどの新興企業にはそのようなしがらみはなく，大企業のような資金力や製造力がなくても，市場の動向を的確に読み，革新的なアイデアやそれを具現化する技術を持ち，適切なビジネスモデルによって国際水平分業における最適な地位を築ければ，世界市場に出るチャンスがある。

　パソコン市場におけるデルの台頭がその好例である。パソコン市場においては，パソコンのモジュラー化が進む前は，インテルなどが開発するCPUに合わせてマザーボードなどの他の回路やデバイスを調整する技術力が必要であったため，コンパックのようにコンピュータ回路に関する総合的な技術を持つセットメーカーが競争優位を持っていた。しかし，パソコンのモジュラー化が進展し，パソコンの最終製品の設計・組み立てが容易になると，パソコンはコモディティ化し，総合的な技術を持つセットメーカーの優位性は消失した。むしろ，デルやGatewayのように関連分野の技術者などの人材，工場，販売網などの経営資源，そして間接部門などのオーバーヘッドが少なく身軽な企業の方が，価格競争を勝ち抜いた［立本，2009］。特に84年にパソコンの組み立て企業として創業したデルは，90年代に可能となったITシステムで世界中のものづくり企業をつなぎ，受注生産で消費者にダイレクトに届けるサプライチェーンを構築することで，低価格で素早く消費者に届けるビジネスモデルを構築し，90年代に一気に業界シェアトップに躍り出た。

1.3　プラットフォームの形成とオープンイノベーション

　90年代以降のエレクトロニクス市場で，関連サービスも含め最も急成長した市場は，いうまでもなくパソコンや携帯電話などの情報通信機器の市場である。情報通信機器の特徴として，まず，ネットワーク機器であるために，通信の規格が統一される必要があり，そのため自社製品・サービスの販売には，世界標準をとるか，あるいはそれに従う必要があることが挙げられる。第二に，電子機器であるため，ソフトウェアとハードウェアが必要であり，特にソフトウェアが重要な役割を果たす点である。第三に，ネットワーク上で様々なデジタルサービスを享受することが出来るため，それらサービスのプラットフォームになる点である。

　プラットフォームとは，ビジネスや情報配信を行うに際して基盤となるような製品やサービス，システムのことである。ビジネスの基盤としては，たとえば築地の卸売市場は，漁業者と卸売り業者が海産物を売買するプラットフォームとして機能してきた。しかし，情報通信の分野でのプラットフォームは，リアルな世界の店舗に存在する地理的，空間的制約から解放され，理論的には無限のサービスの売買が可能となり，それこそ無限の可能性を秘めた世界である。GAFAをはじめとした米国企業は，製品の中核的な部品を製造してそれ以外の部品をそれに合わせるよう従属させたり，またはその製品を通じてすべてのサービスなどが提供されるよう土台を形成したりすることで関連ビジネスの土台を独占する，いわばプラットフォーム戦略をとることで，情報通信サービスの急拡大と共に，巨大な利益を獲得可能なビジネスモデルを確立してきた。

　たとえばインテルはCPUとそれを含めた主要モジュールを装着するマザーボードを開発してパソコンというハード製造のプラットフォームを築き，またマイクロソフトはWidowsというOSを開発し，パソコン上のソフトウェアを動作させる基盤を構築した。アップルはiPhoneの企画開発とiTunesやApp Storeなどの開発によって，スマホの製造に加えて，デジタルサービスのプラットフォームも作り上げている[5]。

　このプラットフォームビジネスにおいて重要なのは，如何に革新的な機器や

　5　プラットフォームの構築という戦略は，欧米企業だけでなく，携帯電話市場において携帯用ICを開発した台湾のメディアテックのように，アジア企業にも見られるようになった。

サービスを生み出し，それを如何に適切なビジネスモデルによって普及させ，そしてそれと関連して，世界的な協業の可能性の中で，自社をどうポジショニングし，それをどう強化していくか，という戦略である。

　欧米企業はこのような戦略を進める上で，いち早く革新的な機器やサービスを開発して世界市場に普及させるために，デジタル製品を含むIT業界の分野を中心に，オープンイノベーションを行うようになった。オープンイノベーションとは，製品のイノベーションを行う上で，企業内の技術者・研究者のみでイノベーションを行うのではなく，他の多くの企業，大学，研究所などと広く協力することで，イノベーションを起こしていく方法である。昔から他の企業と1対1で行う共同研究は広く行われてきたが，オープンイノベーションは，固定した企業間ではなく，世界中の企業に情報を開示し，研究を呼びかけ，共同研究に取り込んでいく点で，よりオープンで広範囲な共同研究を意味している。

　近年オープンイノベーションが急速に広まった背景には，いくつかの理由がある。一つ目が，技術革新のスピードが速まり，技術の陳腐化が早くなったことである。従来は，たとえばブラウン管テレビが何十年も続いたように，多くの市場において基幹的な技術の変化は乏しく，そのような時代には，一旦他の企業を寄せ付けない技術を独占的に持てば，市場を長期間支配できた。そのため，他企業に自らの重要な技術が漏れる可能性がある共同研究はリスクが高く，それよりもむしろ自前で技術を開発することで市場を独占し，それを守ることが重視された。

　それが，デジタル製品の時代には，半導体の性能の向上の中で，多様な製品・サービスの可能性が次々と生まれ，電子機器の分野を中心に技術革新のスピードが速まり，既存の製品が陳腐化する速度が速くなった。どの電子機器も性能が向上した新製品が毎年のように現れるだけでなく，ガラケーがスマホにとって代わられたり，パソコンの主流がデスクトップパソコン，ノートパソコンに移り，さらにはそれら利用者がスマホに移ったりと，既存市場の枠を超えて新製品が旧製品を凌駕していく現象も見られるようになった。

　このような中では，技術を独占することの長期的な利益は薄れ，むしろ時間がかかる企業内開発よりも，技術は漏れてもよいから自らの持たない技術を持つ他の企業と協力して素早く製品化し，先行者利益を得ることの重要性が大き

107

くなった。デジタル製品は値崩れが早いため，先行して新製品を市場に投入し，他企業が追随して値崩れする前に高い利益を確保する，これが先行者利益である。あるいは，製品・サービスの提供に必要となる構成要素を機能単位で分け，それぞれを得意とする他企業と分担して開発することが素早い市場投入の実現につながるため，そのような形での外部との共同開発も魅力的になった。

　二つ目の理由が，技術の融合である。技術革新の中で，新しい製品を開発する上で，複数の分野にまたがる技術が必要になったり，技術の融合が行われたりするようになった。たとえば，電話も，従来のダイヤル式の固定式のアナログ電話から電子制御になり，さらに携帯電話の時代になり現在のスマートフォンの時代になると，もはや様々な機能を持つ小型のパソコンであり，各種センサーなどのハードの技術をはじめ，ソフトウェア（OSやアプリ）の性能など，幅広い技術分野が製品の品質や魅力を左右するようになった。この場合，それをいち早く獲得するためには，他の企業の経営資源を借りることが不可欠となったのである。

　三つ目の理由が，業界標準の獲得である。電子機器の多くは，パソコン，携帯電話，DVDプレーヤーなど，ネットワーク型の機器であり，複数の機器で同じソフトウェア，ディスクなどを利用したり，端末同士で電話，ファイル交換，メールなどのコミュニケーションをとったりするため，単に品質が良く低価格な製品を製造できればよいのではなく，業界標準の獲得が世界での普及のために重要となる。この点，技術を広く公開し，同じ技術を開発する企業が多くなれば，自社技術の陣営を拡大し，業界標準を獲得しやすくなる。

　以上のような時代の変化の中で，単独でじっくりと自分だけの技術を開発するのではなく，オープンイノベーションによって関連ビジネスのプラットフォームをいち早く立ち上げ，それを発展させることで関連するビジネス全体からの収益を拡大していくことが，デジタル製品・サービス市場における企業戦略上，重要となったのである。

2 ▐ プラットフォーム・エコシステムの事例

2.1　インテルの事例：国際標準化戦略と知的財産戦略

　GAFAがプラットフォームを形成し，オープンイノベーションによって新製品を速いスピードで生み出し，高い収益を上げることに成功した市場として，まずパソコンの市場を挙げることができる。

　従来のコンピュータの主流はメインフレームと呼ばれる大型コンピュータであり，企業向けのカスタム製品が主流であった[6]。IBMはメインフレームの市場で高いシェアを誇っており，垂直統合的にメインフレームのハードの部品，ソフトウェアのほとんどすべてを製造していた。

　そのような中，半導体の性能が向上する中で，個人用のコンピュータであるパソコンの開発にIBMが着手し，1981年にはIBM PC，1984年には後継機のIBM PC/ATを開発した。しかし，当時パソコンは周辺的な事業とみなされていたために，IBMはソフトウェアや拡張IOデバイスの供給は外部企業に任せて速く効率的にパソコンを開発するために，回路図やシステムBIOSを公開した。つまり，IBMはパソコンをオープンイノベーションによって開発しようとしたのである。これがIBM PCの互換機の生産を促すことになる[7]。

　当時，コンパックをはじめとする互換機メーカーは，IBM PC/ATの市場への参入を試みた。しかし，IBMのバス規格では，CPUメーカーが新しいCPUを開発するたびに，周辺回路を調整する必要があり，それが関連企業の部品生産や自らの互換機の開発・生産を困難にした。この問題を解消するために，コンパックなどの互換機メーカーが中心となってバスの構造を改良し，HDDやCPUを他のデバイスと独立して開発できるようにした[8]。更に業界内の分業を進めるために，それらを公開し，モジュール間のインターフェイスについても業界での標準化を進めることで，各モジュールや互換機をIBMに縛られず自由に生産できるように進めていった。

6　このセクションは主に［立本，2009］を参考にしている。
7　IBMの互換機とは，IBM用のOSやその他ソフトウェアが動作するパソコンの事。
8　バスとは，電子基板上で，データを伝送する回路のこと。

　この中で，主導権を握ったのが部品メーカーのインテルである。インテルは，CPUに加えて，バス規格を改良し，他のモジュールとの調整の必要性を解消するチップセットを開発した。これにより，DRAMや他のデバイスをお互い独立に改良できるようになり，さらにそれらモジュールとのインターフェイスについては規格を公開し，その仕様を業界の標準規格とするように進めていった。

　この業界標準の獲得の上で重要な役割を果たしたのがマザーボードである。インテルはマザーボードという"中間財"を開発し，CPU・その他のモジュールを装着すれば回路ができあがるようにすることで，簡単に互換機を製造できるようにした。図5-2はマザーボードの仕組みである。CPUソケット，チップセットはインテルが製造している部分であり，それ以外のメモリスロット，HDDや光学ドライブを繋げるIDEコネクタや各種拡張コネクタ，ビデオカードなどを装着する拡張スロットなどは，インターフェイスがすべて業界で標準化され，それらを装着すればパソコンが組み立てられるようになっている。インテルは，このマザーボードの設計図を公開して，台湾企業に製造を任せたのである。

　このインテルのCPU，チップセットとマザーボードからなるパソコン製造のプラットフォームは，各モジュールの独自の改良のしやすさと，マザーボードを用いればパソコンの組み立てが容易であることから，世界中の部品メーカー，新興のセットメーカーに受け入れられていった。一方で，インテルは自らのCPUとチップセットから構成される内部の構造はブラックボックス化して外部の企業が模倣できないようにした。さらに，インテルは常にCPUを改

図5-2　マザーボードの仕組み

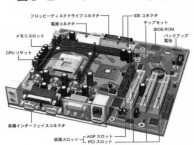

（出所）情報機器と情報社会の仕組み素材集（http://www.sugilab.net/jk/joho-kiki/index-sample.html）

良することで代替的なプラットフォームの追随を防ぎ，CPU市場を独占した[妹尾，2009]。

このようにして，インテルは，自らのブラックボックス化した技術をCPUというモジュール部品に落とし込み，一方で他の部品についてもモジュラー化と標準化を進めることで，世界中の企業がインテルのCPUを中核にパソコンを製造するプラットフォームを作り上げた。パソコンは個々のモジュラー化された部品が世界的な競争の中で急速な進化と低コスト化を遂げ，その中でインテルは「インテル入ってる」と宣伝することで，ノーブランドのセットメーカーが水平分業の中で製造するパソコンの品質も問題ないことを世界のユーザーに浸透させた。このような水平分業を先導することで，インテルは品質が高く低価格なパソコンを世界的に普及させつつ，自らは高価なCPUを独占的に販売することで，高い収益を上げたのである。

インテルはパソコンをモジュラー化，標準化することで水平分業によるオープンイノベーションの体制を確立しただけでなく，自らのCPUおよび周辺のチップセットの開発においても，オープンイノベーションを行っている。自らは半導体のプロセス技術などを中心に多額の研究開発費（2004年時点で5,000億円近く，近年は1兆円を超える）を投じつつ，世界中の大学・研究機関との共同開発や人材交流を通じて大学の基礎研究成果や最先端の関連技術を取り入れ，また世界中のベンチャー企業への投資を行うことを通じて有望な技術や人材の取り込みを行っている。シリコンバレーのスタンフォード大学をはじめとして，EUのハイテク産業集積など，世界の有望大学・地域に隣接した，75の研究機関を持つ（2004年時点）。このように，自社内外の世界中の知的資源を上手く活用しながら，最新の半導体関連技術を常に獲得し，今も業界の最先端を常に維持しているのである。

2.2　アップルの事例：エコシステムの形成

アップルは，iPhoneの開発・販売とiTunes Store，App Storeのサービスによって，スマホの機器販売，およびデジタルコンテンツサービスを通じて，巨額の収益を生み出し続けている。

アップルは，製品の企画，開発，設計，製造のうち，自らは，企画，デザインや，OSなど中核となるソフトウェアの開発，そして販売に集中しており，

製造部分はほとんど外部委託している。

　特に開発の中で，iOSは自社開発を行い，また他の中核的なソフトウェアの開発でも，自社開発を重視しつつ，スタンフォード大学やシリコンバレーのハイテクベンチャーなどと研究交流を行って広く社外に技術や人材を求め，最終的に人材移動やライセンスや買収などを通じて技術を自社に取り込むこともしている。たとえばコマンドではなくアイコンをクリックする形でパソコンを操作する技術はシリコンバレーのゼロックスのアイデアを取り入れたもので，音声検索のSiriはスタンフォード大学の研究所からスピンアウトしたSiriというベンチャーを買収すること技術と人材を手に入れた。このように，オープンイノベーションで外部の企業と提携しながら，最終的には買収して自社に取り入れて内部化することにより，独自技術の確立を実現している。

　一方で，他のアプリやハードの部品では，終始オープンイノベーションを取り入れることで開発・製造をすべて世界中の優れた企業に任せている。iPodやiPhoneなどに使われる部品についてはその開発・生産を公募して集めることで，たとえば主要部品は日本や韓国の企業，そして組み立ては台湾企業に中国で行わせるなど，アジア企業にものづくりを委託している。図5-3はiPhone6の部品供給者を表している。カメラの画像センサーであるCMOSセンサーはソニー，液晶パネルはジャパンディスプレイ，シャープ，韓国のLG電子から調達し，コンデンサは村田製作所，高周波部品は日本の村田製作所，TDK，太陽誘電から調達した。さらに組み立てについては，台湾企業のホンハイ（鴻海）に中国ですべて製造させた。

　図5-4は，2012年から販売されたiPhone5と新型iPadの一台当たりの粗利率を示している。図の左が示す通り，749ドルの価格で売りされたiPhone5の部品製造コスト・組立コストは合わせて217ドルであり，原価率は29％に過ぎない。外部委託したモジュールをフルに活用しつつ，それを独自の製品，ブランドに仕立てることで，アップルは一台当たり実に532ドルの粗利益たたき出しているのである[9]。

　またiPhoneには多種多様なアプリがあり，それがiPhoneの価値を大きく高めているが，それらはOSのコードを公開することで，すべて世界中のアプリ

9　もちろん，ここから販売管理費や開発費等を引いたものが一台あたりの営業利益となる。

図5-3　iPhone6の部品供給者

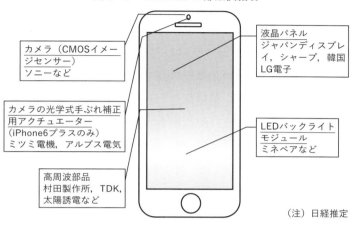

カメラ（CMOSイメージセンサー）
ソニーなど

カメラの光学式手ぶれ補正用アクチュエーター
（iPhone6プラスのみ）
ミツミ電機，アルプス電気

高周波部品
村田製作所，TDK，
太陽誘電など

液晶パネル
ジャパンディスプレイ，シャープ，韓国LG電子

LEDバックライトモジュール
ミネベアなど

（注）日経推定

（出所）日本経済新聞（平成26年9月15日）の図を元に作成。

図5-4　iPhone，iPadの粗利率

iPhone5の粗利率71％！

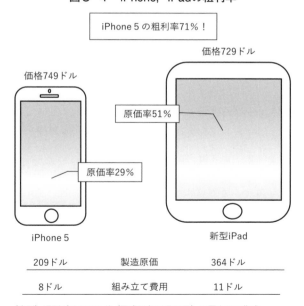

価格729ドル

価格749ドル

原価率51％

原価率29％

iPhone5

新型iPad

209ドル	製造原価	364ドル
8ドル	組み立て費用	11ドル

（出所）週刊ダイヤモンド（平成24年10月29日）の図を元に作成。

開発者に自由に生産させている。アプリなどは，自社内の限られたアイデを活用するよりも，世界中のアイデアと才能を集めて開発する方が，質・スピード・量が得られるためである。アップルは，自らは他社を寄せ付けないデザイン，ユーザーインターフェイス，そのためのOSの開発などに集中する一方で，世界中の部品メーカー，アプリ開発者に開発・生産を呼びかけ，彼らが納入をめぐって開発スピード，品質，価格で競争することで，あのiPhoneというハードとソフトウェアの塊を，素早く，かつ低コストで市場に投入し，大きな利益を上げることに成功したのである。

　さらに，アップルがすごいのは，端末を売るだけに終わらず，上述のようにiTunes StoreやApp Storeというデジタルコンテンツ市場のプラットフォームをiPhone上で運営することで，端末というハードの売り切りではなく，前述のアプリや音楽などの様々なデジタルコンテンツの販売というサービスでも稼ぐビジネスモデルを確立している点である。このプラットフォームによって，たとえば，iTunes Storeで曲が1曲200円で売れれば，アップルに30％の60円が自動的に入ってくる。この売買手数料などのサービス部門だけで，アップルは毎年3兆円近い営業利益（売り上げは5兆円弱：2019年時点）を叩き出している。

　アップルは，いわばスマホのハードとデジタルサービスの販売というソフトの両面において，相互に関連するビジネスにかかわるすべての業者，ユーザーという多くの主体からなる関連ビジネスの生態系を作り上げている。このように相互に関連するビジネスにかかわるすべての業者，ユーザーの集まりをエコシステムと呼ぶ。アップルは，このようなハード，ソフトを含むエコシステムを形成し，それを不断にアップグレードするイノベーションを続けている。アップルのエコシステムがすごいのは，iPhone上でSiri，Apple Pay，顔認証などの新機能を次々と開発してiPhoneの機能を不断にアップグレードしつつ，更にはiPod，iPhoneに加え，Apple Watchなどの魅力あるデジタル機器も次々と開発して連携させ，それら機器でユーザーが蓄積するあらゆるデータをiCloud上でデータやコンテンツを共有できたりすることで，ユーザーをますますアップルのハード・サービスの世界に囲い込んでいる点である［大谷，2012］。

　この，ハード，ソフト，コンテンツ上のあらゆる次元でのイノベーションに

よって，Googleが主導するアンドロイド携帯との競合が激しくなる中でも，ユーザーをますますアップルのハード・サービスの世界に囲い込んでいる。アップルは純利益で６兆円を生み出すビジネスを創り出し，アップルが80社集まれば日本のGDPに等しくなってしまうほどの利益を叩き出しており，スマホの機器では競争が激しくなるものの，関連機器の開発，コンテンツ販売やデータ管理の魅力を強化することで，エコシステムを益々拡大しているのである。

事例紹介　**Googleのアンドロイド携帯プラットフォームによるエコシステムの形成**

　グーグルは1998年に検索エンジンの会社としてスタートして以来，今やGoogle Map，アンドロイド携帯をはじめ，近年では自動運転車などの革新的製品・サービスを次々と生み出している。特に，スマホや自動運転では，OSの無料公開とオープンイノベーションによって事実上の世界標準を狙い，無限の可能性を持つそれら新ビジネスでのプラットフォーム構築を狙っている。

　たとえばスマホでは，先に市場を押さえていたアップルに対抗できるデジタルサービスのプラットフォームを構築することを目指し，アンドロイドOSを開発した。この開発では，ソースコードを公開し，世界中の研究機関と共同で研究開発を行っている。これは世界中の研究資源を用いて迅速に研究開発を行えるだけでなく，自社の技術を世界標準にする役割も担っていた。グーグルは，アップルのiOSが自社端末にしか搭載できないのとは異なり，世界の端末メーカーが自由に改良して無料で使えるようにする戦略をとることで，自社でOSを開発できない世界の端末メーカーに導入してもらうことに成功し，2014年には世界シェア85％を達成した。

　グーグルのビジネスモデルは，アンドロイド携帯をOSの無料公開によって普及させることで，OS上にデフォルトでインストールされるGoogle検索エンジンとアプリを世界中で利用してもらい，そこでの広告料で利益を上げるというものである。また，Google Calendar，Google Drive，Google Classroomなど，あらゆるアプリを開発することで，ユーザーをグーグルの提供するサービスに囲い込もうとしている。

　グーグルが次世代の巨大なプラットフォームとして狙っているのが，完全自動運転車のオペレーションシステムの開発である。この開発でも，そのソースコードを無料で公開することで，オープンイノベーションで素早い開発と世界市場でのデファクトスタンダード（事実上の標準）を狙い，現時点で世界の開発競争でトップを走っている。世界中の車にグーグルのOSをインストールさせることで，音声やディスプレイによる検索やコンテン

ツ利用のプラットフォームを形成する。自動車が完全自動運転になれば，お勧めの目的地の検索，社内での動画などのコンテンツ利用など，巨大な市場が一気に誕生する。その巨大な可能性を持つ市場のプラットフォームを押さえ，そこで広告料を得る算段である。

　そのグーグルを支えるのは，旺盛な研究開発と，世界中の優秀な人材である。グーグルは研究開発のために，シリコンバレーをはじめ世界中から各研究分野の優秀な研究者，エンジニアを採用している。優秀な技術者には億を超える報酬を支払い，AIの技術者には成功報酬を含めて130億円を支払った事実もある。

　研究開発に費やす費用は桁違いであり，年間研究開発費は1.5兆円を超える。これは日本の大手電機メーカーの研究開発費の総額を越える規模である。グーグルはこの研究開発費を検索エンジンだけでなく，それに影響するコンピュータやAIなどにも積極的に投じることにより，デジタルサービス開発の最先端を走り続けているのである（このコラムは主に［雨宮，2015］を参考にした）。

第6章

デジタル化・グローバル化と
アジア企業の台頭

1 | ものづくりのデジタル化と東アジア諸国の
キャッチアップ

1.1　技術のデジタル化と技術移転

　90年代以降のグローバル化とデジタル化の進展の中で，中国を中心とする東アジア諸国は，世界の工場として急速に台頭するようになった。なぜデジタル化は，それまで先進国が半ば独占していた製造業へのアジア諸国の急速なキャッチアップをもたらし，そしてなぜアジア諸国が世界の工場になり得たのか。そして現在エレクトロニクス製品の生産において世界市場で急速に成長を続けるアジア企業は，日本企業にないどのような強みを持つのか。本章ではそれらのテーマについて考察する。

　技術のデジタル化が急速に進む前のエレクトロニクス製品の市場では，新製品はまず最先端の技術を持ち，最も進んだ需要を持つ先進国において生み出され，技術の成熟に伴って設計や製造方法が固定化するのに伴い，直接投資や途上国の技術獲得によって，労働コストの安い途上国に，その生産が徐々に移転される過程をたどっていた。テレビをはじめとした家電製品が，その好例である。その結果，従来の経済学でも，雁行形態論やプロダクトライフサイクル論などが想定するように，まずアジアで日本が工業化し，次いでNIESの韓国や

香港，台湾，そしてASEAN諸国などが順に追いかけながら工業化して行く，つまり産業はそのような順で移転してゆくと見られていた。

　しかし，技術のデジタル化は，急速な技術伝搬をもたらし，スマホ，液晶テレビや，最近では有機ELテレビなどの生産が，開発してすぐ先進国から途上国に移転される事態が頻発し，技術移転の加速化が明らかに見られる。

　まず，技術のデジタル化は，第4章の議論をまとめれば，以下のような参入障壁の低下をもたらした。第一に，技術のデジタル化は，情報のデジタル化をもたらし，設計図が紙情報からデジタルデータに変わることで，その結果，正確な設計情報の入手とその簡単な利用を可能とした。また，製造装置もデジタル化が進んだだけでなく，自動化が進み，労働者が高い技能を持たなくても，実行できる工程が多くなった。

　また，デジタル化に伴って，業界で自社製品あるいはサービスの世界普及を狙う欧米企業によって設計のモジュラー化が急速に進んだことで，製品にかかわる全般的な技術基盤を持たなくても，モジュール単位での市場参入が可能になった。

　また，一般的な市場では特許技術が市場参入を防ぐ役割を果たすが，複雑なハードウェアとソフトウェアから構成されるデジタル型製品の必須特許は数百～数千に激増したことからパテント・プール方式により全特許が製品価格の10%以内で流通するようになったことで，コモディティの生産であれば特許が持つ参入障壁としての役割は事実上消失した。

　これらの結果，技術が大部分装置に体化したモジュールの生産や，それらを組み立てれば製造可能な最終製品に関しては参入障壁が大きく下がり，むしろ土地や労働コストで優位に立つアジア諸国が，優位に立つようになったのである。

　各国の比較優位は，製品のアーキテクチャとその国の能力基盤に強く依存するようになり，モジュラー化が進んだ最終製品は後発国への生産移転が起こり，個別モジュールは先進国に残る，という協業関係が生まれるようになった［新宅，2009］。生産のグローバルネットワークの確立とモジュラー化は，ものづくりの技術移転を明らかに早めている。モジュラー化のスピードによっては，最初から組み立てが途上国に移転する，ということも起こるようになった。最新型のテレビモニターである有機ELパネルが中国で生産が開始され，一方で

自動車や鉄鋼では未だ先進国での生産が残る最も大きな理由は，貿易障壁や輸送費の問題を除けば，アーキテクチャのモジュラー化が起こったか否かである。

1.2　東アジア諸国でものづくりが発展した背景

　東アジア諸国には教育に熱心な国が多く，台湾をはじめ，韓国，中国なども，国際的なビジネスに必要な英語教育にも力を入れている。政府だけでなく各家庭も非常に教育熱心で，大学進学率は高く，留学にも積極的である。台湾をはじめとして，韓国，そして近年では中国は，米国のシリコンバレーへの留学も多く，これが，IT産業における技術習得や，ビジネスチャンスの獲得にも重要な役割を果たした。

　また，これら台湾や韓国などのアジア企業は，自国の市場が小さい。たとえば，台湾は人口約2,300万人であり，韓国も約4,000万人である。このため元々グローバル市場向けの生産を視野に入れていた。

　市場への参入時期も，大きく有利に働いた。すでに市場に参入していた欧米，日本の企業が，母国市場向けの小規模な古い工場を使って生産する一方で，彼らは最初からグローバル市場向けに，大規模な工場を建設し，最新鋭の機械設備を使って生産した[1]。半導体や液晶パネルなど，技術進歩の速い業界では，最新鋭の機械の生産性は過去の設備と比較して大きく向上する。彼らはその優位性を武器に，世界のニーズをとらえた製品を製造したり，あるいは受託生産によって世界中の有力企業から生産を受注したりことで，世界市場を席巻していったのである。

　また，アジア諸国は，国が工業化に積極的な役割を果たしてきた。たとえば，日本は戦後，ものづくりの基盤を形成する上で，理系の大学，学部を拡充し，工学部，理学部を専攻する学生を育て，産業界に技術者を多く送り出したり，また，理化学研究所などの国営の研究機関を設立したりすることで，各産業における研究や製造の基盤を整備してきた。80年代以降にIT産業が大きく発展したアジア諸国でも，政府が主導して，IT関連の研究者，技術者を多く輩出し，

1　このように，後で経済成長をスタートした国の方が，最新の技術やそれが体化した設備を導入できることで，経済成長が速くなることを，キャッチアップ効果と呼ぶ。先進国では固定電話から携帯電話へと通信網が発展を遂げたのに対して，後に発展した中国やインドで，固定電話よりも携帯電話が急速に発達したことが，その好例である。

その発展の人材的基盤を作る働きをした。

　たとえば，日本の次に工業化を果たした韓国，台湾でも，政府は大きな役割を果たした。両国で特に育った産業に半導体産業がある。半導体は研究開発に多くの研究者・技術者を必要とし，莫大な研究開発，設備投資費が必要とされる産業である。韓国，台湾は，共にものづくりの中核的技術となる半導体産業を育成するために，関連分野の研究，教育支援を手厚く行った。まず公営の研究所を設立することで，研究，人材の基盤を整備した。たとえば台湾は自国の半導体産業を育成するために，1973年に国営の研究所である工業技術研究院を設立して半導体研究に重要な役割を果たしている。また半導体設計者を増やす政策をとっており，国立台湾大学をはじめとして，大学での半導体設計の教育・研究者，学生の数を増やしている。これにより，優秀な研究者を育て，世界トップレベルの特許数を生み出してきた。そして半導体製造企業として今や世界的に有名なTSMC，UMCなど多くの企業も，工業技術研究院との協力や研究者のスピンアウトによって生まれており，まさに台湾のIT産業の技術的基盤といえる機関である。また，韓国でも科学技術院が半導体研究を主導し，多くの特許を生み出してきた。

　さらに，アジア諸国では，新しい産業の育成のために，ハイテク企業に対しては，税制上の優遇措置をしばしば設けている。工場を新設した場合には，5年間無税であったり，次の5年間は半額であったりして，企業の実効税率は極めて低い水準にとどまり，20％未満，時には10％を切る場合もある。

　一方で，多くの産業を有する日本の場合には一部の産業にのみ手厚い優遇措置をとるわけにはいかず，また財政の中でますます優遇措置をとりにくい状況にある。このため，ハイテク産業に与えられる税制上の優遇措置は限られ，実効税率を見ると，30-50％と非常に高い［宮崎，2008］。

　図6-1は，アジアの代表的なエレクトロニクス企業の実効税率を比較したものである。台湾の液晶パネルメーカーであるCMOやAUOは10％以下であり，そして半導体メーカーであるUMCやTSMCは，10％〜15％程度である。また，韓国のLG電子やサムスン電子は，20％未満である。一方で，日本のキヤノン，シャープ，三菱電機は30％台であり，ソニー，富士通，東芝は40％台と非常に高い。技術進歩が速く，最新の技術を用いた最新設備で製品を製造することが重要な，CPUやメモリなどの半導体，そして液晶パネルなどの装置産業では，

図6-1　アジアのエレクトロニクス企業の実効税率比較

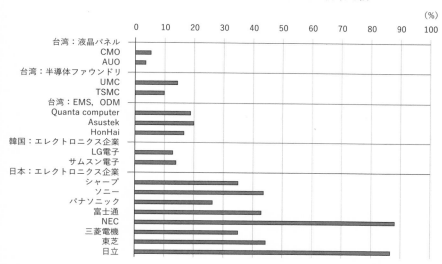

（注）実効税率＝法人税充当額/税前利益，07年12月期，あるいは08年3月期の本決算数字より算出。日立製作所，
　　　NECは一時的な異常値。原データは野村證券産業戦略調査室より。
（出所）［宮崎，2008］の図を元に作成。

利益を次の設備投資や研究開発に充てることが競争優位の維持，強化に重要である。特に半導体産業や液晶パネル産業は装置産業であり，数千億円単位の設備投資を数年に一度行い，研究開発投資にも毎年数千億円単位が要求される。このため実効税率の各国格差は，資金力を通じて，設備投資競争に無視できない影響を及ぼすと考えられる。

2 ｜ 半導体・液晶パネルなどの装置型産業における アジア企業の台頭

2.1　製造装置メーカーの存在とキャッチアップ

　韓国や台湾，そして最近の中国では，半導体の生産が政府の育成政策の下で盛んになった。半導体は，OSと共に，電子機器の性能を大きく左右する，電

子機器の基幹部品であるからである。

　電子機器の中で，DRAMやCPUなどの半導体，そして液晶パネルを製造する産業は装置型産業と呼ばれ，製造装置を集約的に用いて製造を行う。このうち，半導体生産は上工程，下工程など，多くの生産工程に分かれる。特に上工程ではシリコンに回路膜を幾重にも塗り重ねるため，そこでは各工程で一台1億円以上もするような製造装置を用意し，全工程で何百台と並べて半導体を製造する。液晶パネルもシリコンに回路膜を塗化させるため技術的に同様であり，どちらも設備だけで多額の投資が必要となる。

　特に半導体チップが微細化し，また液晶パネルのサイズが拡大するにつれてそのコストは急増し，近年では何千億円もの投資資金が必要となるようになった。しかも技術進歩が速く，2，3年ごとに次世代型の製造装置・製品が出るため，そのたびに装置を一新せねばならず，2，3年単位で何千億円規模の設備投資が必要となる。また，生産ラインを構築し，装置を最適に操る技術者，新製品開発のため研究者等の専門的人材，そして年間何千億を越える研究資金も必要となるのが，これら産業の特徴である。

　これら産業では，総費用に占める固定費用の割合が大きいため，規模の経済が働く。また絶えざる技術進歩により技術の陳腐化が速いのも特徴である。よって市場規模の大きい分野を狙ったり，あるいは他社より早く開発・生産して市場に投入するスピードだったりが，収益を確保する上で重要な要素となる。

　このような特徴を持つ半導体や液晶パネルの生産においてアジア企業が台頭する上で，製造装置が東芝やシャープやなどの半導体メーカー，液晶テレビメーカーではなく，日本や米国の製造装置メーカーによって製造されてきたことは，非常に重要な役割を果たした。たとえば日本では，レンズを通して設計図をシリコンに転写する半導体露光装置はニコンが，回路を洗浄する装置は大日本スクリーンが高い世界シェアを持ち，そして半導体前工程の製造装置全般を東京エレクトロン，フォトマスクの製造装置はHOYAが製造するなど，世界的な企業が多い[2]。彼らは日本の半導体メーカーだけでなく，韓国や台湾企業，そして中国のメーカーに販売している。

　元々，日本の製造装置メーカーは，第4章でも紹介したように，日本の東芝やシャープなど，半導体や液晶パネルのメーカーとの長期的な取引関係の中で製造装置関連の技術を蓄積し，微細加工などの性能を高め，それが日本の半導

体メーカーの躍進につながってきた。しかし，バブル崩壊後の日本企業の低迷の中で，製造装置の販売先を失った日本の製造装置メーカーは，韓国や台湾系メーカーへの販売を促進したのである。

　そこで鍵となったのが，製造装置のターンキー・ソリューション化である。ターンキー・ソリューションとは，文字通りキーを回すだけで装置が動き，装置のカスタマイズや微調整がなくとも，ボタンを押すだけで必要な加工ができる装置の事である。従来，半導体の製造では，加工・検査を含め多数の工程を構築し，様々な半導体製造装置を互いに調整しながら操作する必要があり，そのため製造工程の構築と加工作業に技術者の豊富な経験と高度な知識が求められた。しかし，製造装置メーカーによる新興の半導体・液晶パネルメーカーへの販売努力の中で，機械の操作ノウハウが徐々に機械内に組み込まれたりすることで，知識，経験が浅い作業員でも製造が可能なターンキー・ソリューション型の装置が多く開発されるようになった。また，日本の技術者のアジア企業への転職も生産技術の獲得に役立った。それらによって半導体や液晶パネルの製造装置をはじめ，その他の多くの電子機器の製造装置を，技術を持たないアジア企業が活用できるようになったのである。

　つまり，自ら装置を内製化しなかった日本の半導体メーカーのプロセス技術は，共同開発してきた上流部門の装置メーカーによって製造装置に集中的に組み込まれ，アジア企業に流れていったのである。そして，韓国や台湾などのアジア企業が半導体や液晶パネルの業界に参入する上での技術的な障壁の克服には，このような先進国製造装置メーカーの普及戦略が大きくかかわっていたのである。

2　半導体の製造はシリコンウエハに微細化された回路を形成する前工程と呼ばれる部門と，検査し，回路ごとに切断して外部の配線と接合する組み立て作業から構成される後工程に分類される。露光装置とは前工程で使われ，写真の技術を応用して，回路の基盤となるシリコンウエハ上に塗布した感光性樹脂（レジスト）に光を照射することにより回路パターンを形成する装置である。回路図をレンズによって縮小してウエハに転写するため，歪みや不純物が極限までないレンズを製造する技術が求められる。また，ウエハに写し込む回路の原画を描いたガラス版であるフォトマスクは，ガラスの膜を製造する高い技術が求められる。これらの理由で，レンズメーカーのニコンやコンタクトレンズのHOYAなどに競争力がある。ちなみに，最先端の露光装置になると，一台50億円はするといわれている。

2.2　半導体産業におけるファウンドリの台頭

　半導体産業では，アジア企業が台頭する過程で，1990年代ごろから水平分業が生まれた。従来，半導体産業は，回路設計から製造まですべてを行う垂直統合的な企業しかほとんど存在しなかった。しかし，半導体の微細化とともに回路設計が高度になり，また必要な設備投資額が高額になるにつれて，設計と製造が分離するようになり，半導体設計に特化するファブレス企業と，設計企業からの受託製造を行うファウンドリと呼ばれる製造業者による水平分業モデルが普及していった[3]。

　その背景には，半導体産業特有の難しさがある。欧米のシリコンバレーでは，多くの新しい半導体技術が生まれ，新しいベンチャー企業が多く立ち上がったが，半導体製造をするためには工場設立のための何千億円という資金調達と生産技術が必要であり，それによって設計アイデアはあるが資金調達や生産技術の障壁によって市場に参入できない企業が多くみられた。そこに目を付けたのが，半導体製造を専門に請け負う，ファウンドリと呼ばれるビジネスモデルである。ファウンドリは，シリコンバレーと関係の深い台湾企業を中心に開始され，台湾のTSMCやUMCが代表例である。彼らは工場（ファブ）を持たない多くの半導体ベンチャーからICの設計データをもらい，彼らに代わってICの製造を行うサービスを始めたのである。

　本来，ICの設計内では，論理演算をするための論理回路の設計から始まり，電圧や最小回路幅などの制約に合わせて物理的に回路全体をどう配置するかなどを決める物理回路への変換があり，さらに製造の段階に移り生産工程の構築を行うという手順がある。設計は製造段階での製造装置や素材によって左右されるプロセス技術（加工可能な最小の回路幅など）とすり合わせる必要があり，また論理設計から物理設計への転換でもすり合わせが必要となるために，全工程の技術を持つ垂直統合型の企業（IDM：Integrated Device Manufacturer）が有利であった。特に，半導体の内，DRAMのような汎用的なメモリICでは，高集積の回路を低価格で販売する勝負となるため，微細化のために最新の設備や素材を使うことが重要となり，常に設計と製造の綿密なすり合わせが要求さ

　3　半導体の製造では，前工程に最も設備投資費用がかかり，製造技術も必要とされるが，それを担当するのがファウンドリである。

れる。

　しかし，ロジックICの一種でASSP（Application Specific Standard Product）と呼ばれる携帯電話や液晶テレビ向け等の特定用途向けのICでは，製造時のプロセス技術に合わせた物理設計の方法を自動計算できるデザインルールが開発されたことで，製造工程でのプロセス技術の変化により設計をすり合わせる必要がなくなり，その結果，製造と設計の分離が可能になった。

　また，設計工程の内部においても，ICの集積度の増大に伴う設計の困難化に伴い，パソコンの回路のようにチップの各機能間のインターフェイスが標準化され，ICをいくつもの機能モジュールに分割してそれぞれ独立に開発するモジュール型設計手法が普及した。その結果，EDAツールと呼ばれる設計自動化ソフトに従い，既存のIPを利用すれば，製品差別化の核となるモジュール部分のみを自社開発することによって，ICを設計できるようになった[4]。

　このようなASSPを中心としたロジックICの分野での受託製造のビジネスモデルとしての強みは，多くの企業から請け負うことによる規模の経済の獲得やリスク分散である。半導体は設備投資が何千億円とする装置産業であり，一方で部材のコストなど限界費用は相対的にかなり安いため，総費用に占める固定費用の割合が大きく，そのため生産規模が大きくなるほど平均総費用が劇的に下がっていく（つまり限界利益率が高い）。またクリーンルームの建設，維持にも高いコストがかかるため，大量のチップを常に高い稼働率で生産し続けることがコスト上有利である。この点，多数の企業からの受託製造が大規模生産・生産水準の平準化につながるファウンドリは，高い稼働率での大量生産が維持可能となり，自社販売用の製造だけを行う企業よりも，コスト競争力が高くなる[5]。また，ファブレス企業にとって，自社で設備投資に何千億円もかかる莫大な費用負担から解放されるだけでなく，生産に関わる巨大なリスクの回避にもつながり，一方でファウンドリ側はリスク分散可能である。

　また，ファウンドリはIDMとは異なり，自社製品を持たないため，IC設計

4　集積回路の高集積化に伴うASSPにおける設計と製造の分離と設計の容易化についての技術的内容については，［岸本，2014］を参照のこと。

5　クリーンルームとは，塵一つない部屋の事である。半導体の製造ではナノ単位の回路を製造するため，製造の過程でミクロ単位の塵が入ることも避けなければならず，このため塵が極端に少ない部屋を作り上げ，維持・管理しなければならない。半導体回路が微細化するにつれ，その建設・維持・管理コストが莫大にかかるようになった。

企業にとって委託に伴う競合への自社技術の漏洩というリスクもない。

　また，IC設計企業との分業化，専業化とその発展においては，製造の前工程を担当するファウンドリを含む，設計・製造の支援サービスの普及が重要な役割を果たした。ASSPの業界では，ファウンドリの他に，設計と生産で本来必要なすり合わせ要素を自動化するサービスの発展や，ICを個々のモジュールに分けて開発可能にするモジュール型設計法が確立され，その支援サービスがそれぞれ専業企業によって提供されたことが，個々のデジタル機器の特定用途に特化したIC設計企業の発展を支えた。

　これにより，IC開発の競争優位は，IDMが持つ設計と製造のすり合わせ能力から，複数顧客のニーズをくみ取って価値が高くコストパフォーマンスの良い製品仕様を構築することが重要となり，それをもたらすマーケティング力やシステム機能についての理解力が競争優位の源泉となった。

　このような世界的な標準化と水平分業の中で，米国及び台湾や中国の新興IC設計企業は，スマホや液晶パネルなどにおいて，セットメーカーのニーズが高いICを低価格かつ簡単に利用可能な形で開発することで，価格競争の激しいデジタル機器を開発するEMSなどに応えた。その結果，CDMA携帯電話用チップでは米クアルコム，コンピュータ・グラフィックス用半導体製造では米エヌビディアなど，IT機器の半導体回路設計を主導する企業が台頭し，この得意分野のICの設計に特化したファブレス企業と製造に特化したファウンドリの水平分業は急成長を遂げた。その結果，コスト競争力のあるファウンドリが半導体市場に占める割合は年々上昇している。

　表6-1は，1990年から2019年にかけての世界半導体企業の売上高ランキングの推移を見たものである。

　水平分業モデルがまだ進展しておらず，日本の垂直統合型モデルが全盛期だった1990年には，世界のトップ10に，NEC，日立，東芝をはじめとして，6社がランクインしていた。しかし，バブル崩壊後，ラインクインしたのは東芝とNEC，日立に減少した。一方でCPUの市場を独占したインテルが1位となり，またサムスンがDRAMで台頭してきた。さらに2009年にはファブレスとファウンドリの水平分業もランキング上位に上がるようになり，それぞれクアルコム，TSMCがランクインするようになった。2019年にはさらにその流れが続き，ファウンドリのTSMCは3位に順位を上げ，ファブレスではクアルコ

表6-1　半導体産業の売上高ランキング

順位	1990年	2000年	2009年	2019年
1	NEC	インテル（米）	インテル（米）	インテル（米）
2	東芝	東芝	サムスン（韓）	サムスン（韓）
3	日立	NEC	テキサスインスツルメンツ(米)	TSMC（台）＊
4	インテル（米）	サムスン（韓）	ルネサスエレクトロニクス	SKハイニックス（韓）
5	モトローラ（米）	テキサスインスツルメンツ(米)	東芝	マイクロン＋エルピーダ（米）
6	富士通	モトローラ（米）	TSMC（台）＊	ブロードコム(米)＊＊
7	三菱電機	ST（瑞）	ST（瑞）	クアルコム（米）＊＊
8	テキサスインスツルメンツ(米)	日立	クアルコム(米)＊＊	テキサスインスツルメンツ(米)
9	フィリップス（蘭）	インフィニオン（独）	ハイニックス（韓）	東芝
10	松下電器	フィリップス（蘭）	マイクロン（米）	エヌビディア(米)＊＊

（注）1990年，2000年はファウンドリを含んでいない。2009年，2019年についてはファウンドリ，ファブレスを含む。＊はファウンドリ，＊＊はファブレス。
（出所）IC insightsより筆者作成。

ムに加え，ブロードコム，エヌビディアもランクインし，従来の日本企業の垂直統合型モデルを完全に凌駕している。

事例紹介　**TSMCの躍進と日本半導体企業の敗北**

　TSMCはファウンドリ業界でシェア50％を占める，ファウンドリを代表する企業である。2020年度の年間売り上げは約5兆円，売上高営業利益率は40％を誇る高収益企業である。

　台湾では1970年代に政府の半導体産業育成政策の下で工業技術研究院が創設され，IC（Integrated Circuit集積回路）の研究プロジェクトが進められた。TSMCはそのスピンオフとして，モリス・チャン（張忠謀）によって創設された。彼は1987年にシリコンバレーのTIでも半導体部門の責任者を務めた経歴を持ち，ファウンドリというビジネスも彼によって生み出された。

　ファウンドリとしてのTSMCの競争力の第一の源泉は，前述のように，多くの企業からの大量受注による規模の経済と稼働率の安定，委託側に技術漏洩の心配がないことや，台湾政府の税制優遇などによる資金力である。特にこれらの優位性は，ファウンドリとして台頭する2000年代ごろまで重要な役割を果たした。さらに，半導体製造の微細化が進む中で，製造工程での装置間のすり合わせがより高度になる中で，製造装置メーカーによっ

て複数の工程をパッケージ化した高価な製造装置が開発されていった。TSMCは古いプロセス技術でのASSPの生産で高収益を確保しつつ，その利益で最先端の製造装置に積極的に投資する形で，最先端のプロセス技術も獲得していった。

　さらに，TSMCをASSPの分野でトップに君臨させている重要な要素が，回路設計全体のプラットフォームを提供していることである。TSMCは，回路設計についての知識が不十分なファブレス企業のために，IP設計業者やEDA企業を巻き込んで，IC設計を容易に行うための支援サービス，いわばIC設計のプラットフォームを構築したのをはじめ，後工程も含めたサービスのパッケージも適宜提供することで，IC設計・製造のプラットフォームを構築したことにある。このような，設計，製造のプラットフォームの構築が，ファブレス企業による多様なASSPの開発と，TSMCへの製造委託をもたらしたのである。

　対する日本のIDMも，DRAMから特定用途向けのロジックICに経営資源をシフトしたものの，昔のように資金力がなく，かつ現場の技術者による旧設備のすり合わせによる製造が可能な日本企業は，最新の自動機械を導入するインセンティブが低くなり，現在の半導体製造装置の進歩に乗り遅れた。また，特定用途向けのロジックIC の内，市場規模の大きいASSPの市場を開拓するには，製造装置メーカーとの協力だけでなく，世界に散らばる不特定多数のEDAツールやIPの開発企業との連携も重要であるが，従来から自動車や産業機械などの特定の企業，および自社グループ内のセット部門とからの受注に頼ってきた日本企業は，そのようなマーケティング能力，提携能力に欠けている。日本のIDMは，日本企業が強い自動車や産業用の特定機器かつ特定顧客向けのASIC（Application Specific Integrated Circuit）では高いシェアを持つものの，個々の市場規模は小さく，低収益に甘んじている。（このコラムは主に［岸本，2014；立本，藤本，富田，2009］を参考にした）

2.3　液晶パネルと液晶テレビの生産

　液晶テレビやパソコン，タブレット，スマホなどにおいて画面表示装置として使われる液晶パネルも，半導体と同様に装置産業である。液晶パネルは，液晶パネルモジュールと，放送局など外部からのデータを受信するチューナー，画像処理LSIから構成される[6]。特に，色のコントラスト，高精細などの画質を大きく左右する液晶パネルモジュール部分は，ガラスパネルに回路を転写するために成膜や露光の工程があり，製造技術的に半導体製造と共通する部分があ

6　その液晶パネルに，筐体やスタンドなどをはめれば，液晶テレビやパソコン用液晶モニターができる。

る。

　半導体産業同様，装置は外部の装置産業に依存し，大日本スクリーンやニコンなど，大手メーカーが液晶パネルの製造装置を製造している例が多い。製造工程では，半導体同様，装置メーカーから調達した製造装置を材料に合わせて最適に操作し，歩留まりが高く所要時間も短い生産ラインを組むことが生産性を大きく左右するため，現場の技術者の役割も大きい産業である。設備投資の負担は大きく，特に液晶パネルモジュールが最も設備投資費用がかかる。技術進歩が速いため，最新の製造技術を活用し，かつより大きなサイズのマザー・ガラスの製造が可能となる生産設備が数年に一度のペースで開発されるため，業界の最先端を行くためには，製造装置を一新する数千億単位の設備投資が数年に一度は必要となる業界である[7]。

　液晶パネルは，90年代にパソコン用のモニターとして利用されるようになって以降，90年代の終わりから，テレビ向けの用途に使われるようになった。液晶テレビの場合，パソコン用モニターとは異なり，視野角，動画反応度などにおいてより高い機能が求められ，技術的なハードルは高かった[8]。

　2000年当初，テレビ用の画質の良い液晶テレビを生産するためには，装置メーカーや部材メーカーとのすり合わせが必要であり，現場の技術者の高い技術と経験が必要であった。

　まず，パネルモジュールの生産においては，個々の装置を操作する上で，技術者に高い技能が求められた。たとえば，スピンコート方式という，ガラス基板を回転させながら上からレジストという化学材料をガラス基板に塗布する工程では，レジストの粘性に応じて，均一に膜厚形成するためにスピン処理のスピードや回転数を現場の技術者が毎回微妙に調整する必要があった［赤羽，2014］。

　また，作業工程の間でもすり合わせが必要であった。たとえば，様々な化学素材を重ね合わせて色を発光させる液晶パネルでは，求める性能に対して，そ

　7　マザー・ガラスとは，最終的に特定サイズの液晶パネルに切り分ける前の段階のパネル用ガラスのことである。これが大きいほど，同サイズの1パネル当たりの限界費用は低下する。
　8　液晶は，当時競合する技術であった，半導体自体が直接光るプラズマパネルとは異なり，液晶分子の配向を変化させて光の量を調節することで，裏にある赤，青，緑のそれぞれのカラーフィルタの光の量を調節し色を出す。この液晶は液体と固体の中間的な物質であるため反応速度に限界があり，それが画像の表示速度を遅らせ，残像感がでるなどの欠点をもたらしていた。

れを実現するカラーフィルタ，偏光板などの特性の組み合わせ方が多数あり，その選択によって装置の使い方，そして作業フローなどが変わってくる。特に，マザー・ガラスを大きくしたり，新しい製造方法を導入した最新の工場を設立したりする場合には，装置も改めて開発する必要がある。装置が変われば，それに伴い材料も作業工程もすべて調整する必要があるので，装置メーカー，素材メーカーと共同で開発，協力パネルメーカーが一から構築していく。

　このような多くの作業からなる作業工程を，それぞれの工程で出したい最適な特性を引き出すための装置の組み合わせや手順を考え，かつ生産必要時間や歩留まりの向上も考えながら試行錯誤し，数カ月をかけて最適な生産ラインを構築していく現場のエンジニアリング能力が，品質や生産性を大きく左右する。このため，現場の技術者の暗黙知（経験や技能）が重要となった。

　また，パネルモジュールと画像処理LSIの間でも，すり合わせる必要があった。パネルモジュールは各企業の独自のパネル技術などによって生産されるため，メーカーによって特性が異なり，出したいパネル性能に合わせて，液晶パネルモジュールと画像処理LSIの特性（種々のパラメータ値など）をすり合わる必要があった[9]。

　このような理由により，画像処理LSIと液晶パネルを自社生産し，両者を最適にすり合わせることが，品質の高い液晶テレビの生産に大きく影響した。それを実現できたのが2000年代前半のシャープであった。

　しかし，液晶テレビの生産は，以下の理由で，徐々にモジュラー化されたり，現場技術者の技術や経験を要しないものへと変わっていったりすることで，参入が徐々に容易な産業へと変わっていった。

　まず，新しいサイズのマザー・ガラスの開発当初にパネルメーカーによって生み出された製造知識やノウハウは，協業を通じて装置メーカーに移転され，同じサイズのマザー・ガラスの製造においては，半導体製造同様，装置メーカーの手によってやがてソフトやハードという形で個々の装置に埋め込まれていった[10]。よって，すでに開発された世代の装置や生産方法から構成される工

9　画像処理LSIは，「フォーマット変換」，「色変換」，「ノイズ変換」，「色補正」等の役割を担い，また，何bitで画像を処理するかを担う。これが画質の差別化につながる。日本のテレビメーカーはこの画像処理LSIを自社設計した［新宅善本，2009］。
10　装置メーカーの試作機を作って，パネルを試作し，特性，良品率，生産性などをチェックすることで，互いにすり合わせながら試作機を改善し，製造装置を作っていく。

場を設立する場合には，自動製造の部分が多くなり，装置同士のすり合わせが
必要な場合も，装置メーカーがその方法をソリューションとして提供し，工程
が事実上ターンキー・ソリューション化していった。

　また，新しい生産方法の確立も，現場技術者の技能を必要としない形に改良
されていった。たとえば，基盤同士を張り合わせる作業では，従来の液晶吸引
注入方式では，水平度や荷重の均一性を保つために，現場の技術者による調整
が必要であった。しかし，第5世代のマザー・ガラス以降採用された液晶滴下
方式という方式では，レシピ通りの条件をあらかじめ製造装置に入力すれば，
あとはロボットアームなどが自動的に動いて，作業を正確に遂行できるように
なった［赤羽，2014］。

　さらに，当初必要であった画像処理LSIと液晶パネルのすり合わせの必要性
も，デジタル化の中で解消していった。パネルモジュールとのインターフェイ
スがデジタル化した画像処理LSIでは，パネルとLSIの物理的，電気的な連結
が比較的シンプルになったため，複雑な相互依存性とすり合わせ要素をデジタ
ル技術としてLSIに集約した上で解決できるようになり，汎用LSIの作業能力
が急速に高くなった。

　このようなデジタル化を背景に，80年代以降に起業した欧米系のGenesis
（米），Trident（米），や台湾のMedia Teckなどの，液晶パネル用の半導体設
計に特化したファブレス企業が，汎用LSIを市場に提供するようになった。彼
らは業界シェアを高めるために，顧客獲得のため組合せの自由度や汎用性の高
さを競い合うことで，すり合わせの必要性の減少を競い合った。その中でも，
Media Teckが提供した汎用LSIは，液晶パネルに画像処理LSIを対応させるた
めのパラメーターセットを提供し，それによって，汎用LSIと液晶パネルモ
ジュールを組み立てれば事実上液晶テレビを製造可能なコモディに転換させた。
これがテレビ用の液晶テレビの参入障壁を急激に低下させたのである［新宅
善本，2009］。

　さらに，パネルモジュールと画像処理LSIの分業が進んだ液晶テレビ業界で
は，モジュール単位のイノベーションが進んでいった。たとえば，画像処理
LSIは「絵づくり機能」（色変換，ノイズ軽減，色補正など）を持ち，また「何
ビットで処理するか」は最大可能色数に影響することで画質に影響するが，そ
の技術革新が進んだ。一方で，パネルモジュールでも，残像感が残る動画表示

を改善できる倍速駆動技術などが開発された。このように，競争環境の中，各モジュールで同時並行で起こる急速な技術進歩が，水平分業の製造するコモディティの継続的な品質向上をもたらすこととなった。

　このように，液晶パネルでも，ターンキー・ソリューション型の製造装置が市場で流通し，また液晶テレビに必要な構成要素もモジュール単位で調達できるようになったことを通じて，液晶パネル・液晶テレビ製造の技術的な障壁は共に下がり，競争力の源泉は，装置や材料をすり合わせながら製品を作りこむものづくりの力から，最新鋭の製造装置に数千億単位の巨額の資金を投入する継続的な資金力や，如何に大量生産後の販路を確立するか，それと関連して，家電という，市場のニーズに合わせた機能やデザイン，ブランディングが大切な市場で如何に競争優位を確立するか，という要素に変わっていったのである。

3 ┃ パソコン・携帯などの組み立て工程での台頭

3.1　組み立て工程の変化とキャッチアップ

　パソコン，携帯電話などの機器は，デジタル化したことによって部品点数が大幅に減少し，アーキテクチャがモジュラー化したことで業界内で規格の標準化が進んだ結果，標準部品が国際的に流通する市場になった。その結果，個々の企業が製品全般に関する技術を蓄積し，最終製品の製造に必要な部品を独自に設計・製造することで市場を独占できる時代ではなくなり，多くのエレクトロニクス製品がコモディティ化した。しかも，差別化しようにも，通信機器であるパソコンや携帯電話は，顧客が求める製品性能の主要な部分が業界で標準化・共通化されたCPUやOSで決まってしまうため，ハード・ソフト面で差別化できる余地は限られてしまった。むしろ，価格競争になりがちなグローバル市場で利益を得るために必要なコスト競争力，そして先行者利益を実現するためのリードタイムの速さや経営スピードが重要な役割を果たすようになった[11]。

　このコスト競争力の構築において，電子機器の組み立ての工程は，部品を調

　11　リードタイムとは，ここでは開発，生産，販売まで，顧客に商品を届けるまでにかかる総時間を意味する。

達して人海戦術で組み立てるため，安価な労働力や土地などの生産要素や，同じ部材を一括購入で安価に調達できる大規模生産が競争力を左右する。また，部品を内製する場合にも，製造装置に巨額の固定費がかかる場合には，大規模生産がメリットを生む。

　そこで台頭してきたのが，欧米企業や日本企業とも製造業の関係があり，土地や人件費が安く，国家主導で製造業の育成に取り組んだアジア諸国である。アジア諸国の最終財生産での台頭は，水平分業モデルで成長した台湾系の企業と，垂直統合型モデルで台頭した韓国系企業に大きく分けることができる。

3.2　水平分業とEMS/ODMの台頭

　特に，台湾系企業は，電子機器の分野で受託生産の担い手となり，急成長を遂げた。台湾では，自社ブランドを持たず，パソコン，携帯電話，ゲーム機などの電子機器の製造を請け負うEMS（Electronics Manufacturing Service）や，設計も行うODM（Original Design Manufacturer）が，欧米企業や日本企業から設計や製造を請け負って中国で大規模生産を行い，急成長していった。

　EMSは，米国のソレクトロンが90年代にIBMやヒューレット・パッカードの工場を買い上げ，パソコンやその関連部品の受託生産を開始したことで始まった。09年度には電子機器の3割はEMSの生産となったといわれている。

　表6-2はEMS企業の売上高ランキングのトップ10を，2004年，2012年，2019年についてみたものである。ホンハイは2000年代半ばから1位を維持し，アップルからiPhone，ソニーからプレイステーション（以下PS），任天堂からWii，そしてデルやヒューレット・パッカードからパソコンの製造を受注するなど，各業界のトップ企業から世界的に販売されている製品を多く受注している。2000年代は米国，台湾企業がトップ10に多く入っていたものの，中国企業も2010年代から増えている。中国は土地が安く，安価で勤勉な労働力が大量に存在するため，台湾系EMS企業の生産拠点のほとんどが集中し，その結果現在パソコンの生産は99％中国で生産されるに至っている。

　EMSというビジネスモデルは垂直統合の企業と比較していくつかの強みがある。第一に，半導体のファウンドリと同様，もともとグローバル市場向けに生産を行い，世界中の企業から受注することで，自社で販売できる数量のみを生産する垂直統合企業とは異なり，大量受注により，桁違いの大量生産をする

表6-2　EMS企業の売上高ランキングトップ10

順位	2004年	2012年	2019年
1	フレクトロニクス（新）	ホンハイ（台）	ホンハイ（台）
2	ホンハイ（台）	フレクトロニクス（新）	ペガトロン（台）
3	サンミナ（米）	ジェイビル（米）	ジェイビル（米）
4	ソレクトロン	ニュー・キンポ（台）	ウィストロン（米）
5	セレスティカ（加）	セレスティカ（加）	FLEX（米）
6	ジェイビル（米）	サンミナ（米）	サンミナ（米）
7	ベンキュー・コーポレーション（台）	カイファ・テクノロジー（中）	BYDエレクトロニクス（中）
8	インベンテック（台）	ベンチマーク・エレクトロニクス（米）	セレスティカ（加）
9	エルコテック（芬）	プレクサス（米）	USI（中）
10	ウィストロン（米）	USI（中）	ニュー・キンポ（台）

(注）カッコ内の「新」はシンガポール，「芬」はフィンランドを指す。
(出所）MMIより筆者作成。

ことができる。電子機器の組み立ての場合，大量生産のメリットは大きく，特にパソコン，携帯電話などは，それぞれCPUやメモリなど，中の部品はどのメーカーも共通の部品が多いため，大量生産による大量調達により，部材の単位コストを下げやすい。また，設計を含め，製造方法の共通部分が多いため，多くの企業から異なる製品を数多く請け負っても煩雑さは増えず，むしろ設計や製造において，ノウハウや製造装置を共用できる利点がある[12]。

事例紹介　**EMSの躍進とホンハイ**

　ホンハイはスマホやパソコンなどの電子機器の受託生産で，EMS全体の生産の半分のシェアを誇り，世界トップのEMS企業である。ホンハイはアップルのiPhoneやデルのパソコン，ゲーム機では任天堂のWiiやソニーのPS4など，各業界のトップ企業から受注している。
　ホンハイは1974年に台湾のテリー・ゴウ（郭台銘）がテレビのつまみなどプラスチッ

12　必ずしも，複数企業からの受注生産が規模の経済をもたらすとは限らない。たとえば同じ機械でも，自転車の場合には，シティサイクル（通称ママチャリ）とクロスバイクの違いのように，用途や購入者層によってデザインや素材が異なる。このとき，仮に製造を受託しても，委託元によって要求する素材やデザインが異なり，その結果受託企業数に比例して資材調達や設計の手間も増えるため，規模の経済は働かない。委託生産というビジネスモデルに強みが生まれるのは，電子機器が上記の特徴を満たしているからである。

ク製品の製造業者として創業した。郭台銘は先見の明があり，これからパソコン市場が成長すると見るや否や，パソコン用コネクタの製造を始め，その後様々なパソコン用部品を製造するようになった。さらに工場の自動化や生産管理の向上，人材育成に取り組むことで，大手パソコンメーカーの受注を次々と受けるようになった。95年から06年の10年間には，売り上げは100倍も伸びる急成長を遂げ，売り上げが台湾のGDPの10％を占める企業にまで成長した。

　郭台銘は毎日15時間働くといわれ，強力なリーダーシップとスピード経営でホンハイを育て上げた。また，信賞必罰の処遇も特徴であり，業績の優れた社員には給与を超える賞金などを与える一方で，業績の悪い社員は容赦なく降格，クビにする。優秀な人材の獲得にも余念がない。世界から一流の科学技術人材を好待遇で獲得し，03年に光ファイバー通信の専門家を迎える際には3,500万円の年俸を提示し，日本の電機産業の研究者，技術者も，多く雇用されている。役員クラスには1,050万円を提示するなど，当時の台湾企業では，最も待遇のよい給料で良い人材を集めている。

　EMSの競争力の源泉は規模の経済であり，安い土地や労働の活用であるが，ホンハイのそれは徹底しており，大規模な生産を，人件費の安い中国で140万人もの労働者を雇って行うことで，低コスト生産につなげている[13]。さらに，販売管理費も４％と，日本企業の1/5以下に徹底的に切り詰めたり，外部に発注するとコストが高くなる金型の製造を内製化したりすることで，圧倒的なコスト競争力を確立している。

　金型の内製化には別のメリットもある。通常金型は外注し，調達に１か月ほどかかるが，ホンハイは金型の製造を内製化し，過去の設計データベースを活用した効率的生産を実現することで，わずか７日間で準備可能である。これらは値崩れの激しい電子機器の分野で，いち早く，安く委託元の企業に製品を納入できる魅力をもたらしている。また，ホンハイは筐体の加工技術を磨くことにより高級感のある加工を実現し，高品質な加工が求められるiPhoneのニーズもしっかりと押さえ，受注を勝ち取ってきた。

　現在は，価格競争の激しいEMSビジネスで生き残るために，シャープの買収によって液晶テレビや空気清浄機などのブランドや技術を獲得して垂直展開するだけでなく，成長市場であるロボット生産やAIの研究にも乗り出し，米中摩擦が激しくなると，米国での工場建設にも乗り出した。このように，市場や技術の変化にもスピード経営で迅速に対応し，売り上げを伸ばし続けている。（このコラムは主に［大槻 浅川，2008年；王，2016］を参考にした）。

13　ちなみに深センの工場だけでも40万人を雇用している。40万人といえば，神奈川県藤沢市の全人口に近い規模であり，一つの市が丸々工場群というイメージに近い。ちなみに140万人といえば，川崎市の人口と同じ規模である。

表6-3　台湾企業と日本企業のコスト構造の差（典型的な例）

	台湾企業	日本企業	おおよその差
売上高	100	100	
製造原価			分野により大きな差があり
販売管理費	4〜9	12〜22	6〜12
研究開発費	1〜3	4〜10	3〜7
営業利益	0〜40	0〜10	0〜30
実効税率（％）	0〜20	30〜50	30〜45
当期利益	0〜38	0〜6	0〜38

（注）台湾企業は工場を有す製造業を想定。ファブレス企業の販売管理費，研究開発費比率は設備投資がない分，
　　　一般に高い。販売管理費には研究開発費は含まないものとする。
（出所）［宮崎，2008］の表を転載。

　このような電子機器の受託組み立ては，一括生産による規模の経済だけでな
く，半導体のファブレスとファウンドリの関係と同様，競争が激しく個々の企
業の生産規模が見通せない中で，受託側には複数企業からの受注による稼働率
の改善と，委託側には製造のための技術・人材・費用の負担や投資リスクの回
避をもたらした。［稲垣，2001］。

　EMSは，独自部品や独自技術を用いず，基本的には業界内の標準部品を用
いたコモディティを製造する。そのため同業他社との差別化の余地は限られ，
価格競争になる分コスト競争力は重要であり，それを徹底的に磨いている。

　それを示しているのが**表6-3**で，2000年代の台湾企業と日本企業のコスト
構造を比較している。台湾企業はコモディティの生産に特化している分，研究
開発費を徹底的に抑え，日本企業が4〜10％に対して1〜3％に抑えている。
また，販売管理費も日本企業が12〜22％に対して，4〜9％に抑えており，こ
れだけでも10％の格差がある。販売管理費とは，工場での製造以外の，物流費
や広告費，そして本社の人事・総務・経理などの人件費など，様々な管理費を
指すが，台湾企業はコストを徹底的に抑えるためにサプライチェーンマネジメ
ントで物流や在庫のコストを徹底的に抑え，さらにバックオフィスなどの人員
も最低限に抑えて，コストを最低限に抑えている。無駄に高価な本社ビルを建
設し，管理職も多く組織が肥大化した日本企業とは決定的な差がある。まさに，
コスト競争力を磨くために，無駄なものを一切排除し，それに成功した企業が，
世界中から安い委託料で生産を一手に引き受けているのである。

表6-4　電子機器におけるEMSの活用率

	日本企業	米国企業	韓国企業
ノートパソコン	3,200万台（3社） （約90%）	9,280万台（4社） （約100%）	1,300万台（1社） （0%）
タブレット端末		9,100万台（3社） （約100%）	650万台（1社） （0%）
液晶テレビ	6,100万台（4社） （約44%）	640万台（1社） （100%）	6,050万台（2社） （約5%）
携帯電話	6,810万台（4社） （約20%）	2.8億台（4社） （約90%）	4.4億台（2社） （0%）

（出所）総務省『情報通信白書　平成24年度版』の図を元に作成。

　このEMS/ODMの登場により，欧米では，自らは製品企画や開発，販売やITサービスなどに特化し，機器の設計，部品の調達・組み立てはEMS/ODM企業に任せる水平分業を活用する動きが進んだ[14]。それを示したのが**表6-4**である。**表6-4**は，2011年におけるノートパソコンとタブレット端末などの世界生産シェアとEMSの活用比率を表している。図から明らかなように，欧米企業のEMS活用率は，ノートパソコン，iPadなどのタブレット端末，液晶テレビで100%近く，そして携帯電話でも90%を超えている（アップルのiPhoneは100%）。ノートパソコンにおいて市場シェアが高いデルやヒューレット・パッカード，そしてアップルなど，世界的なIT機器メーカーは，ほぼ生産をEMSに任せている。

　日本企業も中国など人件費や土地の安い国での生産を始めたものの，コスト競争力の強化のために組織構造から企業戦略までゼロから最適に作り上げ，大量受注で圧倒的なコスト競争力を持つEMSには勝てず，近年ではパソコンや携帯などの生産を，一部のハイエンド品を除き，EMSに委託する企業も増えてきた。その結果，**表6-4**のように，韓国企業が垂直統合で自社生産を行う一方，日本企業はノートパソコンでは90%台，そして従来垂直統合的に生産していた液晶テレビも，50%はEMSを活用するようになってきている。デジタル機器の市場は，開発や設計を担う欧米企業と生産に特化したアジア企業の水平分業モデルが市場を席巻する市場になっているといえる。

　14　既存の垂直統合型の企業の工場も，次々とEMSに売却されていった。

第 **7** 章

エレクトロニクス市場での
日本企業の敗北

1 │ 携帯，液晶テレビ市場での日本市場のガラパゴス化と総合型・垂直統合型ビジネスモデルの敗北

1.1 世界市場の拡大と日本企業のシェア喪失

　第4章から第6章で紹介したように，グローバル化，デジタル化の中で，エレクトロニクス製品のモジュラー化が進み，また製造装置に製造技術のノウハウが埋め込まれることで，ものづくりの技術障壁は大きく下がり，米国企業が企画開発を担当し，アジア企業が製造を請け負う水平分業というビジネスモデルも台頭してきた。

　本章では，従来日本企業が強い競争力を維持してきた携帯電話（ガラケー），液晶テレビなどのデジタル家電やパソコンの市場において，水平分業モデルが台頭した状況と，なぜ日本の大手電機メーカーが敗北したのかを概説する[1]。特に，多くのエレクトロニクス製品がデジタル化し，コモディティ化した中で，なぜ日本企業のハイエンド製品での差別化戦略は失敗したのか，そしてその背景にある日本の経営モデルとの関係について議論する。

　グローバル化の中で，デジタル家電は世界的に普及した。特に，それまで所

　1　デジタル家電とは，デジタル技術を使った家電製品のことで，デジカメ，ポータブルオーディオプレーヤー，ゲーム機，デジタルテレビ，スマホなどがそれにあたる。

得水準が低く，エレクトロニクス製品の市場としては小さかったアジアなどの
新興国においても，水平分業によるエレクトロニクス製品の価格の低下と一方
での急激な経済成長により，パソコンや液晶テレビ，携帯などのデジタル製品
の市場は急速に拡大していった。

　図7-1は，アジアの新興国の中間層の人数の推移を，1990年から2009年ま
でについてみたものである。世帯可処分所得が5,001ドルから3万5,000ドルで
家電製品や車の購入層となりうる中間層は，1990年の1.5億人弱から，2009年
には約9億人と，約6倍に急増した。

　2000年代当時，新興国を中心とした世界市場においては，所得水準の低い層
が多く，テレビや携帯電話などのエレクトロニクス製品は最低限の品質・機能
でいいからとにかく安いものが求められた。一方で所得水準が全体的に高い日
本の市場においては，消費者のニーズは対照的で，高品質・高機能なものなら
高価格であっても消費者は購入した。

　このような世界のニーズに対して，水平分業はコモディティを生産し，機能

図7-1　アジアの新興国の中間層の推移

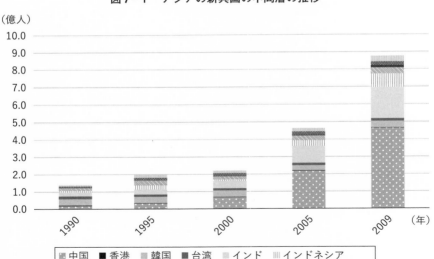

（注）世帯可処分所得5,001ドル以上35,000ドル以下の家計比率×人口で算出。
（出所）経済産業省『通商白書　2010年版』より作成。

表7-1　デジタル家電の日本と世界の比較

	日本の製品（ハイエンド品）	世界の標準品
携帯電話	通話，メール，写真撮影機能以外に，インターネット，TV受信，電子マネー対応など高度な機能を満載し，4〜5万円の価格で販売。	通話とメール，写真撮影機能など。ローエンドは数十ドル。ミドルクラスまでが出荷台数の過半数を占め，平均単価は100ドル前半。
液晶TV	1080Pのフルスペックハイビジョンが主流で，BSデジタル，地上波チューナー，EPG（番組ガイド）など多彩なサービスが入る。	基本的にはモニターとしての役割。日本市場価格の半額程度が多い。
DVDレコーダー	HDD搭載などで高度な録画機能を持ち，大容量のBlu-rayへのシフトが始まる。	再生が中心で録画機能に関しては世界的にはあまり普及していない。

（出所）［宮崎，2008］を元に作成。

や品質を限定しつつも安価な製品を生産した。一方で日本企業は，従来の垂直統合型モデルを活かして，ハイエンド製品で対抗する戦略をとった。

　表7-1は，2000年代のデジタル家電の日本製品と世界の標準品を比較したものである。日本の携帯電話（ガラケー）は，通話やメール以外にTV受信など多くの機能を満載し，価格も4，5万円のハイエンド製品が中心であった。一方で，新興国をはじめとした世界市場では，たとえばインドなどの新興国ではローエンド製品は日本円にして数千円の製品があるなど，ミドルクラスまでが出荷の過半数を占め，平均単価は1万円であった。液晶テレビやDVDレコーダーについても，日本では高性能，高画質の製品が高価格で売られる一方で，世界では最低限の機能でもよいので，とにかく安い製品が売れ筋となった。

　このような水平分業モデルの製造するコモディティの台頭の中で，世界市場では，ボリュームゾーン向けに，品質は良くても価格は2倍もする日本製品よりも，水平分業の生み出すコモディティが売れるようになり，その結果，日本と世界の市場で売れ筋が異なるダブルスタンダードが生まれることとなった。この現象は，日本市場だけ世界とは独立した進化を遂げたとして，日本市場のガラパゴス化と呼ばれた［宮崎，2008］。

　当時の日本企業の戦略は，日本市場など，高所得国を中心にして，高い品質の製品を製造することによって製品を差別化し，販売量と収益を確保する戦略だった。しかし，日本企業が製造する製品は，デジタル製品であるものについ

図7-2　日本のデジタル製品の世界市場シェア推移

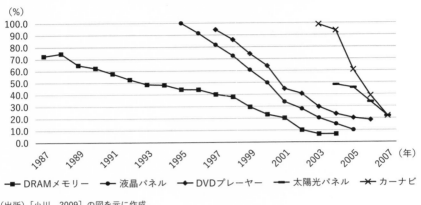

（出所）［小川，2009］の図を元に作成。

ては，市場投入当初は高いシェアを持つものの，世界的な普及と同時にシェア
が低下する現象が相次いで起きた［小川，2009］。

　それを表したのが**図7-2**である。80年代に世界シェア80％近くを誇った
DRAMメモリ，2000年初めに100％近くを誇った液晶パネルは，世界的な普及
と共に急速にシェアを低下させた。この現象は，図が示すように，DVDプレー
ヤー，太陽光パネル，カーナビなどでも起きた［小川，2009］。

　このような世界的な普及に伴うシェアの低下は，パソコン，携帯など，多く
のデジタル製品で起こった。その背後には，デジタル化に伴うコモディティ化
がある。**図7-3**はテレビとノートパソコンの平均単価の推移を2004年から
2013年について見たものである。2004年に1台当たり14万円だったノートパソ
コンは，グローバルな水平分業の進展や市場規模の拡大が進んだ結果，価格が
急速に下落し，2013年には8万円と，9年で40％程下落した。液晶テレビの値
下がりはさらに大きく，同時期に60％程低下した。多くのエレクトロニクス製
品で進んだモジュラー化と国際的な水平分業は，製品価格の低下の中で世界的
な普及を実現し，その過程で製品が市場に出始めたころには高価格だった日本
企業のハイエンド製品の値崩れとシェアの低下を同時にもたらしたのである。

　さらに，スマホの登場は，日本の大手電機メーカーのエレクトロニクス製品
事業に対して広く影響を与えた。スマホは，日本企業が国内を中心に高いシェ

図7-3　テレビとノートパソコンの平均単価推移

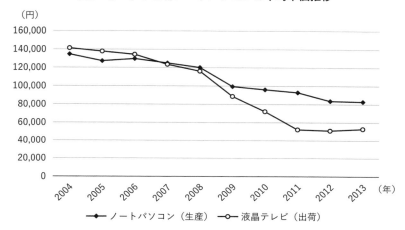

（出所）元データは総務省（2014）「ICT産業のグローバル戦略に係る成功要因及び今後の方向性に関する調査研究」。総務省『情報通信白書　平成26年度版』より転載。

アを誇っていたガラケーの市場を駆逐しただけでなく，デジカメ，ビデオカメラ，カーナビなどの機能をスマホの一モジュール，一アプリとして取り込んだため，日本企業が強かったそれら既存製品の強力な代替財となった。当初は画質などが悪かったスマホのそれらモジュールも，半導体などの部材の進歩とともに，その品質を年々向上させ，今や既存の単一製品に勝るとも劣らない品質を実現し，一方でコンパクトな端末にフルセットで収まる携帯性を武器に，日本企業のエレクトロニクス製品の市場を徐々に侵食していった。

　図7-4は，国内のスマーフォンの世帯別普及率と，デジタルカメラ，DVカメラの国内出荷台数の推移（2003年を100としてそれぞれ指数化）を，2003年から2019年についてみたものである。デジタルカメラは2003年から2010年にかけて，リーマンショックで一時減少しながらも，出荷台数が2.5倍の規模に拡大し，DVカメラも，2012年ごろまでは03年比で拡大した。しかし，07年にiPhoneが販売開始となり，2010年に10％台だったスマホの普及率が2010年代に急上昇すると，デジタルカメラもDVカメラも，急激にその出荷台数を減少させた。この影響は，テレビ，カーナビ，ポータブル・オーディオプレーヤーでも起こり，スマホはデジタル家電と化した多くのエレクトロニクス製品の市

図7-4　国内スマホの普及率とデジタルカメラ・DVカメラの出荷台数比較

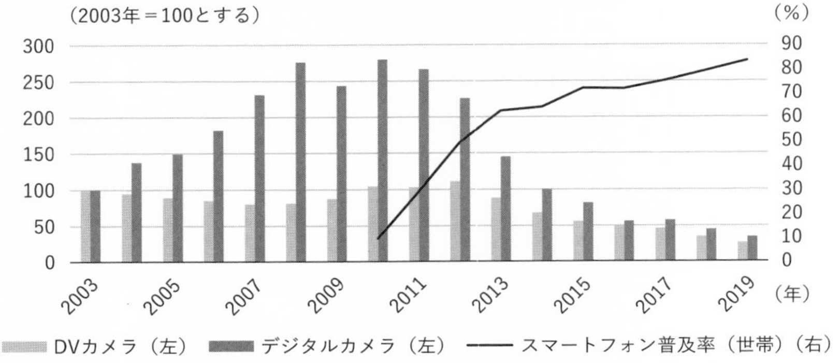

（出所）総務省「通信利用動向調査」，カメラ映像機器工業会「デジタルカメラ統計」，電子情報技術産業協会「民生用電子機器国内出荷統計」より作成。

場を代替しながら拡大を続け，日本企業に対する大きな脅威となったのである。

　このようなエレクトロニクス製品のコモディティ化に伴う価格下落やシェアの低下，さらにはiPhoneを筆頭としたスマホの登場は，ハイエンド製品を強みとする日本の大手電機メーカーの収益を大きく低下させた。図7-5は，液晶テレビのモジュラー化とコモディティ化の影響を強く受けたシャープとパナソニックの売上高，営業利益，当期純利益を，1999年のそれぞれを100と基準化した上で，1999年から2012年についてみたものである。1999年に2兆円だったシャープの売上高は，2000年代前半の液晶テレビAQUOSのヒットにより，リーマンショック手前の2007年まで急激に増大し，2007年には約1.5倍の3.5兆円にまで拡大した。しかし，リーマンショックによる需要の減少という景気要因で売り上げが減少した後も，2010年代も売り上げは減少を続け，2011年，2012年には3,000億円を超える当期純損失をこうむった。プラズマテレビに注力したパナソニックも，同様の理由で2011，12年度にはリストラ費用を含め，共に8,000億円近い当期純損失を被った。損失は大きく，デジタル家電と化したテレビ市場に集中した日本企業は，テレビ事業での損失というだけでなく，企業の存亡にかかわりかねない打撃を受けたのである。

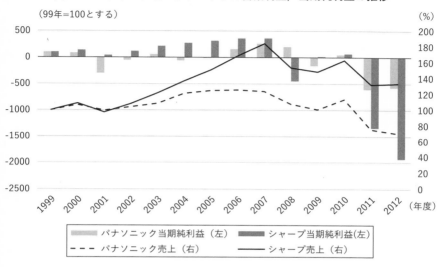

図7-5　シャープとパナソニックの営業利益，当期純利益の推移

（99年＝100とする）

（注）パナソニックのデータは2010年度までは松下電工と三洋電機を加えたもの。尚，松下電工は2004年度まで
　　会計年度が11月期末だったため，2004年度までのデータは前年12月から当年11月末までのデータを採用し
　　た。
（出所）各社の「有価証券報告書」より作成。

1.2　デジタル化と日本のビジネスモデルの弱体化

　このようにかつてブラウン管テレビやVHSビデオ，そしてポータブル・オー
ディオプレーヤーなど，品質の高さでエレクトロニクス製品の世界市場で高い
シェアを築いてきた日本企業が，なぜそれらの市場で敗北するに至ったのか。
その大きな理由の一つに，グローバル化，デジタル化の影響を大きく受けた当
該市場の中で，日本のビジネスモデルが世界の水平分業モデルに勝てなくなっ
たことがある。

　図7-6は電子機器業界における日本の大手電機メーカーと米国・台湾企業
のビジネスモデルの違いを表したものである。日本のビジネスモデルの特徴は，
第一に，図の製品AからEまでの様々な製品分野に参入する総合家電であり，
第二に，各製品分野において，垂直統合型の組織を形成し，企画・開発から部
品の製造，組み立て，販売まで，企業グループ内で行う傾向が強いことである。
いわば，垂直統合型・総合型のビジネスモデルである。一方で，米国の企業は，

図7-6　電子機器業界における日本と米国・台湾のビジネスモデルの違い

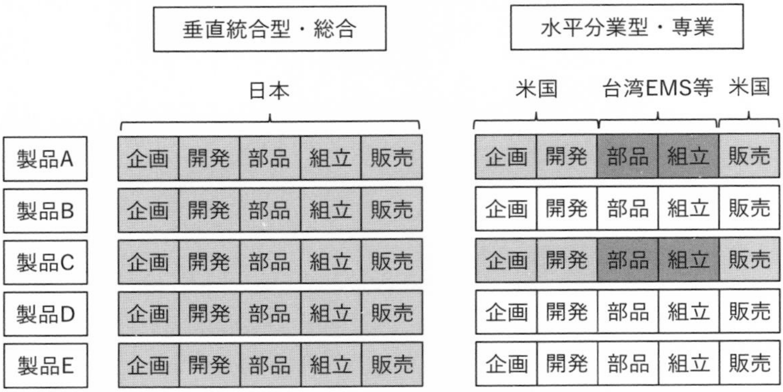

| | 垂直統合型・総合 | | 水平分業型・専業 | |

（出所）筆者作成。

差別化の傾向が強く，たとえば製品Aや製品Cだけなど，強みのある事業分野に絞る。さらに，各製品の製造においても，第5章，第6章で述べたように，アップルやデルのように，企画，開発，販売など，自社が強みを持つ工程は自ら行うものの，部品の生産や組み立ての工程は台湾のEMSなどに生産を委託する水平分業をとる。いわば，水平分業型・専業型のビジネスモデルである。

　日本企業は2000年代の初めまで，新規参入を続け，ある企業が新たな製品を製造すると他の企業も追随して参入し，同質的競争を繰り広げた結果，それぞれの市場に多くの企業が参入する状況が発生した。**表7-2**は，日米の電機メーカーが2000年当時に参入していた分野をそれぞれ比較したものである。日本企業では，重電系といわれる日立，東芝，三菱電機は，火力，原子力発電事業を持ち，さらには冷蔵庫，洗濯機，掃除機などの白物家電やテレビ，VTRなどの民生用電気機器，パソコン，ガラケーなどのデジタル機器，そしてデジタル化の過渡期にあったテレビ，そしてDRAMやシステムLSIなどの半導体事業のすべてに参入していた[2]。家電系と呼ばれる松下（現パナソニック）が重

2　重電とは重電機の略で，発電所で使用される発電機，変圧器などをはじめ，商業用，産業用の生産財として使用される重い電気機器のことである。それらを製造している電機メーカーを重電メーカーと呼ぶ。ちなみに，テレビや冷蔵庫などが家庭用の電気機器は軽電機と呼ばれる。また，システムLSIとは，一つのチップの上にロジックICやメモリなど主要な電子回路を埋め込みシステム化したものである。

表7-2　日米企業の参入分野の違い（2000年当時）

	白物家電	デジタル家電			部品		重電
		パソコン	携帯電話	テレビ	薄型パネル	半導体	
日立	○	○	○	○	○	○	○
東芝	○	○	○	○	○	○	○
三菱	○	○	○	○	○	○	○
松下	○	○	○	○	○	○	
ソニー	×	○	○	○	×	○	
GE	○	×	×	×	×	×	○
デル	×	○	×	×	×	×	×

テレビには，デジタル家電ではないブラウン管テレビも含む。
（出所）筆者作成。

電部門を持たず，ソニーが白物家電などの民生用電気事業を持たない以外，共にパソコン，携帯電話，半導体，テレビ事業に進出していた。

　一方で，米国では，株式市場の圧力が強く収益率を重視することもあり，企業は自らの得意な事業に集中する傾向がある。たとえばGEは当時発電所などの重電部門や，民生用電気機器部門に特化していた。デルも，パソコン事業に特化していた。

　このように，日本の市場は熾烈な国内競争を特徴としていたが，それは各企業の独自技術・技能を生かしたアナログ技術の時代には，それが差別化や相互の技術移転を通じて技術蓄積を促し，熾烈な国内競争がむしろ高い国際競争力をもたらすことにつながった。

　しかし，1990年代に経済のグローバル化と技術のデジタル化が進展する中で，2つの大きな流れが電機産業における国際競争環境を大きく変えた。それが，水平分業モデルの台頭によるグローバルな国際水平分業の進展と，ものづくりでのアジア企業のキャッチアップである。デジタル化によるモジュラー化や技術移転の容易化は，米国企業を中心とした標準化・モジュール化のもとで，米国企業による企画・開発とアジアの製造という水平分業をもたらした。第4章で述べたように，デジタル回路はモジュールごとのすり合わせをデジタル的に調整しやすいため，テレビ，携帯電話，パソコンなどの様々なエレクトロニクス製品は，デジタル化されるとともに，モジュラー化やすり合わせ部分のソ

リューションを提供する企業が現れ，最終製品は一気にコモディティ化した。日本が得意としていた最終組み立ての付加価値は消失し，付加価値はスマイル・カーブの両端に偏ることになったのである。

　このようなモジュラー化の進展に伴う分業構造の変化の中で，デジタル家電の分野では，モジュール単位のイノベーションによるモジュール内競争，革新的製品の連続的な登場による製品の新旧交代が進んだ。そのような技術，市場ニーズ，分業構造が目まぐるしく変わる競争環境の中で，自らを最適な形で適応させた企業が急速に台頭することとなった。このように，デジタル化と共に，エレクトロニクス製品の市場は専業化と絶え間ない変化が特徴的な市場となり，市場で強みを発揮するビジネスモデルは，ものづくりの漸進的な改善が得意な日本企業の垂直統合型ビジネスモデルから，絶え間ない分業関係の変化に組織的に対応しやすい水平分業型モデルへとシフトしていった。

　グローバルな国際分業の進展の中で競争優位が大きく変わり，業界トップが従来の大手企業から新興企業に入れ替わった例は枚挙にいとまがない。各市場のモジュラー化の進展と競争優位の変化を，順に見ていこう。

　たとえば液晶テレビ市場では，液晶テレビが台頭した2000年代初期までは，画像処理LSIとパネルモジュールのすり合わせが画質を左右しており，それらの技術をすべて持つ垂直統合型のシャープが世界シェアでトップシェアを握っていた。しかし，第6章で述べたように，汎用性の高いLSIを供給する専業企業が台頭し，特にMedia Teckの開発した画像処理LSIは，パネルモジュールとすり合わせるためのパラメータ調整リストを公開することで，液晶テレビを汎用モジュールを組み立てればできるコモディティに仕立て上げた。この結果，液晶テレビ市場は，2000年代半ば以降は特に，韓国のサムスンやLG，台湾のAUOなどが大規模生産によるコスト競争力を活かしてパネルモジュールを提供し，そして中国メーカーや台湾メーカーが自社製品や他社へのEMS供給品として製造したコモディティを競って販売する市場になった。さらに，グローバル競争の中で画像処理LSIやパネルモジュールのイノベーションが進むことで，それら標準部品の寄せ集めによって組み立てられた水平分業の製品は，垂直統合型のシャープの製品と2000年代後半には区別がつかない状態になり，日本企業の差別化戦略はその効力を失った[3]。

　図7-7は，2001年と2012年の液晶テレビの世界シェアを見たものである。

図7-7　薄型テレビの世界出荷台数とシェア（金額ベース）

2001年度

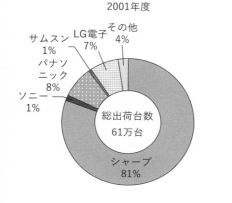

2012年度

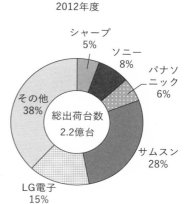

（出所）ディスプレイサーチ。

世界の出荷台数が61万台だった2001年には，液晶テレビの市場において日本企業が圧倒的なシェアを誇り，シャープの80.5%，パナソニックの7.9%をはじめ，日本企業が世界で90%のシェアを誇っていた。しかし，液晶テレビが世界的に普及し，2012年に出荷台数が2.2億台になると，日本の液晶テレビのシェアは大きく低下した。一方で韓国や台湾などアジアの新興企業や米国のファブレス企業のVIZIOなどの製品が新興国を皮切りに世界で急激に拡大した。2012年にはサムスンが28%，LG電子が15%，その他が38%となるなど，日本企業のシェアはシャープの5%をはじめ，合計で19%ほどに縮小した。

　同様の流れはパソコンや携帯（ガラケー）でも起こった。パソコンの市場では，第5章で紹介したように，インテルによりCPUの独占が進むとともに，パソコン設計のモジュラー化が進展した。またメモリ部門では，装置産業によるターンキー化が進んだことで，集中的な設備投資やスピード開発，低コストな生産工程の確立によって韓国や台湾の企業などが競争優位を確立するなど，CPU，メモリなどが国際競争を制した少数の企業により個別に進化していった。さらに，組み立てについては中国など生産要素の安い地域での大規模生産

3　当時の液晶部門の技術者だった中田に「07年ぐらいからは筆者が見ても区別がつかなくなっていった。」といわしめるぐらい，品質の差はなくなっていた［中田，2015］。

による低コスト生産力でホンハイなどの台湾EMS企業が急拡大し，また，ブランドとしては，従来の垂直統合型の総合メーカーのコンパックなどではなく，新たにデルなど，既存の工場設備や販売網を持たない新興企業が，グローバルな効率的サプライチェーンマネジメントやダイレクト販売という，グローバル化とIT革命がもたらした機会を活かして市場のトップに躍り出た。

　携帯電話市場も急速なモジュラー化の中で大きく競争優位が変わった市場である。携帯電話は交換機，基地局，携帯電話端末からなるシステムである。従来は，通信システムと携帯端末のやり取りを規定するプロトコルスタックと呼ばれるソフトウェアが整合性を左右しており，プロトコルスタッフの研究開発に通信システム全体の原理の知識が必要だったため，ノキア，エリクソン，モトローラなど垂直統合型企業が市場を独占していた。

　しかし，TI，ADI，フィリップスなどの欧米系半導体メーカーが，端末で信号処理を行うベースバンドICという半導体チップとプロトコルスタックという中核機能をパッケージ化した，プラットフォームを販売した。この結果，端末のハード，ソフトの開発は必要なものの，開発が容易になった。また，中国では2000〜03年ごろから，デザインハウスと呼ばれる設計会社がすり合わせ部分を調整してシステム設計から量産手前までを行うサービスを展開し，端末生産の水平分業を後押しした。

　さらに，2005年には，台湾のMedia Teckが半導体チップとプロトコルスタックだけでなく，マルチメディアを中心とするソフトウェア，ハードウェアの参考設計をパッケージ化して提供するようになった（半導体の製造はTSMCに外注した）。このプラットフォームを使えば，技術水準が低い中国メーカーでも，音楽や動画再生など，流行の機能をモジュール的に組み込み，低コストで迅速に新製品を開発できるコモディティとなった。この結果，携帯電話市場は，参入が容易となり，業界の技術進歩に合わせて新しい機能をいち早くパッケージ化するかが勝負となり，差別化が困難で激しい競争により利益が確保しにくい市場となってしまったのである[4]。

　また，2007年にはiPhoneが誕生し，その後アンドロイド携帯も台頭することで，画面表示，操作性，アプリ利用の便利など，小型の情報端末として飛

躍的に利便性を上げたスマホへの流れが決定づけられた。スマホ市場では，付加価値領域を半導体チップやOSなどを独占供給する企業に押さえられ，携帯電話は電話とメールの手段ではなく，カメラなどの多彩な機能を持ち，さらにはネットワークの先の無限のコンテンツを消費する端末としての価値がその付加価値を大きく左右するものとなった。

　このように，デジタル化の下でモジュラー化を主導する企業が現れ，製品開発・製造の各プロセスは急速に分業化した。そのような分業と各プロセスの専業化は各プロセスにおける競争優位を大きく変える力を持った。また，デジタル化の下で製品アイデアを形にすることが容易になり，次々と新しい革新的な製品が生まれるようになった。これら変化の中で，臨機応変に最新の要素やサービスを取り入れて製品化できる企業，そしてそのために世界的な高度人材の獲得，世界の企業・研究機関との連携する力を持った企業，あるいは安価な製品を市場に供給する経営スピードやマーケティング力，あるいは製造面での圧倒的なコスト競争力を確立した企業が，各ポジションを分け合うようになった。一方で，ハード・ソフトウェアを含め，総合力と現場のものづくり力を持ちつつも，それらのデジタル時代の競争優位確立に重要となった要素においてコアコンピタンスを持たない垂直統合型企業は，日本企業を含め，デジタル化の時代に競争優位を大きく低下させたのである。

事例紹介　**グローバル化，デジタル化とサムスンのキャッチアップ**

　サムスン電子は売り上げが韓国のGDPの2割を超えるサムスングループの中核会社であり，日本企業と競合するDRAMなどの半導体や液晶テレビ，スマホなど，デジタル家電の市場で90年代以降に急速にキャッチアップし，今や高い世界シェアを持つ企業である。
　サムスン電子は元々低品質のテレビなどを製造していたが，1997年のアジア危機では倒産の危機に瀕した。そこで経営者の李健熙は生き残りをかけて社内の大改革を断行した。それが3PI運動と呼ばれるデジタル時代に対応した経営改革である［畑村 吉川，2009］。
　第一が人材（person）の改革であり，「妻子以外はすべて変えよう」をスローガンに，人材育成を抜本的に強化した。特に「地域専門家制度」に力を入れ，新人を新興国などに派遣し，一年間は通常業務をさせずに現地の文化理解や人脈形成などを行わせた。この制度は新興国の家電市場に参入する上で重要な現地向けマーケティングに重要な役割を果たした。

　第二が，プロセス（process）のイノベーションである。開発，製造，販売のすべての
データを管理する情報システムとしてPDM（Product Data Management）を導入するこ
とによって，従来であれば企画，開発，製造から販売へと作業プロセスが順に移行してい
たものを，データを一元管理して共有することで，すべての工程の同時並行的な立ち上げ
を可能にした。これは製品のライフサイクルが早いデジタル製品の市場で重要な，素早い
リードタイムを実現した。

　第三が，プロダクト（product）のイノベーションである。これはリバース・イノベー
ションと呼ばれ，先進国企業の製品を模倣しつつも，単に模倣に終わることなく，設計の
段階まで遡って再検討することで，不要な機能，素材を削除し，一方で必要な機能を加え
るイノベーションである。これは，現地のニーズに合った，かつ求めやすい価格の製品を
開発につながり，新興国市場の開拓に重要な役割を果たした。

　日本企業と比較したサムスンの特徴として，半導体や液晶パネルなど，モジュールの外
販も行うが，日本と同じ垂直統合型組織を活かして自社ブランド品も製造している。ただ
し，サムスンは，投資分野を絞って資金を集中的に投入し，前述のマーケティング力を生
かし，ボリューム・ゾーンを狙って世界的に販売することで規模の経済を実現し，利益と
投資の好循環を確立している。また，現場の力が強くボトムアップの要素が強い日本企業
とは異なり，経営は軍隊的ともいわれるトップダウンによる意思決定の速さと実行力を持
つ。社員の処遇についても，日本企業とは異なりアジア通貨危機以降は終身雇用を廃止し，
事業部長などの役職に就けば高い報酬が得られる一方，40代で役職に就けなければ退職
となるなど，激しい信賞必罰を貫き育成している。

　他にも，サムスンはキャッチアップ戦略として不要な研究開発はせず，技術は先進国企
業からの購入，研究者や技術者の引き抜きなどを駆使して時間とコストを節約し，上記の
プロダクト・イノベーションによる市場獲得を重視する戦略をとってきた。まさに，デジ
タル時代のキャッチアップに適応した企業戦略で勝ち上がってきたのである。

1.3　携帯電話，パソコン，テレビ市場での日本企業の敗北と撤退

　このような急激な技術変化とものづくりの技術障壁の低下の中で，テレビ，
携帯，パソコンなど，国内市場を中心に，特にテレビでは国際市場でも利益を
確保していた日本企業は，エレクトロニクス製品やその部材の市場で急激な売
り上げ低下と収益の低下に見舞われていくことになった。

　当時の日本企業の戦略の主軸としては，テレビや携帯電話，パソコンの市場
でハイエンド製品を製造し，差別化することであった。差別化での収益確保が

難しい場合には，ブランドを残しつつもEMSを活用して価格競争力を強化するか，あるいは撤退かの選択肢であった。ちなみに，自社工場で製造したローエンド製品で真っ向勝負する選択肢もあったが，それは自社のハイエンド製品を製造可能な人材や工場などの経営資源，一方でアジア企業が持つ安価な生産要素，第2章で紹介した優遇措置，大規模生産などによって持つ圧倒的なコスト競争力を考慮すると，得策ではなかった。

　まず，パソコンの市場は，第5章で述べたように，90年代以降Wintel連合による標準化が進んで差別化の困難なコモディティとなり，2000年の時点で日本企業に取って厳しい戦いとなっていた。日本では元々，1970年代以降のコンピュータ産業の育成政策の下で，NECのPC98シリーズが82年に発売され，OSの自社開発や，主要部品の自社生産を目指した時期もあり，91年に国内シェア50％を超えた時期もあった。しかし92年にWintel搭載のコンパックがNECの半額という触れ込みで参入すると，NECはシェアを落とし，世界展開も試みたりEMSの活用などでブランド維持を図ったりしたが差別化はできず，2011年にはパソコン部門をレノボに売却した。富士通も，89年に独自の設計でありCD-ROMを世界で初めて搭載したFM TOWNSを発売したが，93年に発売したFM-V後に低価格路線に変更し海外への設計や部品の委託に切り替え，テレビ機能や初心者対応などで差別化を図ったが，同様に価格競争に敗退し，最終的にパソコン事業を2018年にレノボに売却した。ノートパソコンはものづくり力を活かしたコンパクト化や耐久性の向上，省電力化によってパナソニックや東芝が生産を続けてきたものの，デスクトップパソコンはブランド名として富士通PCシリーズとNECのFM-Vシリーズが残るのみであり，日本企業による生産は事実上消失している[5]。

　携帯電話市場は，ガラケーがモジュラー化し，参入が容易となったことで，競争優位はものづくり力ではなく業界の技術進歩に合わせて新しい機能をいち早く取り込み新製品として市場に出すスピードに移り，差別化が困難で利益が確保しにくい市場となってしまった。日本企業は，国内市場を中心としながら海外市場にも進出したが，たとえば中国市場においては，急激な価格競争に見舞われる中，中国のEMS企業への委託生産も駆使しながら市場残留を試みた

5　尚，東芝はダイナブックの事業を2020年にホンハイ傘下のシャープに売却した。

が，差別化は困難であり，中国市場から撤退した［丸川 安本，2010］。更に，国内市場でも，強力な代替財であるスマホが登場すると，ガラケーを製造する三菱電機や東芝，NEC，パナソニックなどの日本企業の多くは携帯電話市場から撤退した。

　日本企業にとって国際的にも強く，ブランディングの中心を担うテレビ事業では，重電系と家電系の企業で経営判断が分かれた。もともとテレビ事業が強くなく，差別化力にも欠けていた重電系の三菱や日立，東芝などは，2000年代前半は液晶パネルなどの自社生産に取り組んだものの，後半からは徐々に撤退し，パネルを調達した上で自社ブランドを継続しつつ，重電やFAなど，従来からの自社の強みがある事業に集中し，デジタル家電の市場からは距離をとった。たとえば三菱電機は最も早く薄型テレビ事業に見切りをつけ，2006年にテレビ用液晶パネルからの撤退を決めた。日立は薄型テレビの自社ブランドWooに力を入れ，プラズマと液晶の両方を独自開発し，自前のパネル工場を建設し，07年には超薄型液晶パネルを発売，プラズマも09年に35mmの超薄型を開発したものの，宮崎のプラズマ工場は09年に昭和シェルに売却した。液晶パネル事業も中小型パネルのみ続けたが，それもジャパンディスプレイに統合され，15年には国内テレビ事業からも完全に撤退した。

　一方で，家電系のシャープ，ソニー，パナソニックは，それぞれ液晶テレビとプラズマテレビで差別化して生き残る道を選んだ。

　シャープは，選択と集中により液晶テレビや太陽光パネルなどに集中し，垂直統合による一貫生産を続けて勝負を図った。シャープは03年に亀山工場，09年には当時世界最新の第10世代のパネル工場を堺に建設し，関連企業を集めて一貫生産工場を形成した。最新の生産技術を確立し，最新鋭の大きな液晶パネル工場による大規模生産で画質と低価格を両立させ，国内生産で技術漏洩を厳重に防いで技術優位を維持する計画だった。画質が良ければ売れると判断，AQUOSというブランドを国際市場で確立し，世界的に販売を続ける算段だったのである［北田，2010］。しかし，先進国ではリーマンショック後に需要が低迷した。また，拡大する新興国での販路の拡大も，現地向け製品の開発とマーケティング戦略に勝るサムスンなどの新興企業に先を越され，思うように伸びなかった。

　ブラウン管テレビで世界トップの技術を誇ったソニーは，液晶テレビで出遅

れたため，投資額を節約しつつ規模の経済の活かせるサムスンとの合弁企業設立で対抗し，液晶パネルを一時生産した。

　一方，パナソニックは薄型テレビの前に流行った平面ブラウン管の技術でソニーに後れを取っていたこともあり，次世代テレビとしてプラズマにかけた。大規模生産で規模の経済を働かせ，40インチのプラズマテレビを30万円台で売ることを実現し，それらを世界市場で一気に販売する戦略を立た。05年に尼崎第三工場，07年に第4工場，09年には第5工場を建設し，総額4,000億円，月産28万枚体制を築いた［大西，2017］。

　これら日本企業の差別化戦略は，液晶であれ，プラズマであれ，基本的には薄型化と高精細化をはじめとした高画質化であり，国内で開発し大規模生産したものを，世界各国に一気に展開するものであった。いわば，技術優位を軸にしたインサイドアウトの製品開発，マーケティング戦略であった。

　しかし，これまで述べてきたように，水平分業モデルは，世界向けにコモディティの大規模生産を行い，日本とは桁違いの規模の経済性を誇っていた。たとえば，シャープの液晶テレビの年間生産台数は1,200万台であるのに対して，サムスンの生産規模は2012年当時でシャープの2倍強である。また，垂直統合型の企業とEMSでは生産規模が異なり，たとえば，水平分業のホンハイのデジタル機器の受託生産台数は年間10億台（内iPhoneが1億台など）など，規模が2桁，3桁も異なる［中田，2015］。これは規模の経済が働き，一方で差別化困難となった市場では致命的である。さらに第6章で紹介したように，2000年代後半には液晶テレビ生産で進んだモジュラー化とモジュール単位のイノベーションの下で製品のコモディティ化が高品質化を伴って進み，日本企業の脅威となった。

　一方で，あてにしていた先進国市場では，リーマンショック後もコモディティが市場に氾濫して価格は低下し，日本企業のシェアも伸びなかった。たとえば，国内市場では，2009年2月に，流通大手のイオンが5万円以下の32インチ型液晶テレビを発売した（当時のシャープ製は12万円）。「ダイナコネクティブ」という従業員はわずか25名の東京のファブレス・ベンチャー企業が，サムスンのパネルを使い，EMSを活用して生産したものであった。また，2010年当時，米国の大型スーパーではEMSが製造する60インチの大型テレビが並んだ。アジアでもコモディティ化した液晶テレビが並び，韓国企業のサムスンは

マーケットインの戦略をとり，現地のニーズに合わせ，かつ日本よりも安い液晶テレビを販売した。その上，液晶でのブランドを立ち上げるために，年間1兆円規模の広告，販売促進を敢行して，マーケティングにも力を入れ，シェアを伸ばしていった。

　このような中で，液晶テレビは国内でも図7-3で示したように，2000年代後半にはわずか3年で半値になるという破壊的な下落に陥った。技術的にコストダウンが難しかったプラズマテレビはもちろん，シャープやソニーの液晶テレビも，画質による差別化の強みを失う中，海外市場で販売が伸びず，一方で日本市場では過剰生産力の下で国内企業同士の安値競争に陥り，そこに安価で良質なサムスン製やEMS製の海外製品の流入も加わった。以上の要因により，日本企業は収益を大きく落としていったのである。

2 ┃ デジタル化の進展と日本企業の遅れ

2.1　デジタル化時代に適した企業システム

　このように，アナログ時代にエレクトロニクス製品の市場で強い競争力を持っていた日本企業は，1990年代以降，徐々に競争力を失っていった。なぜ欧米企業やアジアの新興企業が実現した製品の差別化や，新製品の開発による市場開拓に成功しなかったのだろうか。この節では，グローバル化，デジタル化の時代には，アナログ時代とは異なる組織能力や技術，経営戦略が求められるようになったこと，そこにおいて，終身雇用や大規模な垂直統合型の組織を活かしたすり合わせによるものづくり力，という日本企業の強みや経営システムが効力を失い，逆に大きな足かせになったことを指摘する。

　まず，デジタル製品の技術的な特性と競争環境は，アナログ時代と大きく変わった。デジタル製品の構成要素はハードウェアとソフトウェアに大別されるが，第一に，ハードウェアの生産については，第4章や第6章で述べたように，モジュラー化と専業化が進み，3Dプリンターによる試作や部品の小規模生産，3D CAD/CAMと自動機械を利用した自動加工，あるいは最終製品の製造ではEMSが拡大した。グローバル化，デジタル化の中で，個々のモジュール，

工程について国際的に最適な分業が発達し，EMSの活用が可能となったのである。この結果，試作の設備や資金を持たなくても，飛躍的にアイデアを形にしやすくなった。パソコンやスマホ，ゲームだけでなく，新興の企業の革新的なアイデアを実現した掃除機ロボットのルンバ，激しく動きながら撮影でき，防水性などにも優れ，アクションカメラという分野を築いたゴープロも，EMSを活用している。

さらに，モジュラー化の中で，製品の基幹技術となる最先端の基幹部品の生産においては，研究開発費，設備投資費が増加の一途をたどり，CPUやメモリの開発・生産で最先端を走り続けるには，研究開発や設備投資に時に1兆円を越える年間投資も求められるようになった。

第二に，デジタル機器では，製品の機能を享受する上で，マイコンというハードと共にOS，アプリケーションなどのソフトウェアの役割が飛躍的に拡大した。

第三に，デジタル機器と化したエレクトロニクス製品は，ネットワークにつながることにより，無限に拡大を続けるデジタルサービスのプラットフォームとなり，ネットワーク経由のコンテンツサービスをはじめとした，様々な消費者向け，企業向けITサービスにアクセスできる端末へと進化した。

第四に，そのようなデジタル機器は，半導体，およびソフトウェアの技術進歩が急速であり，革新的な財・サービスを生み出し続ける可能性があるという特徴がある。特に機器を制御するソフトウェアはプログラム言語という論理の世界であるため，アナログ技術のように自然原理に制約されることがなく，半導体の処理能力の急速な向上の中で，様々なデジタル機器・サービスを創造する機会が広がった［小川，2014］。近年では，ビッグデータやAIによるビジネスのDXも始まり，その応用範囲はビジネス全体に広がろうとしている[6]。

第五に，ハードがモジュラー化し，ソフトウェアもOSやアプリケーションでの分業が進み，またIT革命によってコミュニケーションコストが劇的に下がることで，グローバルな提携や分業が行いやすくなった。

第六に，デジタル機器，サービスはコンピュータ工学やロボット工学など，

6　DXとは，digital transformation（デジタルトランスフォーメーション）の略語であり，ここではデジタル技術のビジネスへの応用によって顧客価値を高めるサービスを提供し，企業の競争優位を高めることを指す。

サイエンスが技術シーズ（製品やサービスの元なるような技術）として重要な役割を果たす［元橋，2014］。このため，大学などの研究とも密接に関連し，この連携は民間企業同士だけにとどまらず，産学を含めたグローバルな提携も重要な要素となった。

これら6つの変化は，試作や量産設備などを持つ大規模組織・垂直統合型組織の優位性を減らし，アイデア，小規模・専業組織のスピード・柔軟性・オーバーヘッドの軽さに優位性をもたらした。むしろ，素材やすり合わせ部品など，一部の組織内の研究蓄積・技能蓄積が重要な部門を除いては，コアコンピタンスを持てる分野に特化することを含め，市場に柔軟に対応する上で，小規模組織が優位性を持つようになった。また，デジタル機器生産の規模の経済性やデジタルサービスの収穫逓増による市場収益と投資の好循環によって，短期間で急成長し，新旧交代が急激に発生する可能性が生まれた。

また，デジタル機器はネットワーク機器であり，基幹部品やOSなどの独占的地位を築いてプラットフォーム形成し，それを基盤としたエコシステムを拡大する競争となった。パソコンやスマホがその典型であり中心である。そこでは，画質などの機器としての性能はもちろん，通信機器として，その先のネットワークサービスを利用するための機器としての役割が重要となり，コンテンツ，アプリをはじめ，決済などの様々なデジタル機能を世界の関連企業を巻き込みながら如何にアップデートし，そしてそれを通じて如何にユーザーを巻き込み，ネットワーク化してエコシステムを維持・拡大していくかが重要になった。特に，ネットワーク外部性が強く働き，収穫逓増も働くデジタル製品では，独り勝ちが成立しやすく，プラットフォームを握る一握りの勝者以外は，大多数の限界企業，敗者に分かれてしまう過酷な市場となった。

このような競争環境の変化の中で，パソコンやデジタル家電の分野において，特に日本企業が強みとする製品開発や基幹部品の生産において競争優位を確立し，維持するためには，以下のような体制が重要となった。

第一に，研究開発上，AIやOS，半導体技術などのコンピュータ工学，ロボット工学などの最先端の研究が重要となった。これらの研究成果はデジタル機器やサービスの技術シーズとして重要な役割を果たし，たとえば，スマホのアンドロイドOS，iOSや，産業用ロボットや自動制御の掃除機の開発ではAIやロボット工学が用いられ，またマッチングアプリや最適化広告でもAIが用

いられるなど，製品開発の上で最先端のコンピュータ工学やロボット工学を用いた製品が台頭した。

　第二が，それと関連したイノベーション体制である。特にプラットフォームの構築やエコシステムの形成には，最先端のイノベーション・システムによる独自技術の構築が不可欠である。まず，核となる技術への研究開発において，多額の資金を投入し，将来の技術シーズを見極め，研究人材の能力を最大限発揮させて，常に最先端の研究を進める体制を整える必要がある。また，外部連携も重要であり，オープンイノベーション，買収，高度人材の採用による外部技術の社内への取り込みや，社内技術を業界標準にしてゆくネットワーク形成も必要となる。

　第三が，組織体制である。技術変化が激しく，革新的なアイデアや一部高度人材の専門知識が求められる事業環境では臨機応変な事業組織の組み換えや人員の入れ替えが必要である。そのため小規模フラット型組織の方が迅速かつ革新的なアイデアが採用されやすく，また，雇用制度も，組織の組み換えが行いやすいよう解雇が容易であり，さらには外部から高度人材を呼べるような市場ベースの報酬制度が適している。

2.2　日本企業の対応の遅れと日本の企業システム

　このように，デジタル機器・ネットワーク機器と化したエレクトロニクス製品の市場では，1）水平分業と専業化が進む競争環境での選択と集中，2）柔軟な組織体制，3）サイエンスを取り込む研究開発体制と協業体制が求められるようになった。

　このような競争環境の変化の中で，アナログ時代にエレクトロニクス製品の市場で世界を制覇した日本企業の経営システムは，大きな問題を抱えていた。

　まず，日本の企業は大規模化し，コングロマリット化した垂直統合型企業が多い。垂直統合型の大規模組織のメリットは，素材や部材の安定供給を実現し，大規模化によるスケールメリットを享受でき，また製品市場を支配して市場競争上優位に立つことで，大きな利益を獲得できたことである。米国のかつてのIBMやAT&Tがその典型であり，日本の大手電機メーカーも同様にして成長してきた［野口，2018］。また，多角化して多くの事業を展開することで，企業ブランドと多様な技術基盤を活かしながら，企業活動の拡大と安定化を実現

できた。

　さらに，巨大化する過程で，強固な官僚型のピラミッド型組織が形成された。この様なヒエラルキー型組織は，企業活動において必要な現場の問題を解決する手順やルールが決められることにより，現場が自動的に処理をし，例外的な事項を上の上司が処理していくことで，効率的に業務を遂行できるなどのメリットがあり，大企業において有用である［沼上，2003］。このピラミッド型組織による統治は，技術変化が大きくなく，既存技術や経営資源の延長線上での改善が重要な役割を占めたアナログ時代には，大きな力を発揮した。

　しかし，グローバル化とデジタル化が進んで市場環境が大きく変化する時代になり，事業構成の変更など，社内の対立を生みかねない決断が必要な経営環境に変わると，長期・安定的に発展した官僚制，そしてコングロマリット化した組織構造は，その弊害が顕在化するようになった。

　第一が，官僚制の逆機能と呼ばれる問題点である。1）官僚制の統治手段である規則を遵守すること自体が目的化し，本来の目的が顧みられなくなる，2）組織の拡大に伴い，事業部制や職能制などの形で組織が分割されるが，個々の部門の目標達成のみを考えるようになり，企業全体のシナジーが阻害される，3）過去の成功をもたらしたルールや仕組みをなかなか捨てられず，新しいルールばかりが追加され，内部の意思決定が遅く非効率になっていく，4）成員は組織内で如何にヒエラルキーを上がっていくかのみに関心を持つようになる，5）出世競争の中で失敗は減点の対象となりやすく，リスク回避的な行動が支配的になる，6）職場は一種のコミュニティとなってその維持自体が目標になり，そこではコンセンサスが重視されて前例主義がはびこる，などの問題である［野中，1980：沼上，2003］。

　日本の大企業ではこのようないわゆる大企業病とも呼べる問題が形成されていったが，その中で，特に日本の共同体意識，コンセンサス重視とリスクを負わない前例主義の形成には，共同体意識を醸成しやすい終身雇用や，個人の自己表現よりは集団の調和を重んじる日本の文化的背景も大きく影響した。

　また，日本の大手電機メーカーがコングロマリットであったことは，多くの部門からくる安定的な収益が個々の事業の長期安定的な投資を促す反面，逆にいえば他部門に頼れることで縮小すべき時にもそれが遅れる面を持っていた。さらには株式持ち合いやメインバンク制という資本構成上の特徴は，株式市場

からの圧力が強く構造調整が進みやすい米国企業とは対照的に，その圧力から日本企業を解放した。

このような大規模組織，コングロマリット，そして終身雇用や株式持ち合いという特徴を持った日本の組織は，変化の激しい経済環境を生き抜く上で，以下のような弱みを抱えるようになった。

第一に，意思決定の上でものづくりを担う現場の権限が強いため，ボトムアップの意思決定が多くなりがちで，さらにはルールが多くなるために，意思決定が遅くなった。現場での改善を強みとした日本企業では，特にこの現場力，工場長の発言力が強く働き，トップダウンの抜本的な事業改革を阻害した。

第二に，コンセンサス重視のため，既存の人員と既存の経営資源の配分を維持する力が強くなり，雇用や工場の維持と活用，事業構造の固定化の力が強く働いた[7]。その下で，顧客の声もある既存市場への対応強化案が出やすくなった。さらに，コングロマリットとして依存できる他の事業の存在は，それら事業を構造的に縮小すべき時期でも，ぎりぎりまで構造改革がなされない弊害を生んだ。

第三に，一方で未開拓の新市場への対応やそのための組織改編，新規事業への経営資源の配分などは，会社がぎりぎりの状態になるまで出にくくなった［樋原，2017］。

第四に，新しい技術要素，人的資源が必要な場合にも，社内との軋轢を恐れ，既存の人材を活かした自前主義に固執しがちとなった。仮に，大きな技術変化の中で，必要となるコア人材の構成を変えようにも，終身雇用制度や年功序列などの雇用慣行が相まって，抜本的な対策を取りにくかった。理由として，第一に，終身雇用のため，コア人材を内部育成する体制を原則とし，そのためデジタル時代に革新的なイノベーションを起こすのに必要な，たとえばAIなどコンピュータ工学などの高度人材は，臨機応変に世界中からトップレベルの研究者を採用する海外企業と比較して，常に確保が後手に回った。第二に，仮に外部の即戦力を採用しようにも，人事制度が年功序列のため，ジョブ型雇用で高い給与を支払う欧米企業との競争で，積極的な高度人材を獲得しにくかった。

7　たとえば，ホンハイによるシャープの買収交渉では，シャープの経営陣の会長，社長の意見が割れ，コンセンサスがなかなか取れないことにより長い時間を要し，シャープの経営はさらに悪化していった。

　このような日本の経営方針は，臨機応変な事業構造改革を阻害しただけでなく，自前主義への固執へとつながり，デジタル時代に必要なオープンイノベーション，水平分業など，グローバルな資源の活用を阻害したのである。

解　説 ／ **日本企業とイノベーションのジレンマ**

　日本企業のデジタル家電市場での敗北は，組織体制の面だけでなく，イノベーションのジレンマという観点からも考えることができる。

　イノベーションのジレンマとは，[クリステンセン，2000]が唱えたもので，イノベーションの成果が生み出すジレンマによって，次の新しいイノベーションに乗り遅れるという現象を指す。イノベーションによって市場を支配した企業は，既存の顧客の要求に応えようとそのイノベーションの改良に目を奪われるために，当初は不完全ではあるが既存の市場を破壊して全く新しい価値を生み出す破壊的イノベーションを軽視したり，あるいは既存事業とのカニバリズムを恐れたりすることで，新規市場への参入に乗り遅れてしまう。そのうちに自らのイノベーションは市場のニーズを超えてしまうため効力を失ってゆき，最終的に破壊的イノベーションに負けるというものである。

　この現象は，ブラウン管テレビで世界市場を制覇したソニーが，次の破壊的イノベーションとなった液晶テレビ市場への参入に見ることができる。80年代はブラウン管テレビの時代であり，ブラウン管内の部品をどうすり合わせて作るかが重要で，特にトリニトロンの技術を確立したソニーが世界市場を席巻した。90年代に薄型テレビが登場したころは，液晶テレビはブラウン管テレビより薄いという魅力はあったものの，画質や反応速度に問題があったため，コントラストに限界があり，また動きの速い動画を見るのに残像感が残ったりするなど，品質上大きな問題があり，また価格も非常に高かった。このような点と，自らのブラウン管市場での収益の存在，そして次世代のテレビとしてソニーが有機ELテレビを重視していたこともあり，ソニーは液晶テレビ事業への参入が遅れた。

　一方のシャープはソニーのようなブラウン管テレビの技術を持たず，液晶テレビでの技術蓄積もあったため，液晶テレビ市場にいち早く参入することができた。

　最終的に液晶テレビの技術は，モジュラー化の中で技術革新が進み，画質や班の速度の改良をはじめ，プロセス・イノベーションによる大幅な価格低下が実現し，テレビ市場でブラウン管テレビを乗っ取ることになったのである。

　他にも，この現象は，インターネットの時代にネットニュース事業への移行が遅れた新聞社や，YouTubeが台頭した時代にオンライン配信への移行が遅れたテレビ局などにも見られる現象である。

第 **8** 章

リーマンショック以降の
日本企業の構造改革

1 ┃ 事業の選択と集中とリストラ

　第7章で述べたように，2000年代になると重電系の企業はテレビや半導体事業など，コモディティ化したデジタル家電関連事業から徐々に距離をとり，一方で家電系のシャープやパナソニック，そしてソニーはテレビ事業を強化していった。しかし，コモディティ化という構造的要因とリーマンショックという景気要因が重さなって大幅な赤字となり，2010年代には構造改革が不可避となった。

　各社とも，デジタル化やグローバル化に対応すべく様々な構造改革を実施したが，総じて以下のような共通の改革を実施した。1）事業の選択と集中とそれに伴う人員のリストラ，2）経営スピードの迅速化や構造改革の推進のためのガバナンス改革や組織改革，3）人事制度改革によるグローバル人材・IT人材の採用と育成の強化，4）オープンイノベーションを含むイノベーション体制の強化である。

　まず，事業の選択と集中に関しては，二つの流れが見られた。まず，デジタル家電市場での選択と集中である。アジア企業のキャッチアップの中で，テレビなどのコモディティ化したデジタル製品の単品売りからはほぼすべての企業が脱却し，国際水平分業への転換や，あるいは撤退を選んだ。たとえば，

シャープはホンハイとの提携を契機に，液晶テレビAQUOSの垂直統合生産から脱却して，スマホ用などの中小型液晶パネルの生産や液晶テレビの開発などに徐々にシフトし，ソニーは価格競争力を失った液晶パネルや有機ELパネルなどの主要部材を韓国企業などから調達し，画像処理技術や音響技術とブランド力で差別化してハイエンドテレビを販売する道を選んだ。一方，日立のように国内テレビ事業から最終的に撤退した例もある。それら企業にはデジタル家電市場においてスマイル・カーブ上で部品やサービスなどの競争優位を維持強化できる事業に軸足を移した企業も多く，たとえばソニーのスマホ用画像センサー，東芝のNAND型フラッシュメモリ，シャープのスマホ用など中小型液晶パネル，さらにはソニーの映画・音楽などコンテンツ事業の強化，およびゲーム事業でのネットサービスの拡充などの例がみられる。

　また，技術革新のスピードが速く，アジア企業とのコスト競争も厳しいデジタル家電事業自体から距離を取り，それとは離れた別の事業分野に集中する企業も多い。欧米のGEやシーメンス，フィリップスなどのコングロマリットは，すでに80年代からこの動きを進め，現在も常に競争環境の変化に合わせて大胆に選択と集中を進めているが，日本でも重電系の企業はそれが顕著であり，日立は電力や鉄道などのインフラ事業，三菱は工場のFA関連機器などに経営資源を集中し，東芝も，不採算のデジタル家電部門を保持しながらも，原子力発電事業に力を入れてきた[1]。家電系でも，パナソニックは，液晶パネル事業や携帯電話事業から撤退し，プラズマテレビに集中しながらも，車載用電池などのデジタル家電以外の分野にも力を入れてきた。

　表8-1は，**表7-2**で示した2000年代前半に大手電機メーカーの多くが参入していた主要7分野が，リーマンショック以降の2010年代にどのように変化したかを一覧にまとめ，さらにその時期の大手電機メーカー8社の主な選択と集中をまとめたものである。

　日立は，リーマンショック以前から脱テレビ化を進める一方，重電の一分野である鉄道や発電などのインフラ事業に力を入れ，国内で最も構造改革が進ん

1　FAとはFactory Automation（工場の自動化）の略。工場の様々な工程を，機械や情報システムを用いて自動化することである。三菱電機は自動化に必要なロボット，工場内の機器の動作の順番を制御するシーケンサと呼ばれる制御機器，産業用コンピュータなどで強みを持つ。

表8-1　大手電機8社の参入市場一覧（00年ごろと10年代後半）

		白物家電	デジタル家電			部品		重電
			パソコン	携帯電話	薄型テレビ	民生用液晶パネル	半導体	
日立	00年ごろ	○	○	○	○	○	○	○
	10年代後半	×	×	×	×	×	×	○
	主な選択と集中	DRAM（05年）・システムLSI（10年），パソコン（07年），プラズマパネル（9年），ガラケー（10年），液晶パネル（12年）から撤退，パネル調達によるテレビの国内販売からも撤退（18年）。現在は発電と，特に情報通信や鉄道事業を強化。						
東芝	00年ごろ	○	○	○	○	○	○	○
	10年代後半	×	×	×	○	×	×	○
	主な選択と集中	携帯電話（12年），液晶・プラズマパネルの開発・生産からは撤退し，パネルを調達しテレビ事業を継続。メモリ，原子力発電事業を強化するも財務悪化。このため白物家電（16年），医療機器（16年），パソコン（18年），メモリ（18年）など売却。						
三菱	00年ごろ	○	○	○	○	○	○	○
	10年代後半	○	×	×	○	×	×	○
	主な選択と集中	DRAM（99年）・システムLSI（10年），ノートパソコン（99年），ガラケー（08年），液晶パネル（06年）から撤退，パネル調達により液晶テレビ販売は続ける。重電分野の発電，および現在は特に産業機械のFA機器に注力。						
パナソニック	00年ごろ	○	○	○	○	○	○	×
	10年代後半	○	○	×	○	×	×	×
	主な選択と集中	リチウムイオン電池や住宅のオール電化関連機器に注力。特にプラズマテレビに注力するも14年に撤退。テレビ用液晶パネル生産からも撤退（16年），現在はパネルを調達し液晶テレビ販売を維持。現在は車載関連製品，白物家電，ノートパソコンに注力。						
ソニー	00年ごろ	×	○	○	○	○	○	×
	10年代後半	×	○	×	○	×	○	×
	主な選択と集中	ノートパソコン部門を売却。音響，映像技術の強みを生かし，カメラ，スマホ事業は維持。一時02年から液晶パネルの内製を行ったが撤退し，液晶テレビはパネルの外部調達で維持。CMOSセンサーが順調なのに加え，PSの顧客基盤を活かし，ゲーム，映画・音楽というエンターテイメント分野でエコシステムの拡大を進める。						
シャープ	00年ごろ	○	○	○	○	○	○	×
	10年代後半	○	×	○	○	×	×	×
	主な選択と集中	ノートパソコン部門を売却，半導体部門縮小。液晶テレビや太陽光パネル事業に集中するも失敗，16年にホンハイの傘下に。現在は企画，開発部門を強化し，シャープのブランドで液晶テレビ，スマート化した家電製品の販売拡大を目指す。						
NEC	00年ごろ	×	○	○	○	×	○	×
	10年代後半	×	×	×	○	×	×	×
	主な選択と集中	DRAM（05年）・システムLSI（13年）から撤退。パソコン部門をレノボに売却（16年）。現在は従来からの国内を中心とした通信キャリアシステム，ITシステム構築と保守運用に注力。						
富士通	00年ごろ	×	○	○	×	×	○	×
	10年代後半	×	×	○	×	×	×	×
	主な選択と集中	パソコン部門をレノボに売却（18年）。現在はスーパーコンピュータの開発，およびITシステムの構築と保守運用，通信キャリアシステムに注力。						

（注）半導体は，DRAM，システムLSI，画像センサー部門のいずれか。表中で，2000年代前半については，市場に参入していた時期があれば○とし，2010年代後半については，2019年の時点で市場から退出，あるいは連結対象から外れれば×とした。
（出所）日本経済新聞，各社HPより作成。

でいる大手電機メーカーの1社である[2]。テレビ事業は1950年代から続く中核事業の一つであったが，09，12年にプラズマ，液晶パネルの生産からそれぞれ撤退し，年には最終的に自社ブランドテレビの国内販売終了も表明し，撤退した。他にも，半導体，ガラケー，パソコンからも2000年代後半に撤退している。リーマンショック以降は，日立だけが持つ社会インフラ（鉄道・火力発電など）と情報通信という二つの強みを生かし，社会インフラをITの力で改善する社会イノベーションの事業を強化し，特に鉄道部門では世界展開を順調に進め，イギリスなどで売り上げを順調に伸ばしている［小板橋，2014］。

　三菱もリーマンショック以前からコモディティ化したデジタル家電関連事業からの縮小・撤退を進め，一方で強みである重電の一分野である産業機械分野を強化し，構造改革を一早く進めた。99年にDRAMをエルピーダに譲渡，02年はシステムLSI部門をルネサスに統合し，株を売却して10年には連結対象から外すなどして半導体事業から撤退し，08年には携帯事業から撤退，液晶モニター事業などからも撤退した。一方で強みであるFA，エレベータなど，産業機械分野を強化し，中国で近年拡大したFAの波に乗り，収益を回復している。

　東芝は，コモディティ化したデジタル家電からの脱却と，部品事業の強化，および原子力発電など以前から強みを保持する事業の強化を目指したものの，買収の失敗で巨額の損失を抱え，組織解体の危機にある。東芝は前述のように，2000年ごろは液晶，プラズマ共にパネル生産を行ったものの，2000年代後半から脱テレビ化を進め，携帯電話事業からも2012年に撤退した。一方で原子力発電やNAND型フラッシュメモリ（半導体の一種）の事業を強化してきた。原子力発電は，地球温暖化と新興国の経済成長によって需要が高まるとの期待から，国際的な受注を増やすため，国際的に存在する2種類の原子炉の内で，東芝が持たない加圧水型の発電技術を持つウェスティングハウスを2006年に6,000億円で買収し，原子力事業を強化，世界展開を狙った。また，SDカードなど国際的に競争力を持つNAND型フラッシュメモリ事業を強化し，リーマンショック後もそれら2事業を中心に，医療部門などの高収益部門で戦う算段だった。しかし，ノートパソコンや白物家電などの不採算部門を整理しなかっ

2　ソリューション・ビジネスとは，従来のように既製品の単品売りや，顧客の出す仕様書通りに製品やサービスを提供するのではなく，自社の技術を駆使して，顧客の課題を解決する製品やサービスを提供するビジネスのことを指す。

た上に，2011年には東日本大震災での原発事故を契機に世界の原発市場が大幅に縮小し，さらには買収したウェスティングハウスが2017年に大きな損失を出して経営破綻したことで7,000億円の巨額の損失を抱えることとなった。それらの損失を穴埋めするために，CTやMRIで国際的に強い競争力を持つ医療機器事業を2016年にキヤノンに6,655億円で売却，2018年には前年にフラッシュメモリ事業を分社化した東芝メモリを米投資ファンドのベインキャピタルが率いる日米韓の企業グループに約2兆円で売却せざるを得なかった。また，収益が上がらない白物家電部門も，2016年に中国の美的に537億円で売却し，「レグザ」で有名なテレビ部門，「ダイナブック」のブランドで有名なノートパソコン部門も，それぞれ2018年にハイセンス，シャープに売却した。現在は高収益事業を失い，残る社会インフラ事業やNTTなどを顧客とした通信システムなどの事業で再起を図っている。

　ソニーはコモディティ化したテレビ事業でパネルの自社生産から撤退した。また「VAIO」ブランドで有名だったノートパソコン部門も差別化が困難として2014年に売却した。一方で技術優位を誇るCOMセンサー（画像センサーで半導体の一種）事業を強化し，開発・生産体制を強化し，iPhoneやGalaxyなどのハイエンドスマホ向けに出荷を増やすだけでなく，自動運転技術の実用化が始まり市場の成長が見込まれる車載用画像センサーの市場にも参入を始め，シェア拡大を狙っている［日経産業新聞（編），2016］。

　さらには音楽や映画というコンテンツ事業やゲーム事業を強化し，特にゲーム事業では，ネット対戦サービスなどのリカレント・サービスを強化する戦略にシフトしている。コモディティ化したテレビやスマホについては，ソニーのコンテンツへのゲートウェイであるメリットなどを重視し，撤退せずにパネルや組み立てを韓国や台湾の企業に委託する形に切り替え，自社の画像処理・音響技術などを組み合わせることで差別化を図り，規模を縮小して質で戦う戦略をとっている。

　パナソニックは2000年代に集中したテレビ事業を縮小・撤退し，一方で強みの家電事業での世界展開を目指し，さらにはオール電化関連機器や車載用電池などの新規事業を育てるために買収を進めたものの，事業が思うように拡大していない。パナソニックは脱デジタル家電を目指し，2000年代後半にはガラケーの製造から撤退，一方で注力したプラズマテレビからも2014年に撤退した。

現在は，液晶テレビのみ，テレビ用パネルの製造からは2016年に撤退した上で，パネルを外部調達して販売を継続している。一方で，松下電工と三洋電機を2011年に完全子会社化して住宅オール電化などの住宅設備関連事業や電気自動車での利用拡大が見込まれる車載用電池事業を強化しようと試みた。車載用電池は売り上げが伸びるものの国の支援がある中国企業などとの競争で利益が出にくい状況であり，現在はそれらや白物家電などの国内家電事業の売り上げに依存し，リーマンショック前に一時13兆円近くあった売り上げは，現在8兆円前後で停滞したままである。

　シャープは前述のように2000年代には2003年に三重の亀山工場，2009年には堺工場を建設し，AQUOSブランドで世界販売を狙ったが，リーマンショックによる需要の消失と新興国市場でのサムスンなどのアジア企業への敗北により，堺工場をホンハイに売却し，不採算のノートパソコン部門も2010年に売却した。その後は亀山工場ではアップル向けに携帯やタブレットに用いられる中小型液晶パネルの生産に特化し，合わせて太陽光発電システム，LED照明などに集中したが，業績は回復せず，2016年にホンハイに買収された。ホンハイの傘下に入ったことで，シャープは単独では競争力を失った液晶テレビAQUOSの垂直統合生産から脱却して，ホンハイの持つ部材調達力・資金力・販売力とシャープの持つ液晶の技術力やブランド・最終製品の企画開発力を組み合わせることで，コモディティ化したデジタル家電市場で差別化と低価格を両立し，サムスンなどに対抗することとなった。このため国内事業はスマホなどの中小型液晶パネルの生産や液晶テレビの開発や試作にシフトしつつあり，それをホンハイの中国工場で生産，販売する分業体制が構築されつつある。合わせて，ホンハイから送り込んだ載社長の下で，それまで生え抜きの社内経営者の下で困難であった経営判断の迅速化，資材調達におけるコストカット，信賞必罰の人事制度への改革などを進めている。さらに，アジアで強いシャープのブランド力を生かし，シャープ・ブランドの家電製品を開発してホンハイの工場で生産する体制を構築するとともに，IoTとAIの技術を強化して家電のスマート化も目指している［中田，2019］。たとえば，国内では「COCORO＋」というブランドでAIとIoTを駆使して家電からの情報を蓄積し，それら生活関連データを様々なビジネスに活用できるサービスを立ち上げ，スマート家電のエコシステムの確立を目指している。これは，デジタル家電の単品売りから脱却する一

つの試みといえる。

　富士通，NECなど通信系の電機メーカーも，かつてはメインフレーム，通信機器や半導体，パソコン，携帯などに力を入れていたが，ハードで中韓勢に押され，システム構築ではクラウドシステムのGAFAに侵食され，継続的なリストラを余儀なくされてきた。現在はパソコン部門を売却するとともに，富士通は理化学研究所との共同研究でスーパーコンピュータ「富岳」の開発に力を入れ，またITシステムの構築と保守運用，通信キャリアシステムに注力している。NECは従来からの国内を中心とした通信キャリアシステムや，ITシステムの構築と保守運用に注力している。

　このように，重電系の日立や三菱，東芝，そして家電系のソニーやパナソニック，シャープなども，一部の企業を除き，総じてパソコン，携帯（特にガラケー），テレビなどコモディティ化したエレクトロニクス製品市場からは撤退，あるいはパネルの内製からは撤退して外部調達でブランドを残すなど，欧米のコングロマリット企業と同じく総合電機からの脱却を図っている。一方でアジア企業との競合が少ないインフラ事業や，同じエレクトロニクス製品関連でもパネルやメモリ以外の部品やコンテンツ，サービス事業など，スマイル・カーブ上の左右へのシフトによる高収益化を目指している。

　以上の構造改革の中で，大手電機メーカーでは，多くの人員のリストラが世界の各企業グループ全体で実施され，日本でも早期退職制度を用いて多くの人員削減が行われた[3]。たとえば2009年にはリストラと配置転換により日立が7,000人，パナソニック1.5万人，リストラによりソニーが1.6万人，東芝が4,500人，NECが2万人など，人員を削減した。その後も数年に一度，各社ともリストラを実施し，たとえば2012年度には早期退職を中心に，NECが国内外で5,000人，ソニーが1万人，ルネサスが5,000人，シャープが5,000人など，大手電機メーカー9社で合計1万人を超えるリストラを実施した。近年でもリストラは続き，たとえば富士通やNECは19年度にそれぞれ早期退職によって3,000人の人員削減を行った。

　図8-1は大手電機メーカー8社の連結ベースでの従業員数の推移を見たものである。2001年の時点で154.9万人だった連結での世界の従業員数は，2000

　3　早期退職制度とは，会社が退職者を募り，退職金の割り増しや転職先の斡旋などを行う制度であり，形式上労働者本人の意思で行う点で，解雇とは異なる。

図8-1　大手電機メーカー8社の従業員数推移（連結）

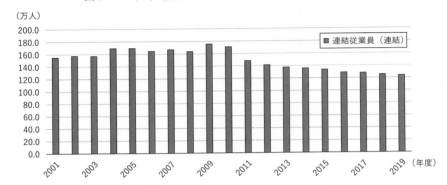

（注）東芝，三菱電機，日立，ソニー，パナソニック，シャープ，NEC，富士通の8社。尚，パナソニックは松下電工，三洋電機を買収したため，2012年までは両社のデータを算入した。
（出所）各社の「有価証券報告書」より作成。

年以降は2009年の175.5万人をピークに，リストラや自然減によってリーマンショック後の2011年には148.3万人へと約27万人減少し，2019年には123.9万人へと，ピークから約52万人減少し，割合にして30％もその規模を縮小した。

2 ▌組織改革とガバナンス改革

　デジタル化・グローバル化時代には事業環境の変化が速くなり，経営判断を適切かつ迅速に行う体制が重要となったため，ガバナンス改革や組織構造の改革も進められてきた。
　特に，組織構造については，コングロマリット化した日本の大手電機メーカーの組織構造は，多くの異なる専門化した事業部から構成される上に，ピラミッド型の多重構造であり，また現場の力も強いボトムアップ構造のため，意思決定の的確さやスピードに問題を抱えていた。このため，大手電機メーカーは，経営スピードの加速化のために，組織構造の改革を進めた企業が多い。概して，中間管理職の削減や取締役会のスリム化による意思決定者の削減をはじめとして，組織構造自体を変えた企業が多い。

　たとえば，エンターテインメント，エレクトロニクス，金融など多くの事業を抱えていたソニーは，早くから組織構造改革を進め，1994年にカンパニー制を導入した。カンパニー制は，各事業を社内に残しながらも各事業を一つの会社のように見立てて意思決定させることで，各事業部の責任の明確化と意思決定の迅速化を進められるメリットがある。カンパニー制への変更の流れは他の企業にも波及し，東芝が1999年から，日立が2000年から事実上のカンパニー制を取り入れ，シャープも2015年，パナソニックも2017年から取り入れ，事業部制から転換した。一方で，ソニーは，カンパニー制が組織を縦割りにして事業間のシナジーを低下させるという弊害をもたらしたため，05年にカンパニー制を廃止し，2010年代半ばからは各事業部を分社化して持ち株会社制にし，本部がシナジーの創出を含めてグループ全体に関わる経営判断をすることになった。パナソニックは各事業に権限をより委譲し，迅速な意思決定や専門化を目指すため，22年に持ち株会社制への移行を目指している。日立も情報通信の技術を各事業に横断的に活用する体制を整えるため，シナジーをより追求できるよう組織体制をカンパニー制から変更している。また，他事業とシナジーの薄い企業や収益の低い企業を分社化して売却し，逆に中核事業と関連の強い会社を子会社化，あるいは完全子会社化することによって意思決定のスピードを早めたり，あるいは収益を確実に取り込んだりするなどの改編を進める企業も見られる。

　このように，各社共に，経営スピードの加速化，シナジーの実現や高収益化を目指した事業構造の再編など，各事業の経営環境の変化に合わせて，組織構造の改革を進めている。

| 解　説 | 組織構造改革　―事業部制，カンパニー制から持ち株会社制への移行― |

　企業活動が拡大すると，各地域，各事業に広がった事業活動全体を本部が統括することが困難となる。このため，効率的に経営を行うために組織構造を整備する必要がある。代表的なものが，開発，製造，営業など，機能別に分けることでそれぞれの効率的な運用を目指す機能別組織，事業単位で組織を分ける事業部制組織，さらには社内でヒト・モノ・カネを分けて独立した会社のように各事業を運営するカンパニー制組織である[4]。

　日本企業は，90年代以降の構造改革の中で，事業部制からカンパニー制，そして近年

　4　他にも，事業と機能の2つの軸で活動を管理するマトリックス組織もある。

では分社化による持ち株会社制へと移行した企業が多い。それぞれの組織形態における意思決定上の権限をまとめたのが**表8-2**である。企業の経営においては，重要な意思決定から順に，①監査，②各事業の参入や撤退などの大きな意思決定から始まり，③事業間にまたがって製品・サービスを共同開発するなど複数の事業を横断する意思決定や，④工場建設や新規事業の開始など各事業での貸借対照表にかかわる意思決定，⑤各事業への人の配置にかかわる人事権，⑥それらヒトや資産を当てがわれた下での製造，販売活動にかかわるキャッシュフローの管理など損益計算書にかかわる意思決定に分けられる。

表8-2　組織構造と権限委譲

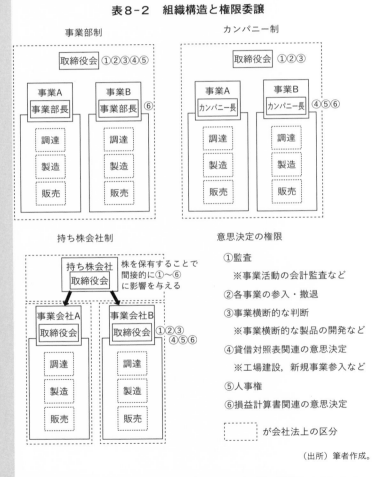

（出所）筆者作成。

事業部制では各事業は会計的，法的には会社の一部であるが，⑥の権限を大幅に与え，

事業のキャッシュフローの責任を持たせる。これによって本部は会社全体にかかわる意思決定に集中できる一方、各事業の意思決定の迅速化や責任の明確化も促せる。ただし、④や⑤については本部が握るので、本部依存や資本利用の非効率などの弊害が残りやすい。さらに、重要な取引においていちいち本部に確認しなければならないため、国際的な入札など、重要な交渉において意思決定に時間がかかるなどの欠点もある。それらの問題を解消しつつ、会計上、法的には社内にとどめることで統制のしやすさというメリットを維持したものがカンパニー制である。カンパニー制では、各事業を社内で独立した会社として扱い、各事業にヒト・モノ・カネを移譲し、④や⑤の権限なども与える。これらの措置により、意思決定をさらに早めて市場への対応力を高め、資産効率の向上も期待できる。また社内でヒト・モノ・カネを分離し独立させるため、その後の分社化へのステップともなる。

　ただし、事業部制は縦割りによって社内シナジーの低下を生み出し、カンパニー制は利益責任がさらに強くなるため、その弊害はさらに強くなる。また、どちらも各事業の運営が独立するためにバックオフィスなどの管理費用の人員や資産の重複などの無駄というデメリットがある。しかし、前述のメリットがあるため、バブル崩壊後に過剰設備や低収益の解消、市場変化への対応力強化を目指す企業に採用された。

　ただし、カンパニー制も最終的には社内の一部門であるため、赤字の場合も本部に依存でき、本部頼みの部分は残る。構造改革を進める日本企業が近年多く採用したのが分社化による持ち株会社制である。分社化では法的にも別会社となるため、ヒト・モノ・カネの調達すべてに責任を負うことになり、自社内に意思決定の最高機関である取締役会を置き、①～⑥の権限をすべて持つことになる。また、カンパニー長は株主への説明責任も負うことになるため、より一層の資本効率の向上が促せる。一方、本部の支配は間接的となり、役員の選任や株主権限を通じて意思決定に影響を与えることになる。本部は、事業を法人として独立させることで、不採算の場合のリスクを本体から分離できたり、売却してその利益を別の事業や買収などに活かしたりもできる。このため、短期的な利益改善や事業の再編を進める日本の大手電機メーカーで近年多く用いられた。

　ただし、どの組織構造であれ、完璧なものはない。カンパニー制、分社化となるほど組織が独立するため、社内のシナジーを生み出すのは組織構造的に難しくなる。たとえば、エレクトロニクス産業において部門間や機器間の連携など企業内のシナジーを最大限に活かしてエコシステムを拡大しているアップルはカンパニー制ではない。一方のソニーの事業においても、各機器やデバイス部門、音楽などのコンテンツ部門、そしてそれらと音響や映像の技術開発部門との連携も重要である。また、利益責任の強化は、経営者がますます短期的な利益を重視し、長期的な成長のための投資を阻害する可能性もある。このため、それらの弊害を解消し、部門間の連携や、長的な成長のための戦略を如何に取締役会や持ち株会社となる本部が生み出せるかが、それら組織改革の成否を握っているといえる。

　さらに，企業のガバナンスについても改革が進んでいる。日本企業のガバナンス体制は，変化の激しい経営環境下で迅速かつ適切な判断を行える体制になっておらず，それは企業の構造改革やグローバル化した金融市場での資金調達に悪影響を及ぼすなど，大きな問題を抱えてきた。

　企業のガバナンスは，組織内部での取締役会による監督，および株式市場での株価を通じた市場圧力，および経営者の報酬制度など，主に3つの経路を通じて行われるが，日本企業のガバナンスはそれぞれの面で問題を抱えてきた。まず，日本の組織内のガバナンスについてみると，日本では企業の取締役会のメンバーは取締役を含め終身雇用の下で内部の各事業から昇進した生え抜きの役員が多く，執行役と取締役を同時に兼ねている。また株式もグループ内のメインバンクをはじめとした系列内企業の持ち合いが多いため，安定保有され，株主総会を通じた経営改善の圧力や，株式市場での株価変動を通じた圧力が働きにくい。このようなガバナンス体制は，企業の拡大期においては株式市場からの短期利益追求の圧力から解放され，メインバンクの長期的なコミットメントの下で安定的，長期的な投資などをもたらすメリットがあり，たとえば日本のDRAM市場での国際的な躍進にも重要な役割を果たした。しかし，技術革新のスピードが速くなり，グローバル競争も激しくなった90年代以降は，事業からの撤退が時に必要になったにも関わらず，第7章で述べたように，取締役会で既存の事業を維持・改善する力が強く働いて事業縮小が遅れたり，その分新規事業への経営資源の再配分を阻害したり，また株主総会での構造改革の圧力が機能しないなど，構造改革を進める上で，ガバナンス機能が働かないというデメリットが目立つようになった。特に，従来の日本の取締役会の構造的な問題点として，企業の監査を行う監査役と，企業活動を執行する執行役の立場，いわば監督とプレーヤーの役割が曖昧であり，自ら事業の執行も担う社長や専務が，そのまま企業を監督する役割を担う取締役会で取締役となる場合が多かった。ちなみに，米国では取締役会と執行役が明確に分けられている。

　このような問題は1990年のバブル崩壊以降続いたが，リーマンショックを経て収益の大幅な悪化に見舞われる中，構造改革を進めないと企業存続の危機に陥る可能性が高まり，企業内部でもガバナンス改革は避けられない課題となった。

　さらには，政府，証券市場関係団体からも，停滞する日本の証券市場を復活

させ，世界から資金を呼び込むために，コーポレートガバナンスを充実させるための，取締役会での監督と執行の分離や社外取締役の採用を含む取締役会の機能強化や，株主総会での意思決定に大きな力を持つ機関投資家などによる株式市場からのガバナンスの強化などが提起された。これらの議論の結果，2015年にはコーポレートガバナンス・コードが金融庁と東京証券取引所によって公表され，さらには機関投資家に向けて，上場企業に効率的な資本の利用を促すための行動規範を示したスチュワードシップ・コード（金融庁が2014年に公表）なども提起された[5]。

　そのようなガバナンス機能への外部からの圧力も働いた結果，以下の改革が進んだ。第一が，社外取締役制度の導入である。内部から昇進した取締役では抜本的な改革が難しく，また執行と監督が重複してしまう弊害もある。たとえば，ソニーは社外取締役制度の導入が02年からといち早く進み，2019年現在では13人中10人が社外取締役である。東芝は03年に社外取締役を任命し，2013年に4人だった社外取締役は，2019年現在取締役12名中10名に増えた。同年，日立でも2019年現在，11人中8人が社外取締役である。政策主導により日本の上場企業全体でこの改革が進んだ結果，東京証券取引所の企業の内，2014年の段階で2人以上独立社外取締役がいる企業は20％強だったものが，2020年には95％に一気に拡大し，企業経営を会社に強いしがらみを持たない外部の人材が監視する仕組みが整った[6]。ただし，実際に社外取締役が会社を監督できるかは，単に人数が増えればよいというわけではなく，社外取締役の能力，社内との関係などにも大きく依存する。政策主導で制度が取り入れられたために本来経営を監督すべき社外取締役が社長や会長のコネクションから登用される場合も多かったり，あるいは業務に割ける時間に限界があり，必ずしも同事業分野の専門でなく事業の詳細についても知らない場合も多かったりと，適切な判断

5　06年には会社法が施行されて大会社はコーポレートガバナンス体制を明らかにする責任を負うことになり，そこで米国型の委員会設置会社などが一つのガバナンス体制として提起された。アベノミクスでも2013年の成長戦略で日本企業の国際競争力向上と対内投資の呼び込みのために，これまで取締役会に掌握され軽視されがちだった株主の権利を確保するためにコーポレートガバナンス・コードが示され，社外取締役2名以上の設置，株主との対話など，株主の権利の確保や情報公開を行うか，行わない場合にはその理由を説明する責任が義務付けられた。

6　独立社外取締役とは，一般の株主と利益相反が発生しない，高い独立性を持つ社外取締役のことである。主要な取引先の業務執行役や，会社から高い報酬を得ているコンサルタントや会計士などの専門家とその近親者は認められない。

を行うことには大きな限界もある。社外取締役をいち早く取り入れた東芝がその後粉飾決算や事業転換が遅れるなど，制度はあくまでインセンティブ上の構造的な問題を解消したに過ぎないといえる[7]。

　第二が，株式持ち合いの低下である。前述のように2014年にスチュワード・シップコードが公表されたのに加え，2018年には改訂版コーポレートガバナンス・コードが公表され，保有株式の正当性の説明が義務付けられることになった。これにより，資本効率の低下につながりかねない株式持ち合いに対して，市場から合理的な説明が求められるようになった。もともとメインバンクが不良債権処理のための資金として，さらには自己資本比率の不安定化が経営に与えるリスクを下げるため，自己資本の内過剰に保有していた持ち合い株を手放し，それに合わせて事業会社側も銀行保有株を手放したことなどを理由として，日本企業の株式持ち合いは90年代後半以降大きく低下したが，上記のガイドラインの改正もあり，その流れが続いている［伊藤 正., 2011］。**図8-2**は，日本の上場企業の株式持ち合い比率の推移を見たものである。バブル期の1990年度に約50％だった上場企業の持ち合い比率は，18年度時点で約15％まで低下している。この結果，株式市場からの不採算事業の清算や，シナジーが生まれない事業の分離独立など，資本の効率的利用を求める圧力は高まっている。

7　東芝の粉飾決算は，東芝が2008年から2014年にかけて，パソコンの受託製造会社に高値でパソコンの部品を販売し，それを含んだ代金でパソコンを買い戻すなどの会計操作を通じて，一時的に利益をかさ上げする不正を行ったものである。2015年に発覚し，かつて財務部門の責任者だった社内取締役が取締役会の監査委員会の委員長を務めていたガバナンス体制が大きく問題とされた。

図8-2　株式持ち合い比率の推移

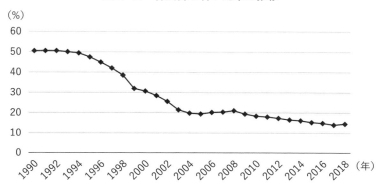

(注) 持ち合い比率は，上場会社（ただし，上場保険会社を除く）が保有する他の上場会社株式（時価ベース）の，市場全体の時価総額に対する比率（ただし，子会社，関連会社株式を除く）。
(出所) 野村資本市場研究所「我が国上場企業の株式持ち合い状況（2018年度）」より転載。

3 ｜ デジタル化・グローバル化に対応するための人事制度改革

　日本では原則として新卒で一括採用し，定年まで雇用する終身雇用によって人材を育成してきた。このため雇用の形態は特定の場所での特定の職務に必要な人材をその都度雇用するジョブ型雇用とはならず，業務内容や勤務地などを限定せずにまず人を雇用して，人に仕事を割り当てるメンバーシップ型と呼ばれる雇用形態となった[8]。このような雇用形態の下で，日本企業は労働者に企業活動の要請に合わせて様々な経験を積ませ，ジェネラリストとして企業内の様々な業務を担わせてきた。報酬制度も経験によって蓄積される職能に応じた職能給であり，事実上年功賃金という性格を持っていた。

　このような終身雇用，メンバーシップ型雇用の下での年功賃金という雇用・

8　ジョブ型の雇用では，担当する職務や勤務地が明確に定義され，その職務の市場価値に合った報酬が支払われる。尚，その職務がなくなった場合，社内に別の職務の空きがあればそこに申請し，なければ解雇となる。欧米では一般的な雇用形態である。日本の非正規労働も一般的にそれに当たる。

報酬制度は，若い時には低い報酬しか得られないが，勤続年数が増えるにつれ給料が上がることにより，社員の定着と会社への忠誠心向上を促し，技術・技能の蓄積を促すメリットがあった。また，事業活動の変化に伴う配置転換の容易さなどのメリットもあったため，労働者に求められる技術・技能が大きく変化せず，また事業が拡大・多角化していく時代には適した雇用・報酬制度であった。

　しかし，グローバル化，デジタル化が進んだエレクトロニクス製品を含め多くの市場では，市場環境の変化が激しくなることで新たな専門人材の登用や事業自体の清算の必要性などが高まり，事業内の人員の臨機応変な組み換えが必要となった。特に，グローバル展開の推進やIT・AI，ビッグデータの利用などは企業の競争優位を大きく左右するようになった。この結果，従来型の人材の価値は下がる一方で，グローバル人材や，IT・AIなどの高度人材を組織の研究開発，製造，マーケティングなどの各部門に適宜配置する必要が出てきた。

　このような時代の変化の中で，新卒社員を時間をかけて社内で育成するという日本企業が得意としてきた手法では市場の変化に迅速に対応できず，日本企業も高度人材の即戦力を採用することが今や不可欠であることが強く認識されている。近年の日本の大手電機メーカー各社は，グローバル人材やAI人材が不足する一方で，社内に年功序列の下で高コストになった余剰人員を多数抱えるという人材上のミスマッチを抱えている。よって各社ともに，外部からの高度人材の中途採用や必要な専門的能力を持つ新卒社員の採用と育成を行うとともに，早期退職による余剰社員のリストラと既存社員の再教育が大きな課題となっている。

　特に，グローバル展開やデジタル化対応に向けて外部の高度人材の採用は急務である。AI人材についてみれば，2019年の時点で，世界のAIトップ級人材2万2,400人のうち，約半数は米国に集中し，日本は4％の800人に過ぎず，日本は圧倒的に遅れ，国内の育成は勿論，海外人材の採用も重要な課題である［日本経済新聞2019年11月20日］。しかも近年多くの市場で活用できるIT・AI人材は世界的な獲得競争が起きており，GAFAを筆頭に熾烈な人材獲得競争が展開されている。欧米をはじめとした世界の多くの労働市場ではジョブ型雇用が一般的であり，報酬は市場価値で決まるため，希少価値が高い高度人材には多額の報酬が提示される。高度なAIの専門家には数年のキャリアであっても

3,000万〜5,000万円が提示される場合もある。しかし，メンバーシップ型雇用を前提とした日本の報酬制度は年功賃金であるため，世界の労働市場だけでなく国内の新卒採用などでも，高度人材の獲得競争に負けるという問題に直面してきた[9]。

　外国企業との人材獲得競争に対応するためには，外国人に提示する報酬を世界の市場相場に近づけることに加えて，国内の報酬制度も調整してゆく必要がある。同じ仕事でも社内で報酬格差がある事態が頻発すれば，社員の士気に影響しかねないからだ。

　このため，グローバルに展開する日本の大手電機メーカーは，進捗状況は各社差があるものの，概して以下の3つの人事制度・報酬制度の改革を進めている。第一が国内を含むグローバル人材，IT・AIの高度人材の採用と世界市場ベースに合わせた報酬の提示，第二が社内のグローバル人材，IT・AI人材の育成制度の拡充，第三が国内の人事制度のメンバーシップ型からジョブ型への漸進的な移行である。

　まず，国内を含むグローバルな高度人材の採用と報酬制度の改革の内，海外の現地法人での採用においては，グローバル人材やIT人材などの専門的人材の採用において，現地での市場相場に近づける報酬制度の改革を進める企業が多い。たとえば日立は，海外展開を促進するために，現地でのマネジメント経験・人脈，専門知識などを持つ有能な人材を経営幹部として引き抜いている。たとえば，鉄道部門では，競合のアルストム出身のアリステア・ドーマー氏を採用した［小板橋，2014］。AIなどの高度人材に1億円を払った例もある。

　新卒人材の採用でも，報酬を世界市場のレベルに合わせつつあり，国内外で優秀な人材の採用を活発化させている。たとえばソニーはカメラやビデオなどの映像機器，ロボットのアイボなど様々な自社製品での画像処理や音声認識などに不可欠なAI関連の人材獲得のために，2019年度から能力次第で初任給を最大2割増しにした。さらに2020年度にはAIの開発など専門的なITスキルを持つ人材を対象に，従来より4割高い年収1,100万円以上を支払い，上限を設

9　アジア企業でも，たとえばサムスンが2013年にインドの理系大学のトップ校であるインド工科大学の成績トップ級の卒業生に，インドの平均賃金の10倍となる1,500万円の報酬を提示した例もある。1,000万円の報酬は珍しくない。日本でも中国企業のファーウェイは，学卒エンジニアに約40万円と日本企業の倍の初任給を出している。

けず専門性と市場価値で報酬を決める制度を始めた。また，中国やインドの大学に採用担当者を派遣して会社説明会を開催し，海外の優秀な人材の確保にも積極的であり，2012年度には270人の新卒採用中２割が外国人となった。日立は社会インフラのソリューション・ビジネスで必要となるデータサイエンティストを増員するため，2021年度の新卒からデジタル人材採用コースを新設し，給与も実績に応じて上積みするなど，21年度までに国内外で3,000人のデータサイエンティストを育成する計画を持つ。NECは海外の優秀な研究者を日本で雇用するために，新卒社員でも1,000万以上出せるよう報酬制度を改定した上で，それを活かしてAIやサイバー・セキュリティの研究者を確保するために，米国で働く社員だけでなく，日本で働く研究者も米国で採用することを始めた。2018年度には米国にAIを使った予測モデルの開発会社dotDataを設立し，米国のスタートアップとの協業や，シリコンバレーなどの優秀な人材の獲得を目指している。高度な知識を持つ人材には，執行役員並みの報酬を提示する。

　第二の，社内のグローバル人材やIT・AI人材の育成制度の拡充も進んでいる。まずグローバル人材の社内育成については，たとえば社会イノベーション事業の世界展開を狙う日立は，2011，12年度の２年間でそれまでの10倍の2,000人を海外に１～３か月程度派遣した（うち2/3は新興国）。また，研修プログラムも改新し，幹部候補生向けプログラムを，特定事業のグローバル戦略を提案させるなどの実践型に改めるなど，グローバル人材の育成を急いでいる。特に，日立は長年インフラ事業において国内電力会社や通信会社など，大手顧客の要求に応える国内営業が中心であったため，現在の社会イノベーションというソリューション営業を世界展開するために，営業力の大幅な革新が急務となっている。ソニーも2011年から，20代後半から30代前半までの若手社員に海外経験を積める70のポストを確保し，徐々に増やして2013年には100のポストを確保したり，新興国向けの製品開発を行う人材を育てるため，エンジニアを現地に派遣して研修させることにも力を入れている。

　また，AIやIoT，データサイエンティストなどの社内育成制度も強化されている[10]。デジタル化の進展の中で，AIやIoTは家電，産業分野，医療分野など

10　データサイエンティストとは膨大なデータを使って様々な手法や数式を使って分析を行い，ビジネスに活かすための知見を得る専門家のことである。統計解析や豊富なITスキルに加え，ビジネスや市場動向に関する幅広い知識も求められ，その育成には大学教育や企業内研修・経験

の製品分野にとどまらず，企業活動の開発，生産，マーケティングなど，あらゆる部門において応用可能であり，そのインパクトも大きい。しかし各部門へAI技術を適用するためには，AIの研究者が必要であることは勿論，生産，消費などにかかわるあらゆるビッグデータからAIによって意味のある分析を行うデータサイエンティストも新たに必要になる。さらには，各部門での専門知識を持つ人材が問題に対してAIを的確に適用し業務改善につなげることも重要となる。よって各社ともに，既存社員にデジタル技術を応用するノウハウを修得させるための社内研修制度も強化している。日立は2019年にはグループの研修機関を統合してAIなどの最先端技術を教える日立アカデミーを設立し，データサイエンティストや情報セキュリティの専門家などを社内で育成するための研修体制を整えた[11]。また，20年からはAIを様々な社内部門に応用してビジネスのDXを実現するために，国内グループ16万人を対象に，データの選別や解析などの専門研修を年間を通して実施している。NECは2015年現在グループで500人いるAI関連人材を，社内の配置転換やインド，シンガポールなどからの採用で，2020年までに1,000人に増やす計画を立てた。富士通は2017年から2019年度の間に，社内の1.4万人規模のSEを研修するなどしてサイバー・セキュリティ関連の人材を5倍の1万人に増やす計画を立て，また，20年度からプログラミングなど約9,000の無料講座をネットで配信し，グループ8万人が自由に受講できるようにした。富士通が強みを持っていたサーバー事業は近年GAFAを中心にクラウドサービスにシフトしつつあり，国内シェアを下げている。このためサイバー・セキュリティの分野を強化して巻き返しを狙っている。

　これら海外で採用する人材の報酬制度の変更に加えて，国内の人事制度・報酬制度もジョブ型に改革し，人事制度をグローバルに統一する試みも始まっている。ジョブ型への移行は，グローバルな高度人材の採用に資するだけでない。ジョブ型への移行は，従来会社主導での人員配置が中心だったキャリアパスを，各ポストの職務内容とその資格を明示した上での公募制にする形になるため，年功序列型賃金に安住し，自ら主体的にキャリアを築く意欲に乏しかった中堅

が必須となる。潜在的なスキルを持つとされる統計学専攻などの大卒者は，2013年の時点で日本は年間4,000人弱と，米国の2万5,000人に比べ圧倒的に少ない。

11　経産省によると，IT人材の不足は18年時点で22万人。30年には先端IT人材に限っても55万人足りない［経済産業省（2019）「IT人材需給に関する調査」より］。

社員に能動的なキャリア形成を促すなど，社員全体の生産性向上や変革を促すことも目指している。

　人事制度のグローバルな統一化に向けてジョブ型雇用への転換をいち早く進めているのが日立である。2011年の中西社長の時代からグローバル展開の本格化に向けて，世界各地で違っていた人事制度を2012年から世界で共通化するため，まず人材データベースを作成した。また，ジョブ型採用が一般的な海外で優秀な人材を雇えるよう，2014年からは課長以上の管理職を対象に職能給を廃止し，ポストによって報酬を決める，いわば職務給に変更した。2017年からは世界で人材の評価制度を統一してグローバルな配置転換をしやすくするなど，世界共通の人事システムを始動させ，21年度からは社員の仕事内容や必要な能力を職務定義書で明確化した上でジョブ型雇用を本格化した。これに合わせて報酬制度も職能給から職務給への移行を進めていく計画である[12]。富士通も20年度から幹部級にジョブ型を採用し，順次一般社員にも広げていく予定である。

　パナソニックは2015年から管理職の報酬から年功要素を排除して会社での役割に応じて決める形に改定し，シャープも16年から役員を除く課長以上の幹部社員向けに，17年からは一般社員にも役職や職務内容をもとに報酬を決める「役割等級制度」を導入するなど，年功序列型の賃金からジョブ型雇用で採用される職務型や，成果主義の報酬制度に移行しつつある。

　このように，グローバル化，デジタル化の中での経営環境の変化の中で，各社ともに早期退職制度を活用したリストラとジョブ型の人事制度に徐々に移行し，事実上日本の大手電機メーカーの終身雇用と年功序列型賃金は大きな転換点を迎えている。

　ただし，日本の労働法上解雇は容易でなく，終身雇用制度とそれがもたらす新卒一括採用は，完全な形でないものの，まだ多くの企業で雇用制度の基盤となっている。このような国内の終身雇用と新卒一括採用を残したままでのジョブ型雇用への移行は容易ではない。ジョブ型雇用と終身雇用は本質的に両立しないからである。ジョブ型で採用するということは，本来はまず職務があり，そこに必要な人材を配置するということである。よってその職務が不要になっ

12　前述の社内研修制度を拡充するもう一つの理由は，終身雇用を維持したままでのジョブ型雇用に移行のためには，職務が求めるスキルを社内で身に着けさせる仕組みも構築する必要があるためである。

た時には解雇するということになる。しかし，仮に解雇しないとなれば，その人材のために別の仕事をあてがう形になり，職務に人をあてるジョブ型雇用は形がい化する。

　また，終身雇用は新卒の一括採用とセットである。ジョブ型雇用ということは，職務に対して人をあてがうため，原則としては必要な時に適宜採用する形となり，一括採用という手法とは相いれない。事実ジョブ型雇用を採用する欧米企業では，新卒一括採用はなく，通年採用である。よって，ジョブ型への移行は一括採用の縮小・廃止を伴うが，現在の日本のように流動性が低い労働市場では，適宜優秀な人材を確保できるか保証はない。よって今の労働市場を前提とすれば，ジョブ型雇用への移行は中堅社員を対象にした限定的なものとならざるを得ない。また，また職務で採用するジョブ型では経験者が有利なため，新卒学生の就職は一般に困難である。職に就くには職務に必要なスキルを大学などの教育機関で養う必要があるが，大学での専門と職務が直接関連する欧米の労働市場とは異なり，日本ではその関連が曖昧であるため，教育制度と職務スキルのすり合わせという時間をかけた調整も必要となる。つまり，ジョブ型雇用への転換は，一企業の人事改革を超えて，労働法の改定や教育システム改革とそれによる労働市場の流動化など，人材育成および人材移動にかかわる国のシステム全体の改革を伴うものであり，また痛みや混乱が不可避となる。そのためその改革は容易ではなく，また時間を要するものである。

4 ▍イノベーション体制の改革とオープンイノベーション

　デジタル化が急速に進み，2000年台後半以降は欧米の革新的な製品企画力，ソフトウェアをはじめとしたコンピュータ工学，何よりパソコンやスマホをプラットフォームとしたオープンイノベーションによる様々なWebサービスが生まれ，また日本企業が得意としてきたエレクトロニクス製品が取り込まれる中，従来自前主義を貫いてきた日本の大手電機メーカーも，オープンイノベーションの採用を含むイノベーション体制の改革に取り組み始めている。

　特に，AIはすでに物流センターでの自動仕分け，金融市場での自動取引，

電子商取引での自動推奨機能やスマホの顔認証など業界を超えて様々な分野に応用され，関連市場は急激に拡大を続けている。EY総合研究所が2015年に発表した予測によると，2015年に3.7兆円だった世界のAI関連の市場規模は，その後もトラック輸送の完全自動運転，生産現場の自動化などにも適用され，2020年には23.6兆円，2030年には87.0兆円と，15年で約24倍にまで拡大すると予測された。このような市場拡大の期待の中で，米国企業はAIの研究とビジネスへの応用が最も進み，IBMやマイクロソフトは年間数千億円をAIに投資している。たとえばIBMが開発した質疑応答・意思決定支援システムであるワトソンは，様々な質問や課題に対して，蓄積された膨大なデータの中から最適な回答を見つけ出すことができ，米国の人気クイズ番組で歴代のチャンピオンに勝利した実績を持つ。すでにコールセンターでの自動応答に実験的に適用されたり，企業の採用活動で応募者の自己PRなどを評価することに使われたり，また医療現場での病気の自動診断に使われたりするなど，ビジネス，医療など広範囲のサービスに使われ始めている。

　世界のAI研究を研究機関や企業で比較すると，AI関連の研究論文で引用が多い機関ベスト100の内，大学ではシンガポールの南洋工科大学が2位，中国の中国科学院が3位，精華大学が9位，米国はマイクロソフトが1位，グーグルが8位，カーネギーメロン大学が5位，マサチューセッツ工科大学が7位となる。国別では2017年に中国が米国を抜き，その2国が突出している。日本は東京大学が64位で最高であり，その2国と大きく引き離されている［日本経済新聞2020年2月14日］。

　このような状況の中で，AIは日本の大手電機メーカーも新規事業の創出や既存事業のDXのためにAIやIoTの研究に力を入れ始めている。また，IT技術をはじめとして，日本より大きく先を行く世界の技術，あるいは新規事業のアイデアを取り入れるべく，オープンイノベーションの動きも活発化している。

　たとえば，ソニーは研究開発において，近年強みである映像や音響に加えて，VRに力を入れて車載向け画像センサー，アイボなどに応用するロボティクスへの応用を目指したり，ARに力を入れてPSのゲームをはじめコンサートのビデオ配信などへの応用を試みたりしている[13]。特に，画像認識など多くの分野に応用できるAIについては，研究に特化した専門組織「ソニーAI」も19年度に設立し，研究拠点を日米欧に設立して世界の優秀な研究者を採用し，アルゴ

リズムの研究を進めている。

　オープンイノベーションへの取り組みも活発化しており，新しい技術の導入や製品アイデアを取り入れ，新規事業の創出につなげる試みを進めている。新規事業の創出としては，社内外の新規事業を支援するプログラムであるSAPプロジェクトを2014年から開始した。SAPは新規事業用スペースの提供や事業運営コンサルティング，クラウドファンディングなどを駆使して，社内の既存事業部内では扱えなかった自由な発想による新規事業の創出を目指したプログラムであり，社外の新規事業案も対象となる［西田，2016］。2016年には，事業支援のためのベンチャー・キャピタルを設立し，三井住友銀行などの金融機関からも出資を募り，2019年までにファンドの規模は160億円となった。必ずしもソニーの将来を担う中核事業を立ち上げるほどの組織ではないが，小さくとも新事業を生み出す仕組みや風土を作り出す試みである。また，AIの分野でも，AI研究で大きく先を行くGAFAなどとオープンイノベーションを取り入れている。CMOSセンサーで自動運転用に市場が拡大する車載用イメージセンサーの市場に参入するために，センサー内で画像処理だけでなくAIを使って情報の認識もできるセンシングの機能も持ったセンサーの開発を実現しようと，AIの半導体技術で世界トップを行くマイクロソフトとの共同開発を開始した。また，AIの世界的研究者が創業した有力ベンチャーの米Cogitaiに出資することでAIの共同研究も開始し，2018年にはカーネギーメロン大学とAIとロボティクスの共同研究を開始した。

　日立もIoTを利用したインフラ事業向けのサービスLumadaの開発に不可欠なAIの開発に力を入れ，2016年から3年間で1,000億円を投資し，人材確保やシステム開発を急いでいる[14]。2017年には米国でIoT関連の中核2子会社を統合した新会社日立ヴァンダラを設立した。日立ヴァンダラは，交通，エネル

13　VRはVirtual Realityの略で，日本では仮想現実と呼ばれ，人工的に作られた仮想空間を現実かのように体感させる技術を指す。ARはAugmented Realityの略であり，日本では拡張現実と呼ばれ，現実の景色などにコンピュータで情報を加える技術を指す。

14　Lumadaとは，インフラ設備などの機器からデータを集め，人工知能で分析することによってインフラシステムの故障を未然に防いだり，在庫を最適化したりできるIoTのプラットフォームであり，様々な分野でソリューションサービスを提供するために日立が開発した。情報通信やインフラ部門を持つ日立は電力や通信をはじめとした様々な事業において設備や運用システムを提供しているが，そこに前述のIT技術を導入することでインフラ業界をはじめ様々な分野でソリューションサービスを世界的に拡大し，日立の中核事業に育てようとしている。

ギー，スマートシティ開発といったインフラ部門で，従来から行ってきたストレージ，クラウドサービスをはじめ，産業機器にセンサーを付けてデータをインターネット経由で収集し予防保守などをするIoT事業を世界130か国以上で展開し，日立のLumada事業をけん引する役割を担う。2017年には，これに合わせてシリコンバレーで時に年収１億円の報酬を用意することで，AIやビッグデータなどの最新技術に精通した高度人材を30人ヘッドハントした。米国で高度人材を獲得して，日立全体のIT人材の1/3も集め，7,000人体制を目指し，２万人規模のIT人材を抱えるGEなどに対抗する。国内の中央研究所内にもデータサイエンティストら高度なIT人材を集めた新組織「ルマーダ・データサイエンティスラボ」を設けた。このラボは各事業部や外部の顧客との協業の場で，データサイエンティストがAI・データ分析の知見を業務改善につなげるための提案を行う場となる。

　他にも，通信系の富士通やNECも，AIの研究に力を入れている。富士通は2016年から2018年までで開発費などに最大1,000億円を投じ，17年には人工知能研究所を設けた。NECは20年度までに200億円投資し，16年に600人の担当者を20年度までに1,000人に増員して，顔認証システムに応用する。また，外部の研究機関との連携も強め，理化学研究所や東芝，NEC，富士通が連携センターを2017年４月に開設した。

　このように，各社ともに，事業の選択と集中に取り組みつつ，事業のDXを進めるために，AIなどの研究にも力を入れている。2016年から2018年度までに，AIの開発費などに最大1,000億円を電機各社が投じる。ただし，IBMやマイクロソフトはAIへの投資に前述のように年間数千億円を投資しており，AIのプラットフォームの開発者としては，GAFAなどのIT企業がはるか先を行く。AI研究で大きくGAFAに先を越され，クラウドサービス，自動物流システムなど，様々なサービスへの応用でも先を越されている現状で，ソニーのように欧米企業や研究機関とのオープンイノベーションを取り入れて彼らの研究成果を活かしつつ，ニッチな市場や関係の深い既存顧客を対象としたサービスへの応用を中心に，今後のビジネスの展開を目指している。

　このように，不採算部門をカットし，コアコンピタンスに経営資源を集中することで，日立の鉄道事業やソニーのゲーム，イメージセンサー事業など，一部に拡大する事業は見られるものの，大手電機メーカー８社としては拡大する

デジタル経済での新しい製品・サービスの創造は達成できていない。日本企業
は，ソニーの例のように，GAFAなどとの協業によって最新のAI技術を利用
しつつ，AIの事業への応用を目指しているが，売り上げをけん引する新規事
業の拡大にまでは至っていない。

　図8-3は，2002年から2019年までについて，大手電機メーカー8社の連結
での売上高・従業員の合計を，2000年度をそれぞれ100と指数化した上で，そ
の推移を売上高営業利益率の推移と比較したものである。図から明らかなよう
に，2002年から2007年まで順調に売上高と利益率が共に上昇したものの，2008
年のリーマンショックとその後の円高以降，売上高は落ち込んだ。前述のよう
な日本の大手電機メーカーの構造改革は，2008年にマイナスとなった営業利益
率を2010年台前半には3，4％，2010年代後半にはさらに改善して2019年には
6％に引き上げるなどの成果を遂げた。

　ただし，その過程で売り上げは伸びておらず，連結従業員の数も2009年を
ピークに一貫して減少を続けている。つまり，構造改革を進めたこの10年を見
ると，不採算事業から撤退してコストを下げたものの，海外売り上げが伸びて
いる日立の鉄道事業や三菱のFA事業，ソニーのゲーム事業や画像センサー事

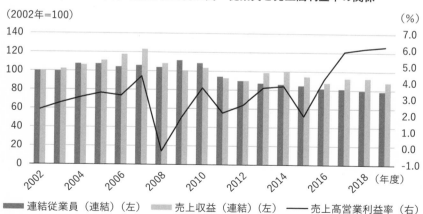

図8-3　大手電機8社の売上高・従業員と売上高利益率の関係

（注）パナソニックのデータは2010年度までは松下電工と三洋電機を加えたもの。尚，松下電工は2004年度まで
　　　会計年度が11月期末だったため，2004年度までのデータは前年12月から当該年11月末までのデータを採用
　　　した。
（出所）各社の「有価証券報告書」より作成。

業を除けば，成長事業を生み出すことに苦慮しており，海外企業との競争が少ない従来からの国内通信，電力事業やパナソニックの国内家電事業など，従来からの売り上げに依存する構図が続いている。その結果，全体として売り上げは回復しておらず，5 G，AI，IoTなどの新たな技術で拡大を続けるデジタル家電の市場やその他世界のインフラ市場で，新規事業の拡大による売り上げ拡大や雇用回復は実現できていない。

　企業の改革の将来性の一つの指標として，市場の期待が反映される時価総額をみると，アップル223.7兆円，トヨタ25.5兆円に対し，ソニー13.6兆円，三菱3.6兆円，パナソニック3.2兆円，日立4.2兆円，NEC1.6兆円，シャープ1.0兆円，東芝1.4兆円，富士通3.3兆円となっている（2021年 1 月13日現在）。世界的にAIやIoTで従来のビジネスの付加価値を上げ，新規事業の機会が広がる中，大手電機メーカーは全体としてはまだ市場を期待させる改革を実現できていないといえる。

第Ⅲ部

グローバル経済下の
日本の政策改革

第 **9** 章

グローバル化・デジタル化の中で
発展を続ける先進国

1 ▌グローバル化，デジタル化で先を行く米国

1.1 ICT産業の発達

　1990年代のIT革命以来パソコンの進歩とインターネットの発達によって世界的に情報通信が容易になり，特に2000年代に入ってスマホが登場して以来，書籍，日用品などをはじめ，映画，音楽，アプリなどのコンテンツも活発に取引されるなど，eコマースが発展し，またSNSなどのコミュニケーション・サービスも急速に発達している。これら情報処理やインターネット，およびeコマースなどのネットサービスを称してICT産業と呼ぶ[1]。特に，近年AIがディープラーニングによって飛躍的な進歩を遂げ，AIやIoTによって革新的なサービスが次々と生まれ，第4次産業革命とも呼ばれる経済・社会的変化が起きている[2]。

　1　ICTとはInformation and Communication Technologyの略であり，情報通信技術と呼ばれる。
　2　第4次産業革命とは，18世紀末以降の水力や蒸気機関による工場の機械化である第1次産業革命，20世紀初頭の電力を用いた分業に基づく大量生産である第2次産業革命，1970年代初頭からの電子工学や情報技術を用いた一層のオートメーション化である第3次産業革命に続く新たな革命で，IoT及びビッグデータ，AIなどを駆使して，大量生産ではなく個々にカスタマイズしたサービスの提供，既存の資源や資産の効率的活用，労働の補完や代替によって，生産性革命や新サービスの創造などを可能にするものである［内閣府政策統括官（編），2017］。

　たとえば，人々の移動も，これまでのバスや電車などの交通機関ではなく，スマホによる個人の位置情報と情報通信を活用することで，個人間のシェアリング，ライドシェアなどが技術的に可能になり，さらには各種センサー，情報通信技術，AIの発展により開発された完全自動運転車の実用化も始まるなど，移動革命とよばれるサービスが次々と登場している。また，物流の分野でも，完全自動運転トラックやドローンによる輸送，完全自動の無人物流センターも既に実用化の段階に入っている。金融サービスでも，ITと金融が融合したフィンテックにより，ビットコインをはじめ，スマホでの決済・融資など，様々なサービスが生まれている［伊藤 元., 2017］。

　また，それらAIとIoTは新たなサービスをもたらすだけでなく，スマート・グリッドによるエネルギー管理，IoTやドローンによる道路や橋などインフラの効率的な管理も可能にし，人口減少がもたらす労働力不足の問題，様々な社会的課題やエネルギー・地球環境問題解決の可能性も秘めている。

1.2　シリコンバレーの発展とイノベーション・システム

　このデジタル化の時代にイノベーションの先頭を走るのが米国であり，その中心地がシリコンバレーである。シリコンバレーには，スタンフォード大学，カルフォルニア大学バークレー校など，国際ランキングでトップレベルの大学が存在している。また，インテルやマイクロソフトの他，グーグル，アップル，フェイスブック，アマゾンなどのGAFA，そしてその他の関連企業も多く集まる。

　シリコンバレーはIT・バイオの世界一のクラスターを形成しており，世界中から優秀な学生，研究者，ビジネス人材が集まり，その下で大学がITやバイオなどの新たな技術シーズを生み出し，リスクマネーを供給する投資家などの支援産業の力を借りてベンチャー企業が次々と生まれ，革新的な製品やサービスを次々と生み出している[3]。

　特に，ベンチャー企業の創出における大学の役割は大きい。スタンフォード

　3　クラスターとは，特定分野において，共通する技術やノウハウによりつながった大学などの研究機関，関連企業，専門性の高いサプライヤー，金融機関などのサービス提供者，関連機関が地理的に集積し，競争しつつ同時に協力も行っているような産業集積を指す。これが関連企業やヒトを引き付けながら発展することで高度なイノベーションを継続的に生み出す基盤となるため，イノベーション・システムの中核的な要素となっている。

大学，カリフォルニア大学バークレー校などは世界最先端のITやバイオの教育・研究を行っており，技術シーズの創造と事業化において中核的な役割を果たしている[4]。たとえば研究者が自ら生み出した研究成果を特定の企業にライセンスしたり，あるいは大学が企業との共同研究やセミナーなどを通じて企業の研究開発に貢献したりすることもあれば，研究者自らが起業することも多い。また，学生の起業熱も高く，シリコンバレー周辺の大学では最先端の教育を受けた学生が起業をすることも多く，大学も学生に対して，起業家育成プログラムを用意し，学生に起業のノウハウを教えている。

　このような技術シーズの事業化は昔から盛んだったわけではなく，事業化を促進する知的財産権制度として，1980年のバイ・ドール法が重要な役割を果たした。この法律の制定によって，国の資金によって大学が発明した特許について，国ではなく大学に特許の所有権を認めるようになった。また大学が特定の企業に排他的ライセンスすることが可能になり，そのロイヤルティの一部を大学の研究者に配分できるようになった。これが研究者の発明への意欲と，ライセンスを独占的に得た企業による事業化，また研究者のスピンオフのインセンティブを飛躍的に高めたのである。

　さらに，様々な技術シーズが次々と生まれるだけでなく，ベンチャー育成の環境も整っている。起業にはリスクマネーの供給が必要である[5]。そこで重要な役割を果たしたのが，創業間もないベンチャー企業に巨額の資産を個人的に投資するエンジェル投資家や，投資家から資金を集め，ベンチャー企業に投資をするベンチャー・キャピタルである。ベンチャー企業の事業拡大の上では，まだ研究開発段階で製品がなくリスクの大きい起業の初期の段階ではエンジェル投資家が主にリスクマネーを供給し，試作・製品化して事業展開することでリスクが低下し，一方で資金需要も多くなる段階になると，ベンチャー・キャピタルが供給する［岸本，2018］。

　シリコンバレーでは，80年代以降，ベンチャー企業の成功が増え，また年金基金のリスク性資産に対する投資の規制緩和などを契機として，ベンチャー・キャピタルに資金が流入し，ベンチャー・キャピタルが大きく発展した。ベン

4　詳細は，［ピシオーニ，2014］第3章や，［東，2001］第2，3章を参照のこと。
5　リスクマネーとは，高いリターンを得るために，回収不能になるリスクを負う投資資金のことを指す。

チャー・キャピタルはリスクマネーを供給するだけでなく，優秀な経営人材を送り込んだりすることで，必ずしも経営ノウハウが十分ではないベンチャー企業が順調に事業を軌道に乗せる手助けをしている［東，2001］[6]。また，シリコンバレーには企業活動に必要な法律，会計，マーケティング，販売などの一流の人材も集まっており，これらの専門的なビジネス人材を適宜利用することで，技術シーズの迅速な事業化を実現している。

　シリコンバレーにおける学術研究の発展と起業の循環を生み出す重要な知的資源が，その地域の魅力とチャンスにひかれて世界中から集まってくる優秀な人材である。シリコンバレーには世界中から留学生，移民が流入し，中国，インド，イスラエルなどの留学生，研究者が世界トップレベルの教育・研究を支えている[7]。学生の起業熱は非常に高く，優秀な学生は起業を目指す。起業の場合，有望な事業にはベンチャー・キャピタルがすべて出資してくれるので，仮に失敗しても起業家が自己資産を犠牲にする必要はなく，そのような環境も起業を後押ししている。失敗はむしろ経験値として評価される場合もあり，また互いのビジネスを認め合い，情報をオープンにし，互いに助け合う風土が形成されており，それらもベンチャー企業の発展を支えている。

　さらに，米国は解雇規制が緩く労働市場が柔軟であり，労働者がより良い待遇，キャリアップなどのために転職することも多い。IT産業では技術変化も速く，優勝劣敗が激しい。このため新しい事業の生成や事業の組み換え・撤退などが必要となり，そのためには技術的，経営的な面で，必要な人材を臨機応変に変えることが望ましい。米国では解雇規制が緩く，シリコンバレーでは人材の流動性が特に高いので，そのような柔軟な雇用が可能となり，起業に適しているのである。

　以上の結果，シリコンバレーでは，1980年代以降，IT・バイオテクノロジー

6　ベンチャー・キャピタルとは，投資家から資金を集めて，企業に出資し，収益を上げて投資家に還元する企業を指す。投資家は年金基金が圧倒的に多い。

7　シリコンバレーの中心地のクパティーノでは，6割がアジア人である。中国人が28.8％，インド人が22.6％，日本人は3％のみであるといわれる。また，シリコンバレーのユニコーン企業（企業としての評価額が10億ドル以上で，非上場のベンチャー企業のこと）の経営者の半分以上が移民であり，起業における移民の役割は大きい。ちなみに，グーグルの創業者セルゲイ・ブリンはロシア系の移民1世，アップルのスティーブ・ジョブズはシリア系の移民2世，フェイスブックの創設者の一人エドゥアルド・サベリンはブラジル系移民1世，アマゾンのジェフ・ベゾスもキューバ系移民2世（実母の再婚相手がキューバ系移民）であり，GAFAの創業者にはすべて移民が入っている。

を中心に，米国の産業構造を変え，GAFAのように世界的な競争力を持つに至る企業が次々と生まれた。さらに，GAFAをはじめとした成功した起業家やベンチャー企業は，エンジェル投資家やベンチャー・キャピタルとして資金面，経営ノウハウの面から新しいベンチャー企業を支えたり，あるいは買収によってベンチャー企業の技術など経営資源を自社に取り入れたりすることも多く，成功したベンチャーが次のベンチャーを育成する好循環も生まれている。

　シリコンバレーにおいて技術シーズがどのように生まれ，それがベンチャー企業によってどのように事業化され世界に広がっていくかをまとめたものが，図９-１である。まず，製品・サービスの創造の段階があり，たとえばスタンフォード大学に世界中から優秀な学生，研究者が集まり，ソフトウェア，AI，ロボット工学などの様々な技術シーズを生み出す。その技術シーズは，研究者がスピンアウトしたり，あるいはベンチャー企業と大学との共同研究やライセンシングの中でベンチャー企業に移転されたりし，ベンチャー企業自身も技術シーズを生み出す研究開発を行い，製品化につなげていく。たとえば，ラリー・ペイジとセルゲイ・ブリンは，スタンフォード大学での研究時に生まれた検索エンジンのアルゴリズムについてのアイデアを元に起業し，エンジェル投資家やベンチャー・キャピタルによる資金援助や経営的人材の紹介を得ながら，検索エンジンGoogleを開発・事業化し，現在の地位を築いた。その後も

図９-１　ベンチャー企業の発展メカニズム

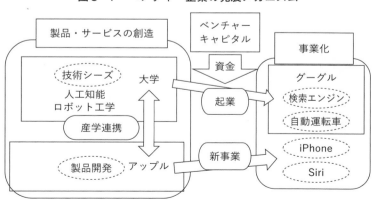

（出所）筆者作成。

グーグルはシリコンバレーのエコシステムを活用し，スタンフォード大学と共同開発したり，あるいは自動運転車の研究者であったスタンフォードのAI研究所のセバスチャン・スランなどの優秀な研究者を引き抜いて自らも様々なサービスの技術シーズとなるAIの研究を行ったりしている。更にはディープラーニングの技術を持つベンチャー企業を買収したりすることで，ディープラーニングを採用したAIを搭載した画像・音声認識技術などの技術シーズを確立し，それらを元に自動運転システムやGoogle Homeなどとして製品化，事業化している。アップルも，第5章で紹介したように，スタンフォード大学の人工知能研究の成果を取り入れることで，音声によるAIアシスタントのSiriを開発した。

事例紹介　　**グーグルの成長とシリコンバレー**

　グーグルの創業者は，米国出身のラリー・ペイジとロシア系移民2世のセルゲイ・ブリンである。二人は，スタンフォード大学で計算機科学の大学院時代に知り合い，研究を始めた。二人が開発したのはバックラブ（Webサイトのリンクの数でサイトの人気度を測り，その順に表示するページランクのアルゴリズムを使ったもの）と名付けた検索エンジン（のちにGoogleに改名）で，ネット上の膨大な情報から重要なものを取り出すのに役立つものだった。

　98年，二人はエンジェル投資家のアンディ・ベクトルシャイムから10万ドルの資金援助を受け，正式にグーグルを創業した。創業当初は検索技術のライセンス供与などしか収入減がなく資金難が続いたが，翌年にはシリコンバレーの大手ベンチャー・キャピタルであるKPCBとセコイア・キャピタルの2社から合計2,500万ドルの出資を受けることに成功した。出資においては2社との間で業界関係者を経営幹部として入れるという取り決めがなされ，2001年にはサン・マイクロシステムズで最高技術責任者を経験したエリック・シュミットを会長兼CEOとして招き，強力な経営体制を築いた。

　ただ，一般に無名のベンチャー企業が製品やサービスの販売拡大を独自で行うことは難しく，事業の拡大にはしばしば大手企業の製品・サービスへの追加が重要な役割を果たす。グーグルの場合は，2000年に自社の検索エンジンがヤフーの公式検索エンジンに採用されたことで，売り上げが急増した。その後，グーグルは検索画面の広告プログラムであるアドセンスを開発した。これはWebサイト上にあるグーグル提供の広告がクリックされるとサイト運営者に報酬がもたらされる仕組みで，2004年までにアドセンスはグーグルの収入の半分を稼ぐまでに成長し，これにより現在の広告プログラムによる収益モデルが

確立された。

　グーグルはその後も，2001年に画像検索，2002年にGoogle Newsなど，様々なWeb検索サービスを相次いで開始した。2004年には株式公開を行い，その結果，ペイジとブリンの資産は一挙にそれぞれ40億ドル（約4,700億円）となった。

　2004年から2006年にかけてはWeb検索以外にもサービスを広げ，Gmail，Google Earth，Google Map，YouTubeなどのWebサービスを相次いで開始した。これらのサービスの開始においては，独自開発だけでなく，企業買収も重要な役割を果たした。たとえば，Google Mapの製品化の上では，ZipDash社（GPS機能を使い，道路の渋滞状況を携帯電話画面上に表示する技術を有する）やKeyhole社（道路地図情報や建物，企業情報などを組み合わせたデータベースや，これらをウェブアプリ上で提供できる技術を有する）などを買収し，迅速な製品化と開発コストの低下などを実現した。また，YouTubeはビデオ共有サイトのYouTube社を16億5,000万ドル（約1,920億円）で買収したものである。

　その後も年間1兆円を超える研究開発費や，大学・企業との共同研究，企業買収を駆使し，WebブラウザのChromeや携帯電話用OSであるアンドロイド，自動運転車の開発にも乗り出すことで，広告媒体の拡大をさらに進めている（このコラムは主に［雨宮，2012］を参考にした）。

　このように，大学という知的資源が生み出す技術シーズ，シリコンバレーに集まる起業家，ベンチャー・キャピタルや弁護士，会計士，経営的人材などの支援産業によって形成されるエコシステムが，迅速かつ革新的なIT分野の事業化を生み出しているのである。シリコンバレーでは企業間・産学の人材交流，移動が多く，事業に必要な高度人材が調達されやすい環境下で，ベンチャー企業は，技術シーズを製品化し，事業として拡大していく。

　グーグルの検索サービス，アンドロイド携帯とそれを基盤とした地図サービス，映画音楽などのコンテンツサービス，携帯市場でトップブランドの地位を占めるアップルのiPhoneとコンテンツ，決済などのサービス，フェイスブックのSNSやアマゾンのe-コマースは，収穫逓増のウェブサービスで世界市場を制覇することで巨額の収益を生み出している。彼らはそれを1兆円を超える巨額の研究開発やベンチャー企業の買収に回すことで，AIやIoTを活用した完全自動運転システム，完全自動物流，ドローンによる配送など，革新的サービスを生み続けている。さらに，AIはビッグデータを利用したディープラーニングによってその知能を飛躍的に向上させることができるため，ネットの検索，

閲覧，取引，SNSや音声検索データなど，あらゆるネット上のビッグデータを集中的に有するGAFAはAIの進化を先導でき，今後のICT関連のビジネスにおいても極めて優位な立場にある。

　これらGAFAのアップル以外の企業は80年代以降に生まれた企業であり，それら企業が国のイノベーションを先導し，国の産業構造を変えている米国は，古い大企業が依然として経済を支配しイノベーションと新陳代謝が進まない日本とは，大きな違いがある。

　米国は自由と自己責任の国であり，その下でシリコンバレーを中心に世界のICT産業の発展の中心となっている。しかし，競争の結果として生まれる所得格差に関しては，政策的に社会保障などで再分配する政策は弱く，医療保険なども国民皆保険ではないため，国民の4人に1人は無保険である。医療保険だけでなく，貧富の差によって，生活水準に加え，住む地域の安全，教育にも大きな格差があるのが特徴である［堤，2008］。このように，成長の果実をどのように国民の間で分配し，成長と平等を両立するかが，大きな課題となっている。

2 ┃ 北欧の積極的労働市場政策とセーフティネットの整備

　経済の発展においては，産業構造の変化が必要となり，当然労働移動も必要となる。内外需要の変化，国内の産業間，企業間の生産性変化の違い，そして国際的な比較優位の変化など内外の供給側の要因により，国内で何を生産し，海外から何を輸入すべきかが異なってくるためである。特に，グローバル化，デジタル化した経済では，産業技術の急速な進展による財・サービス生産への適用とその国際的伝搬，各国の技術発展の加速化，国際分業の機会の拡大により，その重要性はさらに大きくなっている。しかし，米国のように解雇規制を緩くし，人々の自助努力に任せた上で市場メカニズムを働かせれば，経済の効率性は高まり，経済成長を促進する可能性がある一方，経済格差の拡大や雇用の不安定化による人々の生活の不安定化をもたらす可能性がある。一方で，国家が人々の生活を保障し，そのために雇用を保護すれば，経済が硬直化し，経

済成長が阻害される可能性がある。

　このようなジレンマに多くの国が苦しむ中で，労働移動を促進して経済成長を実現しつつ，充実した社会保障によって平等や生活保障を実現してきたのが，スウェーデンやデンマークなどの北欧諸国である[8]。

　北欧諸国が成長と平等・生活保障を両立させている重要な政策上の柱が，1）財・サービス市場での競争政策や労働市場における緩い解雇規制など，競争促進的な政策，2）無料の教育や職業訓練による積極的労働市場政策を通じた労働移動の実現，3）R&D促進政策や低い法人税率など，企業競争力の向上や対内投資を促進する政策による新規雇用の創出と，そして4）失業給付や育児休業など，大きな政府による労働者への徹底した社会保障政策である［翁，西沢，山田，湯元，2012］[9]。いわば，既存の雇用を直接には守らず，積極的労働市場政策や雇用創出政策（先端産業育成や有効需要政策など）によって産業構造調整を実現し，一方で一時的に不安定化する労働者の生活を社会保障で支えることによって，生活保障と経済成長を両立させる政策スタンスといえる。

　まず，スウェーデンにおいては，解雇規制は存在するものの，余剰労働力の解雇は認められており，産業調整は容易である。さらに産業政策も市場メカニズムを重視し，衰退産業を保護することはせず，財市場でも労働市場でも，厳しい競争が働いている。

　積極的労働市場政策とは，職業訓練や職業紹介など，衰退産業から成長産業への労働移動を促進する政策で，衰退産業における休業手当への助成のような，衰退産業に雇用をとどめかねない政策とは対象的である。スウェーデンやデンマークなどで採用され，たとえばスウェーデンでは，失業した場合にITスキルや製造技能，各種サービスなど，6カ月の間，失業給付と同額の給付を受けながら，無料で職業訓練を受けることができる［湯元 佐藤，2010］。職業訓練は，産業構造の高度化による訓練内容の陳腐化や，不況期における雇用の受け皿の限界，職業訓練が失業を長引かせるモラルハザードなどの問題を抱えているが，雇い主への雇用助成やキャリアドバイザーによるジョブマチングを強化

8　以下の議論の骨子は［宮本，2009；翁，西沢，山田，湯元，2012］を参考にしている。
9　たとえば，事業の存続が危ぶまれるなどの強い条件がないと解雇できない日本とは異なり，デンマークでは従業員を自由に解雇できる。またスウェーデンでも余剰人員であると認められれば解雇でき，また解雇無効の際も，金銭解決が認められている。

するなど，様々な方法と制度設計の改善によって，成長産業への労働移動を試みている。このように，産業調整に伴う失業および労働移動のコストを，失業した労働者個人が負うのではなく，社会全体で負担する仕組みとなっている。

　また，教育も人材能力の強化の上で，重要な役割を果たしている。スウェーデンやフィンランドなどでは義務教育から大学・大学院まですべて無料であり，高い教育を受ける権利が保障されている。

　また，日本の大学のように学問的で一般教養などを重視する内容とは異なり，実学志向であり，大学で学ぶ専門内容が職業で求められる専門性と関連している。さらに，失業した場合だけでなく，就労中も教育休暇制度といって教育休暇を取る権利が法的に守られており，また生涯教育の制度により高校水準の一般教育や技能教育を学び直すこともできる[10]。これらにより，北欧諸国では，教育がグローバル人材の育成を含め，産業界の様々なニーズに合う人材の輩出のために重要な役割を担っているだけでなく，すべての国民に，学ぶ権利，学び直しキャリアアップする権利，再チャレンジする権利を与えるものとなっている。

解　　説	成長vs公平：大きな政府か小さな政府か？

　スムーズな産業構造調整を実現する一つの方法は，米国やイギリスのように財・サービス市場だけでなく労働市場でも解雇を容易にして市場メカニズムを徹底させ，一方で社会保障も貧困層向けの最低限のものとした，いわゆる"小さな政府"になることである。この場合，ビジネスの新陳代謝は活発になり，経済成長が促進される可能性がある。というのも，国民は独立独歩，自助の精神により，リスクをとって努力し成功すればその成果をすべて自分のものにでき，一方で努力を怠れば失業や破産の憂き目に遭い，自分や家族の暮らしが破たんする可能性があるためである。このため，自己投資や起業など，様々な努力を惜しまず，労働意欲や労働生産性は高くなる可能性があり，国全体としても労働生産性が上がり，シリコンバレーのように新たなビジネスが次々と生まれれば，経済成長が達成できる可能性がある。

　しかし現実には，機会は平等に与えられているとは限らず，生産性の上昇をすべての人が実現できるとは限らない。また全国民を豊かにできるほどの安定した良質な雇用が市場

10　スウェーデンでは，大学進学に当たり，授業料は無料であり，また奨学金や生活補助なども受けられるため，日本のように親の所得のせいで大学に行けないという教育格差の問題はない。

ベースで生まれるとは限らない。そうなれば労働者の雇用は不安定になり，特に経済弱者は不安定な低賃金単純労働に従事せざるを得ないなど，経済格差の拡大や社会の不安定化が進む可能性がある。グローバル化やデジタル化の進んだ米国では，現に企業の海外移転や国際的なBPOの進展，IT化に伴う労働の二極などによって中間層は縮小し，一部の富裕層がますます富む一方で，低所得層が拡大し，その地位が固定化することで，アメリカンドリームは終わったなどともいわれる。

　一方で，このような経済格差や生活の不安定化を防ぐために，政府が市場に介入して企業保護や解雇規制などを行い，さらには国民から税や保険料を多く徴収して所得再分配を行い，十分な社会保障を提供する福祉国家となる，“大きな政府”という選択もあり得る。そのような政策を採用してきたのがドイツやフランスなど，欧州大陸諸国である。これら諸国は，強い解雇規制や税や社会保障による所得再分配によって，労働者の雇用と生活を守り，そして平等な社会を形成してきた。しかし，この制度の下では，労働者はリスクを取り，多くを犠牲にして頑張って稼いでも，その成果は社会保障維持のための多額の負担に消えてしまう。一方で漫然と働いても雇用は守られ，また仮に失業しても国家が生活を保障してくれるため，労働生産性の停滞，企業や国家へのフリーライダーなどの問題や，新ビジネスの減少，企業の重い社会保障負担による新規雇用の減少が起こる可能性がある。現に欧州大陸諸国は，産業構造の硬直化やその結果としての低成長，そして慢性的な高失業率（特に若年層）などの問題に悩んできた。

　このように，米国のように市場機能に任せ社会保障を最低限にとどめる“小さな政府”は成長のために安定した雇用や平等を犠牲にし，一方で大規模な財政支出によって社会保障を充実させる“大きな政府”は平等や雇用を守るために低成長や失業率の高止まりに悩み，それぞれ一長一短があるといわれてきた。

　スウェーデンをはじめとした北欧諸国にみられる解雇規制を緩和して市場メカニズムを導入し，円滑な労働移動による産業調整を行いつつ，社会保障によって生活保障を実現する政策は，第三の道と呼ばれ，グローバル化の中で格差が拡大する中で，現在注目されている。

　さらに，積極的労働移動政策が成功するためには，新しい良質な雇用の創造が欠かせない。北欧では，時代が求める新しい産業を育成し，また域内投資を促進するために，国全体のR&D促進政策や税制上の工夫もみられる。たとえば，ITインフラ整備について，インターネット普及率は日本が79.4％に対してスウェーデン90.0％，デンマーク88.8％であり（2010年），R&D投資対GDP比も日本の3.5％に対してスウェーデン3.7％，デンマーク2.9％（2008年）と高い［翁，

西沢，山田，湯元，2012]。企業の競争力強化と，EU内外の誘致競争の中で対内投資を実現するため，法人税率はスウェーデンが26.3％，デンマークが25％と低く設定されている。以上のように投資環境を整備した上で，政府は最先端産業を育成するため，産学連携とオープンイノベーションなどを駆使し，国内のハイテク技術集積の形成を主導している[11]。ITの産業集積であるシスタ・サイエンスシティには政府系の研究機関や大学，そして世界的なIT企業であるエリクソン，インテル，ノキアなど，4,600社が進出し，6万5,000人の雇用がされるなど，スウェーデンのシリコンバレーと呼ばれるほどの発展を見せている。

　これらの競争政策や国の研究開発支援によって，IMDによれば，2019年の国際競争力ランキングでスウェーデン9位，デンマークは8位，フィンランドは15位，ノルウェーは11位と，いずれも日本の30位を上回る。

　このように，スウェーデンでは，雇用を直接には守らず，産業の高度化などの産業調整によって新規雇用を創出する形で雇用を保障しようとしている。しかし，それでは不況期には失業者も多くなり，また，それ以外にも，病気や出産など，労働者が就労できない状況は常にあり得る。しかし，スウェーデンでは，働く世代にとって，不況期を含め，万一のための生活保障が充実している。たとえば，育児休業，失業給付，疾病給付は，従前賃金の8割という高い水準であり，現役世代向けのこれら所得補償は，GDPの10.5％に及ぶ規模である（日本は2.2％）。医療費も18歳未満はすべて無料となっている。

　このような所得に比例した形での万一の場合の様々な補償は，労働者の所得格差が大きい場合は機能しなくなるが，産業別労働組合と労使協調的な賃金決定，そして同一労働同一賃金の法的規制により，男女間，職業間の賃金格差は小さい[12]。

---

[11]　スウェーデンでは，官のR&D資金を効率的に配分するイノベーション・システム庁が存在する。シスタ・サイエンスシティなどの産学連携を主導したり，国家の成長戦略に基づく資金配分枠の決定を行ったりしており，現在はナノテク・電子材料，電気自動車，情報通信，再生医療などに資金を重点的に配分している。これら資金は企業，研究機関，大学，公的機関などに配分され，またEU，中国，日本，インド，米国などと国際共同研究を行い，グローバル規模でオープンイノベーションが行われている［湯元 佐藤，2010］。また，個人の起業を支援する仕組みや，大学発のベンチャー創出の仕組みも整えている。

[12]　戦前の労働運動から，同一労働同一賃金の政策が提唱され，歴史は長い。同一価値の労働とは何かについて，設定は容易ではなかったが，経営者団体と労働組合総連合の話し合いにより，職域や企業を超えたマクロ的賃金体系が作られ，同一労働同一賃金の普及と，職務評価の困難さが職業間の賃金格差の縮小につながるという形で，所得格差の縮小が進んでいった［宮本，2009］。

　スウェーデンの成長と生活保障を両立する経済政策の枠組みを表したのが**図9-2**である。スウェーデンは衰退産業から成長産業への資源移動を重視し，そのため点線部分の経済政策を採用している。まず①のように，財・サービス市場，労働市場においては市場メカニズムを働かせ，②で失業する人々を社会保障によるセーフティネットで救済し，さらには職業訓練や生涯教育制度によって成長産業へ移動させる。さらに③のハイテク産業の育成政策によって，良質な雇用の創出を試みている。

　以上の政策の結果，スウェーデンは，高い経済成長率を実現し，一人当たり国民所得も世界トップレベルである。しかも国民の生活保障と平等を実現している。一人当たり国民所得（購買力平価で計測）は2019年のデータでスウェーデンが17位，デンマークが21位と，石油など天然資源に恵まれた国を除いて先進国の中でシンガポール，スイス，香港，米国に続く順であり，日本の31位を大きく上回る。また，平等な社会を実現しており，ジニ係数（2016年，OECD）は所得再分配後で，デンマークが0.26，スウェーデンが0.28で世界一所得格差が小さい。ちなみに日本は0.34，米国は0.39である［OECDデータ］。

　ただし，以上の政策を実現するための政策コストは当然高い。北欧諸国において国民が払う税と社会保険料がGDPに占める割合を示す国民負担率は50〜60％と総じて高く，スウェーデン58.8％，デンマーク66.4％，対する日本は42.8％，米国は33.1％である［2016年，財務省HP資料］。たとえば日本の消費税に当たる付加価値税は23〜25％と非常に高い。

　さらに，社会保障を財政的に支える上で重視されているのが，就業率の向上である。前述の育児休業，失業給付，疾病給付に加え年金も，従前賃金や就労

図9-2　スウェーデンの成長戦略

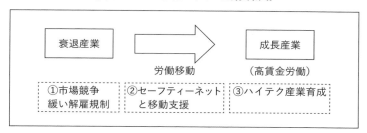

（出所）筆者作成。

時の賃金に比例し，就業し高い所得を得ている人ほど手厚い社会保障が得られるため，就労へのインセンティブを強めている。また女性の社会進出に力を入れており，育児休業，保育所の整備，手厚い子供手当に加え，父親に育児休業を取得させる仕組みを法的に作るなど，子育てをしながら女性が働く環境が整備されている。その結果，女性の労働力率は高く，2008年時点でデンマーク73.1％，スウェーデン70.2％（ちなみに日本は59.8％）と高く，合計特殊出生率も，スウェーデン1.98，デンマーク1.87と高い（ちなみに日本は1.39）［翁，西沢，山田，湯元，2012］[13]。また，失業給付も，これら職業訓練を受けることや，職業紹介所の斡旋を受け入れることが条件となっていたり，失業給付を前職の給料に比例させたりすることで，失業にとどまるモラルハザードを防ぎ，就業をするインセンティブを高める制度設計となっている。このような高い就業率とその下での国民一人一人の高負担が，社会保障を支えているのである。

　社会保障が充実し，受益と負担が明確であるとはいえ，なぜスウェーデンは企業や雇用が直接守られない厳しい競争を受け入れているのであろうか。その一つは，北欧諸国がすべて小国で，輸出に頼らなければ豊かな生活が維持できないこと（輸出依存度はスウェーデンが48.4％，デンマークが47.9％など），またEU統合の中でのヒト，モノ，カネの移動があるため，常に競争にさらされ，資本の流出を防ぎ，海外からヒト・モノ・カネを呼び込み，国際競争を勝ち抜かなければならない環境下にあったことである。いわば，国際競争の中で，個々人の生活の変化は避けられず，その長い歴史の中で「国民全員で繁栄のためのリスクを国全体で受け入れ，一人一人に発生するリスクに関してはお互いに連帯して負担を分かち合う」という社会契約が成立したといえる。

　スウェーデンやノルウェーの社会経済システムは，日本にそのまま適用できるだろうか。スウェーデンのような手厚い社会保障をどこまで実現，維持できるかは，就業率と所得水準の高さ，さらには国民負担率の高さにかかっている。逆に少子高齢化や失業率の高さは制度の維持を困難とする。また，出生率や平均寿命，および国民所得の変動の中で，受益と負担を含む制度の変更が必要となった時に，効率的かつ公平な制度変更を行う政治的意思決定が必要となる。

13　スウェーデンをはじめ，北欧諸国ではパパクウォータ制（男性が育児休業をとらないと給付の権利が消滅する制度。スウェーデンの場合60日）という制度がある。このため，90％以上の父親が育児休業を取得する。1％未満の日本とは大違いである。

　この点，日本は少子高齢化が先進諸国の中で最も進んでおり，女性の就業率も高くなく，就業率の引き上げは困難な環境下にある。また非正規労働などの所得格差の問題により本来社会保障を支えるはずの多くの若年層にその余裕はなく，むしろ社会保障の未加入，未払いの高さにより，制度そのものの持続性すら危ぶまれる状態である。さらに今後も高齢化が急速に進むにもかかわらず，受益と負担のバランスを調整するための利害調整役を担うはずの政治は高齢者民主主義，ポピュリズムに陥り，政治的な決断は先送りされている。その結果，世代間の受益と負担のバランスは偏り，その中で社会保障を支える若年層の負担感は強く，制度の制度改革に向けた国民的合意は困難を極める。

　このように，スウェーデンをはじめとした北欧諸国のようなセーフティネットの構築は日本と前提が大きく異なり，そして一日にして確立できるものでもない。しかし，グローバル化の中で国の支援の下で労働者の再訓練と雇用の流動化を進めて産業構造の転換を進めることで，経済成長と生活保障を両立させようとする北欧補諸国の取り組みは，企業や雇用は直接守られているが，労働市場の流動性が小さい中で低成長と不安定な雇用の増加，格差拡大が続く日本にとって，今後進むべき一つの方向性を示しているといえる。

3 ｜ 国家主導のビジネス環境整備で成長を続ける シンガポール

　シンガポールは人口569万人で，東京都の23区ぐらいの面積の小さな国である。その小国が1970年代以降急速な経済発展を遂げ，一人当たりGDPは現在97,057ドルで世界2位（日本は42,248ドルで30位：2020年，購買力平価：IMF）を誇る。このように日本を超える一人当たり所得を実現した過程で，シンガポールは産業構造改革を何度も果たした点で停滞する日本の参考になり，またアジアにおける地域本社，物流ハブ，金融センターとして日本のライバルでもあり，その点でも参考とすべき国である。

　シンガポールの経済発展においては，初代首相リー・クワンユーの開発独裁（任期1965-90年）の下での外資主導型の発展戦略が重要な役割を果たした。シ

ンガポールはマレーシアからの独立後，70年代までは港湾管理と中継貿易が中心であったが，それら以外に主要な産業がほとんどなかったこともあり，国を開放し，世界の高度人材や外資を積極的に誘致することで発展を目指す，外資主導型の経済発展戦略をとった。経済発展に伴う比較優位の変化に伴い，ヒトも土地も限られる中で産業構造改革を国が積極的に主導し，80年代には石油化学，90年代にはエレクトロニクスの加工組み立てやバイオテクノロジー，2000年以降は金融センターへと，誘致政策を柔軟に変更することで，産業構造の転換を実現した。

リー・クワンユーは世界のヒト・モノ・カネを呼び込むために，首相着任後，以下の抜本的ともいえる，ビジネス環境整備のための経済改革を行った［八代，2014］[14]。

第一に，当時国民の大部分が使っていた中国語ではなく，国民の反対を押し切ってあえて英語を公用語に取り入れ，学校教育でも英語での授業を中心とすることで，英語でビジネスや生活ができる環境を整えた。

また，外国企業を誘致するために，誘致を専門に担当する経済開発庁を設立し，外国企業が進出にかかわるすべての手続きをワンストップ（一括）で行えるように配慮した[15]。さらに，高度の通信インフラを整備して，24時間稼働で市内中心から近く国際移動も便利なシンガポール・チャンギ国際空港やシンガポール港も整備した[16]。さらに，法人税率も低くし，2001年まで20％台半ばだったものをそれ以降はさらに低くして10％台に設定し，他にも様々な優遇措置を与えることで，多国籍企業が東アジア地域で活動するための物流，金融，事業の拠点として進出させることに成功した。

さらに，産業の高度化の上で必要となる外国の高度人材を呼び込むために，所得税や相続税を安くし，学校や病院など，外国人が生活しやすい社会インフラも整備した。これらの結果，金融業で必要なトレーダー，バイオの研究者，ITのエキスパートなど，ハイテク産業の高度人材が流入した［大前，2013］。

14　より詳細な説明は［岩崎，2013，ページ：87-224］を参照のこと。

15　通常，先進国企業が開発途上国に進出する場合には，投資の認可交渉に始まり，優遇税制の確認，労働者や取引業者の選定など，様々な煩雑かつ長期間を要する手続きをする必要がある。

16　シンガポール・チャンギ国際空港は市内までタクシーで30分と非常に近い距離にあり，またその利便性，快適性も高く，世界の空港ランキングでトップを維持している。シンガポール港もアジアのハブ港として君臨し，コンテナ取扱数で世界最大規模を誇る。

一方で，成長と共に労働力不足になり，国民の共働きが増えると，建設業や家政婦などの単純労働者も積極的に呼び込んだ。これらの結果，労働者に占める外国人労働者の比率は上昇を続け，80年に11.2％だったのが，90年には16.1％，2000年には29.2％にもなった。

また，唯一の資源である国内人材の育成についても，徹底した能力主義教育で力を入れている。前述のように英語を公用語の一つとし，英語による教育が国民の支持もあり広まっていった。また，徹底した能力主義教育を実施し，小学4年次から始まる能力別の学校教育システムで学生を選別する。優秀な学生は奨学金と留学の機会が与えられ，帰国後は官僚として政府や国営企業で働くことを義務付け，国の開発政策を担う優秀な人材として育成した。

このように，政府主導の外資主導型経済成長により，現在では日本を上回る経済成長を遂げたシンガポールであるが，一つの問題が，徹底したエリート教育と市場競争が生み出した，国内の所得格差の問題である。外国人未熟練労働者の所得が低いのに加え，国民の間でも低学歴の者や外国人労働者に職を奪われた者と高学歴高所得の労働者（高所得の外国人移民も含む）の所得格差は大きい。その結果シンガポールのジニ係数は世界でも最も高く，0.46となっている[17]。

17　ちなみに，0.4以上が社会騒乱，0.6以上が危険ラインとされる。

第 **10** 章

日本経済の課題とアベノミクスの成長戦略

1 │ グローバル化・デジタル化の下での経済システムの構築

1.1 グローバル化・デジタル化の下で日本に求められる能力

　これまで述べてきたように，米国はデジタルエコノミーが広がる世界経済においてイノベーションの中心となり，またスウェーデンやシンガポールも，労働市場の流動性を維持し，産業構造の調整や外国企業や高度人材の積極的な呼び込みで，それぞれ高成長を維持している[1]。ただし，グローバル経済の資源を活用するために国を開き，またデジタル化が進展する中で，市場機能の徹底による効率化が高所得の機会を享受できるものとそうでないものとの間で経済格差を生み出しており，その問題への対処が一つの課題として残されている。スウェーデンをはじめとした北欧諸国は成長と生活の安定や平等を両立した，先進国の数少ない成功例である。

　一方で日本は終身雇用制度の下で安定した雇用を維持してきたが，硬直的な経済構造の下でイノベーションは停滞して経済成長率は停滞しており，肝心の雇用も，所得が伸びない一方で非正規雇用も増え，雇用は劣化している。その

　1　デジタルエコノミーとは，デジタル技術やデータを活用した経済活動やその経済を指し，ICT産業の発展とそれに伴う第4次産業革命の進展がその原動力となる。

図10-1　日本の実質GDP成長率

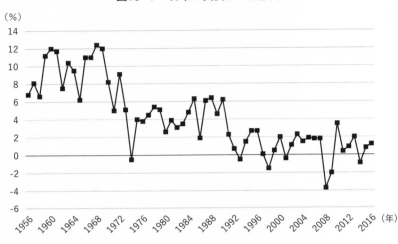

（出所）内閣府「国民経済計算」より筆者作成。

　結果，1990年にOECD諸国の中で7位だった一人当たり所得は，現在19位にま
で低下している。
　さらに，現在日本は国の借金残高が1,000兆円を超え，少子高齢化の中で年金，
介護，医療などの社会保障費が膨らむ一方であり，社会保障，財政の持続可能
性が危ぶまれる中，改革は進んでいない。またアベノミクスの下で失業率は
2％台に低下したものの，賃金は伸び悩み，逆に労働不足や東京への一極集中
と一方での地方の人口減少や空洞化などの問題が残っている。
　グローバル化によって世界のヒト・モノ・カネを活かす機会が飛躍的に高ま
り，また第4次産業革命ともいわれるデジタルエコノミーの拡大で様々な新し
い産業が生まれる機会がある中で，成長を続ける先進国の経験を参考にしつつ，
如何に国民の豊かさを維持・拡大し，社会的な問題を解決していけばよいのか。
そのような観点からの政府の経済戦略が，今求められている。
　ちなみに，国民所得や一人当たり所得を左右するものは，人的資本，物的資
本，技術係数（イノベーションや労働移動により実現）である。現在の日本は，
労働力不足・減少の中，人材を育成し，またヒトや企業を誘致して不足する資
源を補いつつ，イノベーションを持続させる産業集積を形成し，古い産業から

成長産業へヒト・モノ・カネを移動させることで，経済成長を実現していく必要がある。

　特に，ICTの急速な発展は第4次産業革命とよばれる経済社会的な変化をもたらす可能性があり，各国がグローバルに競争しつつ国際分業を行う経済のグローバル化の中で，国がそれらを活かして成長を続けるためには，技術変化・国際経済関係の変化の中で産業構造を柔軟に更新してゆく産業調整能力が不可欠である。それらを考慮すると，グローバル経済，デジタルエコノミーの下にある国家には以下のことが求められる。

　図10-2は現在のグローバル経済の中での成長戦略と，そこでの国家の役割を示したものである。求められる国の能力は，Ⅰ．イノベーション・システムの活性化，Ⅱ．産業の新陳代謝の促進，Ⅲ．地方経済の活性化の3つの次元に分けることができる。つまり，如何に新しい産業の契機となるイノベーションを生み出し，古い産業・事業から新しい産業・事業への新陳代謝によって産業構造を新しくし，そして一方でグローバル経済の恩恵から取り残されがちな地方経済を如何に活性化するか，ということである。

　まず，Ⅰは国全体の持続的なイノベーション能力に関するものであり，それはa）新しい技術シーズを如何に生み出すか，b）それを新しい事業の創造にどうつなげるか，という2つに分けられる。

　まずa）について，技術シーズとは製品やサービスの元なるような技術であり，たとえば東レの炭素繊維やシャープのIGZOパネルに用いられたIGZOと呼ばれる半導体，そして次世代のビジネスの核となり得るディープラーニングのようなAI，iPS細胞などがある。米国シリコンバレーでは，スタンフォード大学，カリフォルニア大学バークレー校や，周辺に集まる様々な企業の研究所がそれを担っている。

　さらに，b）について，技術シーズを事業化するのは，産学連携で協業をする企業，あるいは大学からスピンアウトした企業の役割である。たとえば炭素繊維を応用した航空機の機体を製造したり，AIを使って囲碁を行うソフトウェアを開発したり，iPS細胞を使って臓器再生医療を行ったりすることである。前述のように，米国では，研究者が研究をビジネス化するインセンティブが高く，研究者のスピンアウトや，産業界への技術移転などを通じて，次々と新しい技術や事業が生まれている。このように国の大学・研究機関，および企業の

図10-2　グローバル経済下で求められる国内経済の改革と政府の役割

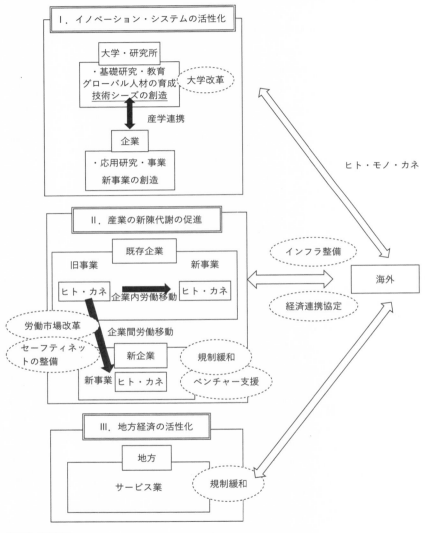

（出所）筆者作成。

研究開発，そして産学連携によって，技術シーズが事業化されイノベーション
が生まれる仕組みを，イノベーション・システムと呼ぶ。

　Ⅱは，産業の新陳代謝の促進であり，そのための資金調達・労働移動である。特に，技術革新のスピードが加速し，ビジネスが専業化する中で，臨機応変に市場でポジションを得るためには，日本のように既存企業の組織変更や労働の再配置による対応には限界があり，米国のように，次々と新しい企業が新しいビジネスを興し，その中で優れた企業が生き残る形で産業が発展していく仕組みの構築が重要となる。それに関連する資金調達・労働移動上の政策課題は，ｃ）新しい事業に必要な技術，人材，資金をどう国内で調達，あるいは海外から呼び込むか，ｄ）それに関連して，新しいビジネスの登場や比較優位の変化で必要となる国内の生産要素移動を如何に円滑に行うか，に分けられる。

　ｃ）の新企業による新事業の創造には，ベンチャー企業の誕生や外資系企業の参入が考えられるが，時に技術シーズを事業アイデアに発展させ，事業計画を持つ起業家以外に，資金，エンジニア，経営的人材など，様々な専門人材が必要となる。様々な専門的人材の国内での育成は勿論，海外からの高度人材の呼び込みも重要となる。人口減少が進み，失業率も２％台の日本ではなおさらである。また，資金の調達については，新規事業はハイリスク・ハイリターンであり，豊富なリスクマネーの供給が重要となる。米国では，ベンチャー・キャピタルの存在が，起業家への資金だけでなく，経営ノウハウ，そして経営人材の斡旋などの重要な役割を果たしている。

　ｄ）については，新しい事業が生まれる時には，国の生産要素に限りがある中，経済全体で資本や労働を古い部門から新しい部門へ移動させる，生産要素の再配置，組み換えが必要になる。労働者の移動には既存企業内部での配置転換，あるいは外部の労働市場を通じた転職という２タイプがあるが，デジタル化・グローバル化した経済の中では，技術革新や各国の経済成長の中で国の比較優位や企業の競争優位は目まぐるしく変わる可能性があるため，その利益を享受するためには，外部の労働市場を活用した労働移動がますます重要となりつつある。さらには労働移動の過程で不安定化する人々の暮らしを，セーフティネットの整備でどこまでどう守るかを考える必要がある。

　以上のように，新事業の創造のための専門的人材を育成し，かつ時に海外から呼び寄せ，また新事業の創造のために常に生産要素を柔軟に移動させ，古い事業から新しい事業への新陳代謝を促進することが，現在求められている。またⅠで生み出したシーズの事業化が実現するためには，当然新しいヒト・モ

ノ・カネが必要であり，その点でもこの生産要素が柔軟に移動する仕組みは重要である。

　Ⅲが，地方の活性化という問題である。経済のグローバル化の下で，各国の魅力的な産業集積がある都市沿岸部は発展の中心となっているが，そのような高度な産業集積がない地方は，多くの国で衰退の危機に直面している。先進国では特に製造業の空洞化が進み，サービス経済化が進む中で，地方をどう活性化するかという問題に直面している。

1.2　求められる政府の発展戦略

　以上のⅠ～Ⅲを実現する上で，現在の日本政府はどのような役割を果たすべきだろうか。それを示すと以下の通りになる。

　まず，Ⅰのイノベーション・システムの改革では，研究開発と教育で重要な役割を果たす政府の大学改革が求められる。大学改革は，基礎研究の促進と，専門的人材の育成の2つに大別される。第一に，基礎研究について，日本において研究開発の中心は企業であるが，一般に技術シーズは事業化から遠い基礎研究から生まれるものも多く（たとえばiPS細胞の研究など），開発期間が長く，また資金もかかるため，リスクが高い。特に，近年コンピュータ，ロボット，5Gなどのデジタル情報通信，バイオテクノロジーなどにおいて，科学的な新発見が技術シーズになることも多い。このため，その研究を担う研究機関や大学研究には，国の役割が重要である。米国では，もともと軍事目的を中心に政府が大学の基礎研究に多額の支援をしており，また開放的な移民政策によって世界一流の大学に世界中から優秀な研究者，留学生が集まっている。さらに，バイ・ドール法により大学の研究や産業連携のインセンティブを高めることで，ハイテク分野で多くの技術シーズを生み出し事業化する環境を創り出し，国際的な技術優位を維持している。日本にも世界トップレベルの科学技術力があり，その資源を活かした産学連携による事業創造のための環境整備も，政府の重要な役割となる。また，専門人材の中でも，IT人材やグローバル人材育成の重要性は高まり，そのための教育改革として，大学教育の国際的なレベルへの引き上げは勿論，留学を含めた英語教育や，IT分野の教育も日本は遅れており，その拡充が急務である。

　次に，Ⅱの産業の新陳代謝の促進においては，企業の新しい事業への進出を

促すための環境整備や，進出を妨げている様々な規制の緩和が求められる。さらには起業を促す上で重要な柔軟な労働移動には，国の労働法制や雇用・労働移動関連の支援策なども大きく影響する。たとえば，米国では解雇規制が弱いことが，技術革新に伴う大きな産業構造変化を生み出す原動力となっている。スウェーデンも，市場メカニズムを働かせ，積極的労働市場政策を実施することで，産業構造の柔軟な転換を目指している。但し，その際には，雇用の流動化や市場競争の徹底がもたらす国民生活の不安定化や所得格差の拡大にセーフティネットの拡充や格差是正策によってどこまでどう対応するかも重要なテーマとなる。

　また，日本では特にベンチャーの立ち上げの際にリスクマネーや経営的なアドバイスをできるベンチャー・キャピタルの規模が十分でない。一方で米国ではベンチャー・キャピタルが起業の際のリスクマネーの供給をはじめ，経営的アドバイス，経営人材の斡旋など，様々な役割を果たしており，そのリスクマネーの供給をはじめとしたベンチャー支援も，政府の役割となる。

　Ⅲの地方経済の活性化については，住民のニーズが強く，今後の発展も期待できる医療，介護，教育，保育などは，岩盤規制といわれる規制でビジネスチャンスが制約されており，また人手不足などの問題も抱えている。観光は目ぼしい産業のない地方にとって唯一拡大が見込める数少ない産業の一つであるが，そこでは観光ビザや空港の整備など，政府の制度改革も重要や役割を果たす。

　最後に，海外とのヒト・モノ・カネの交流を促進するための政府の役割である。米国やEUのドイツ，そしてシンガポールの例が示すように，海外から企業を誘致し，様々な人材を呼び寄せるためには，ビジネス・住環境をはじめとした政府のインフラ整備や対外国人労働者・移民政策が大きく影響する。この点，日本とアジアでの立地上のライバルでもあるシンガポールは，政府主導で英語を公用語にするという大改革をはじめ，住環境やIT・空港・港湾をはじめとしたビジネスインフラを整備することで，アジアでの物流，ビジネス拠点としてトップを走っている。

　また，国際的な交流を深めるためには，関税の引き下げをはじめとして，投資ルールの共通化，知的所有権の保護，労働者の移動に関するビザや資格の制度の取り決めなど，様々な国際ルールを決める必要がある。日本は特に，米国

と中国を筆頭に，アジア諸国とも貿易・投資関係が強く，それら地域との国際ルール作りが重要となる。

1.3　近年のアベノミクスの成長戦略

　以上のようにグローバル化，デジタル化の進展に伴う第４次産業革命の機会が広がった世界経済において，イノベーション・システムの活性化，産業の新陳代謝による新しい事業の普及，それに伴う成長分野への積極的な労働移動が求められる中，現在の日本ではどのような経済政策がとられているのだろうか。

　2012年末の安倍政権発足から始まったアベノミクスでは，３本の矢と称して，大胆な金融政策，機動的な財政政策，そして成長戦略という３つの改革が行われた。大胆な金融政策の下での大胆な量的緩和政策や成長戦略による景気回復期待から日本のインフレ期待が高まったことでそれまでの１ドル100円を切る円高は解消して日本は１ドル100円から110円台に移行し，失業率も景気回復の中で５％台から順調に改善し，2017年には年平均でも２％台となった［労働力調査］。

　このように大胆な金融緩和や機動的な財政政策が短期の需要対策であり景気回復に一定の役割を果たした一方で，今後の長期的な日本の成長力を左右する最も重要な改革が，供給側の改革である成長戦略である。

　表10-1は，グローバル経済下で求められる国内経済の改革と，アベノミクスの成長戦略の関係を示したものである。

　Ⅰのイノベーション・システムの活性化に向けては，科学イノベーションランキング１位という目標を掲げ，基礎研究の推進による技術シーズの創造や産学連携の強化のための支援プログラムの推進，政府の科学技術政策の一本化のための総合科学技術会議の司令塔機能強化，さらには研究人材の育成のための若手・外国研究者の積極的な採用などが盛り込まれている。また，人材育成については，グローバル人材の育成のための英語教育の強化やIT人材の育成，さらには留学生の呼び込みなどが盛り込まれた。

　Ⅱの産業の新陳代謝の促進のための政策としては，ヒト・企業の呼び込みを促進するために，ビジネス環境ランキング３位を目指し，国家戦略特区を活用した規制緩和，空港・港湾などのインフラ整備，法人税減税などが盛り込まれている。

表10-1　日本経済の課題とアベノミクスの成長戦略

強化すべき点		アベノミクスでの成長戦略	主要な政策手段（検討されているもの）
I	イノベーション・システムの改革	科学技術イノベーションの推進※イノベーションランキング1位へ（2012-13年5位） 1）基礎研究の強化，および産学連携の強化 2）研究人材の育成	1）戦略的イノベーション創造プログラムの推進，革新的研究開発支援プログラムの創設，「総合科学技術会議」の司令塔機能強化 2）若手・外国人研究者の採用促進や年俸制の導入
	人材育成	1）グローバル人材育成 2）IT人材の育成	1）英語教育の改革 ・初等教育からの英語教育 ・高校・大学での留学機会の促進，大学入試・国家試験でのTOEFLの導入 2）大学改革 ・人材・教育システムのグローバル化・英語化，留学生の増大
II	ヒト・対内投資の呼び込み	ビジネス環境ランキング3位以内（2013年当時15位） 1）ビジネスチャンスの拡大 2）ビジネスインフラの整備 3）高度人材の呼び込み	1）規制緩和：国家戦略特区の設置 法人税減税 2）空港・港湾の整備，都市のビジネス環境の改善 3）住環境の整備（インターナショナルスクール，外国人向け医療施設など），永住権獲得条件の緩和
	新産業の育成	1）産業の新陳代謝の促進 2）ビジネス機会の拡大 3）デジタル経済への移行	1）起業の促進：ベンチャー投資・再チャレンジ投資の促進，事業再編への助成 2）規制緩和：岩盤規制（農業，医療，エネルギー，雇用など）の緩和 3）通信インフラの整備，公共データの民間開放，電子行政サービスの構築[2]
	労働移動の活性化	1）労働移動の促進 2）多様な働き方の実現 3）女性の子育て支援	1）雇用調整助成金の削減と労働移動支援助成金の拡充，公営の斡旋企業の機能強化・民間人材ビジネスの活用強化 2）労働時間法制の見直し，多様な正社員モデル導入の検討 3）子育て支援，男性の育児参加支援
III	地方の活性化	ローカルアベノミクス 1）中小企業の強化 2）サービス産業の生産性向上 3）農林水産業，医療・介護，環境の基幹産業化	1）商品開発・市場開拓に関する情報提供，相談窓口の設置など 2）経営支援を担う中小企業団体，地域金融機関への支援など 3）農業法人化の支援，農地集積の促進，外国人患者の呼び込み支援，医療での番号制度・電子カルテの導入，外国人観光客呼び込みのための港湾・宿泊の整備など
IV	経済連携協定の促進	経済連携協定の締結	TPP，日EU・EPA，RCEPへの参加

（出所）［首相官邸，2013；首相官邸，2015］を元に筆者作成。

2　マイナンバー制度のことを指す。社会保障，税，災害対策の3分野で，個人の情報を同じ番号で管理する制度である。これにより，別々に作成されていた住民票コード，基礎年金番号，健康保険被保険者番号などが一元化された。また，上記分野の行政費用の削減・国民の行政手続きの簡略化だけでなく，ビッグデータの利用による医療の質向上なども期待されている。

　また，ベンチャー支援のための制度整備や，農業・医療やエネルギーなどで新規事業を阻んでいた岩盤規制の緩和や，企業間労働移動を促進するための労働市場改革として，労働移動支援助成金の活用，厳しい解雇規制を緩和するための労働法制の改革をはじめ，女性の労働参加率を改善するための働き方改革などが盛り込まれている。

　Ⅲの地方の活性化のための政策としては，サービス産業の生産性向上のための諸政策，農林水産業，医療，介護など，基幹産業の活性化のための規制緩和，観光業でのインバウンド促進のためのビザ・航空規制の緩和などの制度改革が盛り込まれている。そして，Ⅰ～Ⅲすべてに影響のある海外とのヒト・モノ・カネの交流促進のためのTPPをはじめとした経済連携協定への参加が含まれている。

　このように，アベノミクスには，人材の育成，国のイノベーション力の向上，更には産業の新陳代謝を促進するためのベンチャー企業支援をはじめ，特にグローバルな資源を活用するための法人税減税やビジネスインフラ・住環境の整備，また経済連携協定のさらなる推進など，ドイツやシンガポールをはじめグローバル経済の中で成長を続ける先進諸国が行ってきた改革が踏襲されている。但し，改革に進捗はみられるものの，様々な政治的な反対や財源の問題により，小粒な政策に矮小化されているものも多い。次節では，**表10-1**にあるアベノミクスの政策について，日本の全体のイノベーション戦略および電気機器産業の復活に大きくかかわる，Ⅲ以外の項目を順に検討し，アベノミクスの成長戦略の意義と限界を考察していく。

2 ┃ アベノミクスの成長戦略：各戦略の背景とその内容

2.1　日本のイノベーション・システムの改革

　国のイノベーション・システムとは，文字通りイノベーションを生み出す国全体の仕組みのことである。それは企業の研究開発だけから生まれるものではなく，企業をはじめ，大学，公的研究機関などを主要なプレーヤーとし，それらの有機的な連携によって構成される。したがって，その司令塔としての政府，

そして大学などの教育・研究機関の役割も大きい。諸外国の例が示すように，大学や公的研究機関によるリスクの高い基礎研究の促進は国のイノベーションの土台となり，産学連携のような研究交流をはじめ，国による企業の研究開発支援，イノベーションを促進する様々な法整備，制度設計は，企業の研究開発を活発化する触媒となる[3]。また，教育政策を通じた技術者，技能者，その他経営的人材を含めた専門的人材の育成なども，産業の基盤に不可欠である。よって，国際的な企業間のイノベーション競争は，個々の企業間のそれを超えて，最終的には国のイノベーション・システム間の競争でもある。

　国のイノベーション・システムに大きくかかわるものとして，近年急速に発展する医薬品産業やエレクトロニクス産業，IT産業などの分野はサイエンス型産業といわれ，バイオテクノロジーや電子工学，コンピュータ工学など，急速に発展を続ける各分野の科学研究やその融合が新しいビジネスの源泉となっている。たとえば，シャープのIGZO液晶パネルは，東京工業大学の細野氏らが発明した薄型トランジスタが元になっており，また現在のスーパーコンピュータをはるかにしのぐ計算能力を持つ量子コンピュータは，98年に東京工業大学の西森氏の「量子アーニング理論」というアイデアが元になり，多くの企業による研究開発競争の中で実用化が進んでいるものである。

　このように，大学をはじめ，関連する様々なベンチャー企業や大企業など多様な知的主体が有機的に関連し合う中で，如何に最先端の技術シーズを生み出し，事業化するサイクルを質，量，速さにおいて向上させるかが，デジタルエコノミーにおけるイノベーション・システムに求められている。特に，技術革新の中核となるAIなどコンピュータ工学やバイオテクノロジーでは知の中心が現在米国や欧州などに移り，それを中国が猛追する形になっており，それら地域では世界トップレベルの大学の周りに企業の研究所が集まる形で，国内外の活発な研究交流・人材移動が行われ，様々な技術シーズとイノベーションが生まれるようになっている[4]。IT分野におけるその中心がシリコンバレーであり，欧州も，前述のスウェーデンのシスタ・サイエンスシティなど，ITやバ

　3　大学の技術シーズの事業化を促す米国のバイ・ドール法の制定などが，法整備の典型例である。
　4　たとえば，完全自動運転車の開発には，従来の電気自動車の開発に加え，認識，判断，動作のためのAI，外観を認識するためのセンサー，周辺の車と情報交換をするための情報通信システムなど，様々な技術が関係する。

イオ，自動車などの人材・企業をEU，そして世界から集め，中国もITとものづくりの集積が深センに生まれ，北京でも政府がハイテク産業の集積を計画するなど，世界各国がハイテク産業のクラスター形成を競い合っている。

　このような世界のイノベーション環境の変化の中で，社内の研究開発部門における技術蓄積や特に現場でのすり合わせなど，閉じた世界の中で漸進的に品質改善やコスト削減を行う，日本企業が得意としたイノベーション力の優位性は，第Ⅱ部で議論したように，急速に薄れつつある。

　サイエンス型イノベーションの重要性が増す中でのイノベーション・システムの形成の上で，日本のイノベーション・システムの問題点を示したのが図10-3である。まず，①企業による研究開発能力は国際的に見て高いものの，近年はそれも相対的に低下傾向であり，ベンチャーは不活発である（ベンチャーについては以下の2.4で議論する）。また海外との研究交流も弱い。②技術シーズを生み出すのに重要な役割を果たす日本の大学は，基礎研究能力が近年弱まっており，若手研究人材の育成や外国の高度人材の呼び込みにも問題がある。③サイエンス型産業で重要な産学連携は，シリコンバレーやEUと比較して弱いなど，多くの課題を抱えている［内閣府，2018，ページ：239-273］。

図10-3　日本のイノベーション・システムの問題点

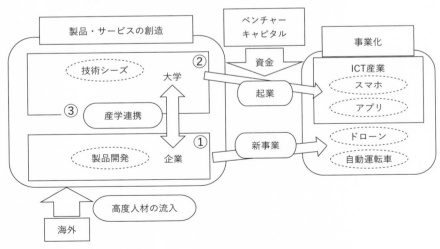

（出所）筆者作成。

以下で，順に詳細に見ていこう。

　日本の研究開発において，そのインプットである研究開発費や研究者数は，研究開発支出で見ても，研究者数で見ても，企業がその8割を占めるが，長年世界トップレベルを維持してきた。図10-4は，主要国の研究開発費総額のGDP比と研究者数の推移を見たものである。図a）が示すように，日本の研究開発費のGDP比は，2010年に韓国に抜かれるまで，1980年代半ばから第1位を維持し，世界トップレベルである。

　また研究者の数も，その8割を占める企業の研究者が80年代から90年代にかけて増加したことで，図b）が示すように，米国に次ぐ第2位の数を誇ってきた。しかし，2000年代以降は諸外国が数を増やす中で停滞し，米国に差をつけられ，中国に抜かれるだけでなく，韓国やドイツなどにも迫られている。

　さらに，研究開発の中間的な成果である特許の取得状況も，これまで世界トップレベルを維持していたものの，近年諸外国の追い上げを受けている。図10-5が示す通り，80年代以降，日本の特許取得数は産業高度化の中で順調に伸びた。しかし，バブル崩壊後の90年代以降，日本企業の研究開発の停滞と共に頭打ちとなり，一方で米中，特に中国の急激な追い上げに合うことで2012年以降中国や米国に抜かれ，現在は世界第3位となった。中国は特に，情報通信やAIなどのコンピュータ工学において急速に特許取得数を増やし，ものづくりの高度化や，デジタルサービスの普及につなげている。

　このように，日本企業の研究開発は，金額，人材，そして中間的なアウトプットとしての特許取得数でみれば，トップの座を米国や中国に譲りつつあるとはいえ，現在も世界トップレベルであることに違いはない。しかし，問題は，これら開発研究のインプットが，最終的なアウトプットとしての企業収益に結びついているとはいえないことである。それを示したのが図10-6である。

　図10-6は日本，EU，米国の累積研究開発費（2004〜08年）と累積営業利益（2009〜13年）の関係を見たものである。図の左上に行くほど，研究開発費を多く投じている割に営業利益に結びついておらず，研究開発が結果的に非効率であり，一方で右下に行くほど効率的であるといえる。

　このように研究開発が利益に結びつかない理由には，グローバル化やデジタル化による国際競争環境の変化が大きく影響している。技術のデジタル化が既存技術の陳腐化を早め，既存の製品分野での漸進的なイノベーションを重視す

図10-4　主要国の研究開発の比較

a）研究開発費総額の対GDP比

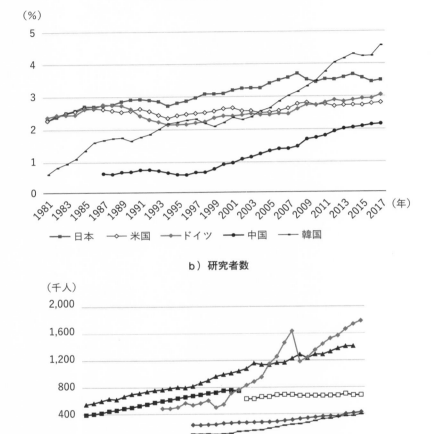

b）研究者数

（注）図b）の研究者数はフルタイムで研究活動を行った場合の研究者数（FTE）を計測した。但し，日本の統計
　　　は，2001年までは人数（HC）かFTEかを明確に区別していない。
（出所）文部科学省 科学技術・学術政策研究所，「科学技術指標2019」を元に，筆者が加工・作成。

図10-5　主要国の特許取得数の推移

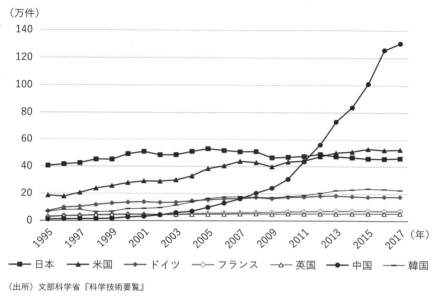

（出所）文部科学省『科学技術要覧』

図10-6　累積研究費と累積営業利益の違い：米国・EUとの比較

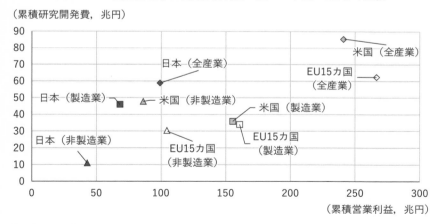

（出所）内閣府『経済財政白書　平成27年度版』の図を元に筆者作成。

る日本企業に不利になったこと，モジュラー化に伴って生まれたグローバルな国際分業の可能性の中で選択と集中が遅れたことである。さらに，近年の産業技術に重要な役割を果たすサイエンスの事業化を生むシステムが，競合国と比較して確立されていないことも影響している可能性がある。それに関連して，日本の研究開発は大企業中心であり，知的クラスター内の技術シーズがベンチャーを通じて事業化される仕組みが整っていないことなどが挙げられる（これに関しては2.4で詳しく論じる）。

　②の，日本の大学の研究能力，および事業化への貢献はどうだろうか。企業の研究開発余力が低下する中，企業は革新的な製品開発の土台となるがリスクの高い基礎研究への投資を減らし，短期的に成果の出る応用分野やサービス分野への投資に比重を移しつつある。もはや企業内で基礎研究から製品化まで行うのは現実的ではなく，企業はその担い手としての大学や公的研究機関との連携を重視するようになっている。このような動きの中で，大学を含む国の研究機関は，国からも，学問の発展だけでなく，基礎研究によって技術シーズの創造や大学発ベンチャーの創出を通じて国の産業発展に貢献することを求められるようになっている。

　日本の科学技術は高く，これまで2019年末時点で化学，医学など自然科学の分野を中心に28のノーベル賞を受賞し，2000年に入ってからは自然科学の分野で米国に次ぎ世界第2位の地位を占めてきた[5]。しかしそれらの発明のほとんどは30年前の実績であり，海外諸国が公的な研究活動に力を入れる中，日本の国際的な地位は低下し始めている。さらには若手研究者が減少を続けるなど，未来に向けた科学技術力の維持・強化においても，課題を抱えている。

　日本の学術研究の成果の指標の一つである，Top10%の補正論文数の推移を示したのが**図10-7**である[6]。図が示すように，日本のシェアは，80年代は圧倒的なシェアを持つ米国に続き，第3位の地位を占め，2000年頃まではそのシェ

　5　たとえば，2014年には名城大学の赤崎勇氏，名古屋大学の天野浩氏と元日亜化学工業の中村修二氏が青色発光ダイオードの発明でノーベル物理学賞を受賞した。近年では2016年には東京工業大学の大隅良典氏が「オートファジー」という細胞に備えられた分解機構の中心の一つを分子レベルで解明してノーベル生理学・医学賞を受賞し，2019年には元旭化成の吉野彰氏がリチウムイオン電池を発明したことでノーベル化学賞を受賞した。

　6　Top10%の補正論文数とは，論文の被引用数が各分野の上位10%に入る論文を抽出した後，実数で論文数の 1/10 となるように補正を加えた論文数を指す。その分野の研究に対する影響力を示す一つの指標となる。

図10-7　主要国のTop10％補正論文数シェア推移

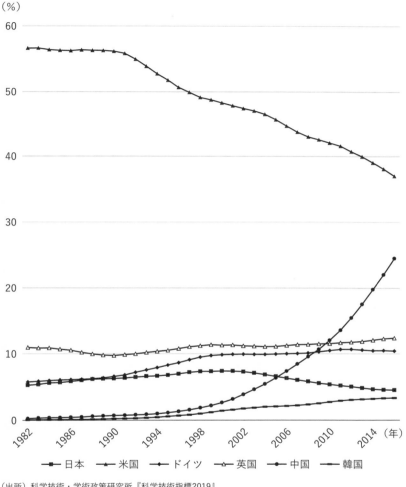

（出所）科学技術・学術政策研究所『科学技術指標2019』

アをわずかながら上げていた。研究開発において日本のライバルである米国は
トップレベルを維持し，また英国やドイツなどの先進国も研究に力を入れ，ま
た，2000年代以降中国が国家主導で急速に研究者の育成に力を入れている。
　その結果，日本の国際的なシェアは低下傾向にある。この論文の中心的な役

割はその大部分を大学が担っており，2000年代以降，研究者数の停滞などによりその数が停滞したことが主因となっている。

　この低下の一因には，大学内部の問題と共に，日本の財政的事情が関わっている。日本の政府は，国の累積債務の増大と進展する高齢化がもたらす財政難の中で，大学への拠出を押さえつつ，一方で旧態依然とした大学の研究活動を効率化するために，2004年度から，研究成果に関係なく一律に交付される運営費交付金を減らし，研究成果に応じて資金を配分する競争的研究資金の配分を増やした。合わせて2004年に国立大学を独立行政法人化し，大学経営の自由度を高めることで，欧米のように寄付や企業からの研究資金の獲得などによって大学が資金的に自立し，それぞれの特色や地域の事情に合わせた大学運営をすることを促してきた。

　国の財政的が厳しくなり，財政資金の配分上の制約が厳しくなる中では，上述のように競争的資金配分によって効率性を高めながら財政的負担を抑え，一方で大学運営の自由度を高めることで大学の自立および効率性・効果性向上を促すという改革の方向性は，長期的にはやむを得ない。しかし短期的には，その改革は研究資金の削減や偏在を生むことで，日本の論文シェアの低下という形で研究基盤の脆弱化をもたらしている。

　第一に，運営費交付金を年率１％で減少させ，一方で科研費など競争的資金の比重を増やした政策は，人材や設備に勝る東大など一部の大学の活性化の原資となった。しかし，一方で，人材や設備に恵まれないその他の大学の資金不足につながり，それは研究者の削減に加え，国全体の研究者が競争的資金を得るための申請作業に追われるなど，人的，資金的，時間的資源の減少という形で，研究環境の悪化という副作用をもたらした［毎日新聞「幻の科学技術立国」取材班，2019］。

　また，安定した研究資金の減少は，科学の将来を担う優秀な人材が研究者になる道を閉ざす結果になっている。大学への運営費交付金は無期雇用の教員給与の原資となってきた。その減少と，科研費など単年度の不安定な競争的資金への傾斜は，新規雇用の削減だけでなく，新規雇用の有期化につながり，プロジェクト単位で雇用される，身分が不安定なポスドクを大量に生んだ。これらが研究者希望の学生の減少，未来を担う若手研究者の減少に繋がり，2005年と2015年を比較すると，博士号取得者の数は米国が5.0万人から8.3万人，中国が

2.7万人から5.3万人に増える一方，日本は1.6万人から1.5万人へと，逆に減少している。

　海外からの優秀な人材を取り込むという点でも，日本の大学，研究機関は，海外との連携も低調である。前述のように，米国には世界から優秀な研究者や留学生が集まり，米国のベンチャーエコシステムに大きく貢献している。また中国も，シリコンバレーをはじめとして世界中に研究者，留学生を派遣し，彼らが米国での勤務経験をへて母国にビジネス手法や高度な専門知識を持ち帰るのに加え，中国政府も戦略的な研究分野において国内に世界の優秀な研究者を招くことで，世界の学問的成果を自国の産業発展に取り入れる体制を整えている[7]。日本の大学における外国人研究者の割合は諸外国と比較して少なく，また，海外留学をする日本の学生も少ない。

　企業が基礎研究に力を入れる余力がなくなり，一方でサイエンス型のイノベーションがエレクトロニクスやバイオテクノロジーをはじめ，全産業で重要性を増す中で，注目されているのが③の産学連携である。しかし，これまで日本では産学連携は活発には行われなかった。

　産学連携の上での問題点として，いくつか挙げられる。第一に，大学と産業界の目的には根本的な違いがある。大学は真理の探究や体系化など学問の発展と人材の育成を担い，そのため論文を公開し知識の普及，人材の育成を担う。一方で営利活動をする企業は，産業化できる知識を生み出し，それを特許や秘匿などを通じて専有化し，事業化して収益を上げることを目的としている。このため，インセンティブが大きく異なる両者での共同研究は元来大きな困難が伴い得る。特に，研究成果で評価される研究者にとって，研究成果を業績となる論文という形で公開せず，事業化にのみ貢献することは必ずしも評価ややりがいにつながらず，インセンティブも低くなり得るという問題がある。

　第二に，大学のマネジメントや支援人材の不足という問題がある。大学の基礎研究が企業の研究開発を通じて最終的に事業化されるためには，大学の基礎

7　中国では現在，情報通信やEコマース，AIなどのハイテク分野で多くの企業が成長しているが，そこで必要な最先端の技術，および研究開発能力に貢献しているのが留学帰りの若い人材である。毎年，中国からは60万人が海外留学し，一方で48万人が帰国する。中でもシリコンバレーなどハイテクの最先端を行く地域への留学・就業から帰国した人材は"海亀"と呼ばれ，中国による世界の最先端技術の獲得とその応用を支えている。一方で，日本の海外留学は2万人であり，グローバル経済の活用において，その点だけでも大きな後れを取っている（https://diamond.jp/articles/-/183534?page=3）。

研究に詳しく，多くの研究の中でどのような研究がどの企業の研究開発に活か
せるか，目利きをして橋渡しをする人材が必要であったり，また，共同研究プ
ロジェクトが立ち上がるためには，大学側で人材の配置や予算，スケジュール
などのマネジメントを請け負うプロデューサーが必要であったりする。しかし，
産学連携を研究者の個人レベルで行い，企業と組織対組織で行わなかった大学
には，そのようなノウハウを持つ人材は少なく，その評価システムもなかっ
た[8]。ちなみにシリコンバレーでは，そのような支援人材の層を，大学と企業
の何十年という連携の中で，長い年月をかけて創り出してきた。

　このように，このように，研究者個人レベルの産学連携の歴史が長い日本は，
研究者のインセンティブ問題にはじまり，大学の資金，マネジメント体制，そ
してマネジメントやコーディネート，目利きなどを担う人材の不足まで，本格
的に大学と企業が組織的に産学連携を行う上で，様々な問題を抱えてきた。

　産学連携の推進のための政策改革は，日本では90年代以降オープンイノベー
ションの重要性が指摘される中で産学連携が注目されたこともあり，2000年頃
から，多くの改革が行われてきた。

　第一が，99年に施行された，日本版バイ・ドール法の制定である[9]。国は大
学発ベンチャー1,000社を目指し，米国と同様に，国が研究費を拠出した研究
に関して，国ではなく研究を行った大学や研究者，および企業が保有できるよ
うに法を改定した。これにより自ら発明で得た特許について，使用料を国に支
払う必要がなく，むしろその特許を大学，研究者，そして企業が保有する道が
開かれたため，実用化のための研究のインセンティブを大きく増大させた。

　第二が，2004年に大学改革の一環として行われた前述の独立行政法人化であ
る。これにより大学教員は副業が禁止された公務員ではなく，民間人となった
ため，企業との兼務が可能になり，職務上企業との連携が行いやすくなった。

　第三が，総合科学技術会議の設置である。1959年に設立された科学技術会議
が文部科学省や経済産業省など，各省庁の縦割り行政を打破できなかった反省
から，科学技術政策を一元化するために，各省より一段高い組織として，2001

8　大学と企業の共同研究は，研究室レベル，個人レベルで小規模に行われるものが多く，企業は
　大学から技術情報を得たり学生を採用したりすることが目的であったり，大学も研究資金や学生
　の就職先を得るなど，いわばお付き合いのためと呼ばれるものが多かった。

9　正式名称は，特別措置法である産業活力再生特別措置法の第30条。2007年には恒久法となった。

年に内閣府内に新たに総合科学技術会議として設置され，内閣総理大臣，科学技術担当大臣のリーダーシップの下で科学技術政策を統一的に行うようになった。

　これら一連の改革の結果，日本の産学連携の件数は増大し，大学発ベンチャーも急増している。それを示したのが，**図10-8**である。図が示す通り，日本版バイ・ドール法が施行された1999年前後から，大学発ベンチャーは急増し，1998年に215件だった大学発ベンチャーの企業数は，2019年には2,566社にまで急増している。また，大学が生み出した特許が実用化されたことを示すライセンス収入も，2003年の5.4億円から2019年には36.6億円へと約5倍に増加しており，政策の効果がみられる。

　ただし国際的に比較すると，米国と比較して，産学連携の1件当たりの額は少なく，シリコンバレーが1,000万円以上の共同研究が多いのに対して，日本のそれは4％しかなく，50％は100万円以下の小規模のものである。また，大学が生み出した技術シーズの実用化の指標となるライセンス収入も，米国と比較すると1/100程度に過ぎず，圧倒的にインプット，アウトプット共に，差をつけられている。

　イノベーション・システムに関するアベノミクスの政策もこの流れを踏襲したものであり，以下の改革を行ってきた。まず，総合科学技術会議について，基礎研究から実用化までのプロセス全体の企画立案，予算配分，相互調整役などの司令塔機能をさらに強化し，総合科学技術・イノベーション会議（CSTI）に変更した。

　その中で産学連携の支援や調整役としての機能も強化されることとなり，トップダウン型の巨大研究プロジェクトを立ち上げた[10]。一つ目がSIP（戦略的イノベーション創造プログラム）である。2014年から開始され，11の研究課題を設定し，産学連携によって技術シーズの創造から事業化までを見据えて一気通貫で行うプロジェクトに5年間で1,580億円の資金を計上した[11]。二つ目が，

　10　総合科学技術会議は，2001年に設立された科学技術政策を考える最高機関であり，各省より一段高い立場から，国のイノベーション全体を左右する科学技術政策の企画・運営を行う機関である。

　11　社会的課題の解決や産業競争力の強化，経済再生などに資する，エネルギー分野，次世代インフラ分野，地域資源分野から11課題を選定している。たとえば「革新的燃料技術」では，現在は40％弱にとどまっている自動車エンジンの熱効率を，50％に引き上げることを目標とし，その課題を実現した。

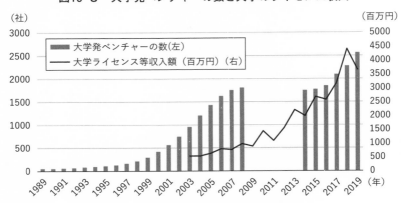

図10-8　大学発ベンチャーの数と大学のライセンス収入

（出所）経済産業省（2020）「令和元年度産業技術調査（大学ベンチャー実施等調査）報告書」，および文部科学省「大学等における産学連携等実施状況について」

革新的研究開発支援プログラム（ImPACT）の創設である。これは，実現可能性は低いが，実現すれば将来の経済社会に与えるインパクトの大きい研究テーマを選定し，独創的研究を支援するものである[12]。

　また，これまで研究室単位の小規模であった産学連携を大学と企業という組織的なものとするため，大学の組織改革を主導した。条件を満たした一部の大学を対象に，産学連携のための大学内のマネジメント部門として，オープンイノベーション機構を設立させ，産学官の組織間の大規模なオープンイノベーションの推進などを行う体制づくりの支援を始めた。他にも，大学の研究人材のレベルアップのために，外国人研究者の大量採用，年俸制導入による若く優秀な人材の登用促進などが行えるよう，環境整備，資金支援を行った。

　ただし，このような改革は，財政難の中で研究システムの効率化を志向しているとはいえ，研究基盤の縮小という副作用もあるだけでなく，そもそも政府がかつてのように育成すべき研究分野を決める，いわばターゲティング政策が，本当に将来の有望産業を見出すことができるのか，という問題をはらんでいる。さらには，政府主導の改革で，果たして大学は技術シーズの創造とその事業化に本気で取り組むことになるのか，本来市場ベースの提携や資金調達によって

---

[12]　「無充電で長期間使用できる究極のエコIT機器の実現」，「核変換による高レベル放射性廃棄物の大幅な低減・資源化」などがある。

民間が解決すべき，基礎研究から離れた課題にまで政府が介入しているのではないかなど，官主導の産学連携には，その効果性や妥当性に，大きな問題が残っている。

　アベノミクスでは，グローバル人材の育成や，IT人材幾のための教育改革も行われた。たとえば，グローバル人材の育成のため，初等教育からの英語教育の導入，大学での英語による授業の拡大や入学試験などでのTOEFLの活用（これは中止された），日本人の海外への留学の6万人（2010年）から12万人への倍増（2020年），優秀な外国人留学生の14万人（2012年）から30万人（2020年）の実現を目指すとした。また，第4次産業革命を支えるIT人材を育成するために，ITを活用したアクティブラーニングの推進や，プログラミング教育の必修化，数学教育の強化，データサイエンティストを育成する学部の整備などの計画を進めている。例えば，プログラミング教育は，小学校において2020年度から必修化された。

　留学生30万人計画は2019年には目標を達成したものの，当初の「優れた留学生の呼び込み」が成功したのではなく，急増したのはベトナムやミャンマーなど，アジアの低所得国から悪質なブローカーの甘い言葉に乗り多額の借金をして日本に半ば就労目的で留学してくる若者であった。急増した留学生の多くは，日本語学校や専門学校，定員割れの大学などに在籍しながら，借金返済と母国への仕送り，そして日本での高い学費の支払いのため，就学ビザで認められる週28時間を超えてコンビニや工場で低賃金労働力として働いた。これは大きな社会問題となり，19年には留学ビザ交付の厳格化などの対応がとられた。

　一方で，日本人の海外留学は，2012年の6.5万人から2018年には11.5万人に増加し，目標近くまで届いた。但し，増加数5万人の内80％の4万人は1か月未満の留学者である。留学生の呼び込み，そして日本人の海外留学の促進も，高度人材，グローバル人材増大のための実質的な効果は薄く，数字合わせの側面が強いといわざるを得ない。

2.2　グローバルなヒト・モノ・カネの誘致

　グローバルなヒト・モノ・カネの呼び込みは，国内経済に多くの恩恵をもたらす。
　まずモノの移動である貿易は，安い輸入商材や国内で調達できない資材の獲得という恩恵をもたらし，また国内の生産資源を比較優位のある部門に特化さ

せることで，生産面での効率ももたらす。また，近年のグローバル経済化，そして技術革新の加速化の中で，海外の高度人材や外資企業の呼び込みは，国の産業発展において重要な役割を果たすようになった。特に対内直接投資は，カネだけでなく技術や経営ノウハウを持った企業の進出を伴うことを通じて，新産業の創出をもたらす。中国が世界の工場になり，シンガポールや英国が対内投資によって国際金融センターになったのが良い例である。また，既存の産業に進出する場合も，日本企業のように技術力があり学習能力がある場合には，企業間競争や提携によって，現地企業の効率性向上や，消費者利益の向上をもたらす可能性がある。特に，現在の日本のように巨大な市場を持ち，豊富な高度人材を有しながらも，財政難や国内企業の停滞によって新規投資が不足する状況においては，海外からヒト・モノ・カネを呼び込むことは重要な政策上の選択肢である。

　しかし，日本への直接投資，高度人材の流入は活発ではない。日本の対内投資残高は，近年2001年の5兆円強から2014年には20兆円を超え増加傾向にあるとはいえ，**図3-6**で示したように，対内直接投資の対GDP比は，ドイツやフランス，米国，アジアのシンガポールなどの先進国と比較して圧倒的に少ない。

　経済産業省が欧米アジアに本社を置くグローバル企業116社に対して行った対日投資の関心度についてのアンケートをまとめたのが**図10-9**である。図が示すように，日本への投資が活発でない理由は，第一に，国際的な公用語となっている英語が使えないことである。また，オフィス賃料や人件費などの事業コストが高い，成長率が低い，規制が多くビジネスチャンスが阻害される，商習慣が海外とは異なるなどの問題がある。これらは，アジア地域向けの拠点とする場合，いずれもシンガポールに大きく見劣る。特に，政府が関連するものとしては，法人税などの税率が高いこと，事業開始の際の許認可手続きが煩雑かつ厳しく時間もかかること，規制が多いこと，海外の他の拠点との間で人が移動する際にアクセスが悪いこと，また物流インフラの使いにくくコストも高いこと，税関がスムーズでないことなども，問題とされてきた［経済産業省編，2006］[13]。

13　たとえば，子会社の設立には少なくとも日本の永住権を持つ人間が一人必要だったり，また外国人従業員を呼ぶ際の在留資格取得要件が厳しく，審査も時間がかかったりする（しかも日本語で）などの問題がある。

図10-9　日本のビジネス環境の「強み」と「弱み」

問い：アジアの他国・地域に比べて，日本の強みと弱みは何だと思いますか。
【ビジネス環境】と【生活環境】についてそれぞれお答えください。（3つまで回答可）

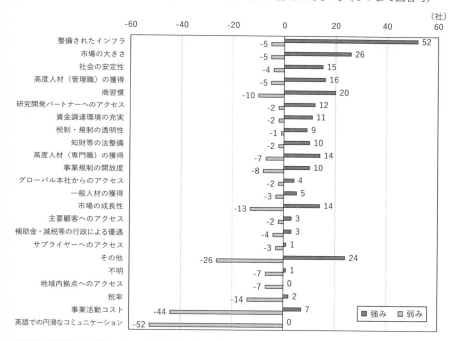

（出所）経済産業省「欧米アジアの外国企業の対日投資関心度調査」（2020年3月）

　また，対内直接投資だけでなく，高度人材の呼び込みも重要である。第8章
3.で論じたように，近年各国が熾烈に競争を行っているICT産業ではIT人材な
どの高度人材が重要な役割を演じるが，日本ではそのような高度人材が不足し
ている。一方でインドや中国をはじめとしたアジアの高度人材は，現在世界各
国が優遇措置により国際的に取り合っており，日本は不利な状況にある。
　海外の高度人材が来日するためには，多くの障害がある。第一に，仮に日本
企業に就職する場合，日本の労働慣行の問題がある。たとえば，日本の年功賃
金型の賃金体系では，米国などと異なり，高い賃金を高度人材に提示できない。
または日本企業は昇進が遅く，特に国内では労働時間も長時間労働が蔓延して
いるという問題があり，高度人材にとって魅力的な国ではない[14]。さらには，

言語の問題，子供を通わせるインターナショナルスクールや外国人向け病院などの住・教育環境の不足，在留資格の厳しさなどがある[15]。それらは政府の規制・インフラ整備が関わるものであり，政府による環境整備が求められてきた。

　以上のような問題に対処するため，アベノミクスの成長戦略では，主に以下の5つの改革が行われた。

　第一が，第8章で紹介した，海外からのカネの流入を促すための，コーポレートガバナンス改革である。アベノミクスの下でコーポレートガバナンスコートが示され，社外取締役の設置や，株主への情報公開など，株主利益の向上のためのガバナンス改革が進んだ。

　第二が，法人税改革である。図10-10が示すように，それまで34％だった実行法人税率を段階的に引き下げ，平成30年度には29.74％と，20％台にまで下げる改革を行った。

　第三が，空港や港湾の整備である。国際空港として成田より都心に近く，そして国内の他の空港へのハブともなっており，また24時間利用可能な羽田空港について，国際便を増大した上，都心へのアクセス改善のためバス関連の規制を緩和するなど，海外とのアクセス改善を進めた。

　第四が，高度人材の呼び込み促進である。インターナショナルスクールや外国人医師による外国人向けの医療施設の認可も行い，合わせて永住権獲得条件の緩和も行った。従来外交官や海外の高度人材に限っていた海外人材による家事代行サービスを，東京，神奈川，大阪に限り認めることなども実施された。

　第五に，東京での開業を促進するための開業手続きのワンストップ化なども実現した。

　大都市を対象とした上記の第三から第五の規制緩和は，図10-11のように規制緩和を先行実施できる国家戦略特区の制度を使って行われ，一部地域限定の規制緩和により実現した[16]。全国一斉の規制緩和には政治的な反対が大きく，またその具体的な効果や問題点も予測困難ためである。それら一部地域で実験的に規制を緩和し，かつ有効性が実証されたものは全国展開する段階を踏むこ

14　海外の日系企業が外国人を募集するときも同様の問題が発生する。

15　在留資格とは，日本に来る外国人が，観光，仕事，就学，永住など，定められた活動内容によって日本での滞在が認められる資格のことである。例えば，長期の仕事目的の場合には，これまで基本的には高度な専門職のみ，在留資格が認められていた。

図10-10　法人税率の各国比較（2018年1月時点）

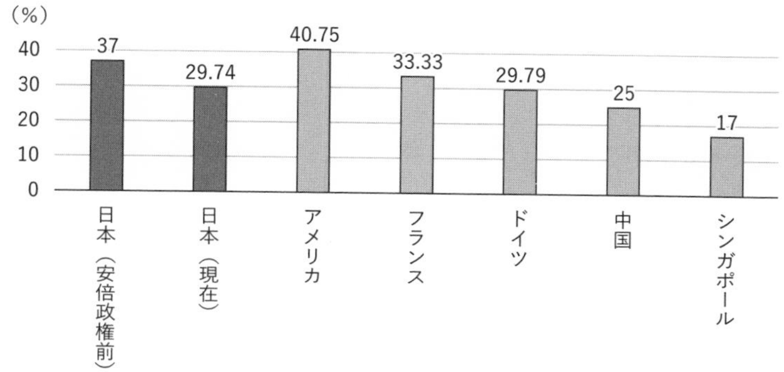

（%）

37	29.74	40.75	33.33	29.79	25	17
日本（安倍政権前）	日本（現在）	アメリカ	フランス	ドイツ	中国	シンガポール

（出所）経済産業省『通商白書　2015年版』を元に筆者作成。

図10-11　全国の国家戦略特区

仙北市
仙台市
新潟市
東京圏
愛知県
関西圏
養父市
広島県・今治市
福岡市・北九州市
沖縄県

（出所）首相官邸HP「国家戦略特区」を元に筆者作成。

16　詳細については内閣府国家戦略特区HP（https://www.chisou.go.jp/tiiki/kokusentoc/index.html）を参照のこと。

とで，機動的かつ段階的な規制緩和を進める戦略である。

　以上のような誘致政策の改革はどのように評価できるだろうか。法人税減税が行われたとはいえ，約30％という税率はまだ諸外国と比較して高く，たとえばシンガポールの17％と比較すると依然として高い[17]。また，ビジネスチャンスの拡大のための規制緩和も国家戦略特区に限定されたものである。何より，英語でビジネスができる環境が整っていないこと，事業コストが高いことは，アジア諸国などの代替地がある国際的なハブ空港や地域本社などの機能を呼び込む上で，根深い問題を残しているといえる。

2.3　経済連携協定の促進

　経済のグローバル化に伴い，貿易だけでなく，ヒトや企業の移動も活発化したため，後者に関しても共通の国際ルールを作る必要が出てきた。しかし，これまで世界の貿易体制を作り上げてきたGATTは関税引き下げ，つまりモノの取引の障害撤廃が中心だった。ウルグアイラウンドからサービス貿易，知的所有権，投資の国際ルールの話し合いも始まり，WTOでもそれが引き継がれたが，農業保護の先進国と途上国が対立し，世界全体での交渉は進展しなくなった。その結果，特に90年代以降，利害の合う地域内で通商を促進するための経済連携協定を締結する動きが活発化している。

　経済連携協定とは，関税や非関税障壁の撤廃などの貿易自由化に加え，人の移動や投資，政府調達，二国間協力などを含めて締結される包括的な協定を指す。経済交流が活発化し，企業の投資や人の移動の機会が増える中で，関係国間で公正かつ効率的な市場環境を構築し，企業や個人の財産権を守ることは重要であり，そのために国際的な共通ルールを確立することはますます重要となっている。

　経済連携協定の締結は，関係国に以下のメリットをもたらす。第一に，関税が引き下げられることで，消費者は輸入品の価格低下で恩恵を受け，輸出企業は貿易拡大効果・および貿易転換効果により輸出を拡大できる[18]。さらに，輸出入手続きの簡素化や，投資の自由化，および現地進出の際のISDS条項などの法整備は，域内各国への拠点設立を促し，域内での各国の比較優位に応じた

17　事業にもよるが，優遇措置を加えると，シンガポールの実効税率はさらに安くなる可能性がある。

効率的で緊密な国際生産ネットワークの構築につながる[19]。勿論，貿易・投資の自由化は，各国にとって域内での競争を劇化させる側面があるものの，市場統合がもたらす市場拡大の下，再編や提携を含む域内生産ネットワークの再構築は，域内取引の活発化と，域内全体の競争力強化につながる。第2章2.3.で紹介したAFTAでの自動車産業集積の発展がその好例である。

特に，国際的な水平分業への移行が進む日本企業にとって，グローバルな競争が激しい中で効率的な国際生産体制を構築することは不可欠である。たとえば，シャープの大型液晶パネル工場のように，国内で比較優位を失った工程・事業をそのままにしていては，企業の競争優位全体を大きく棄損する。この時，国際的な貿易・投資が自由であれば，競争力を失った分野については直接投資や生産提携によって海外にシフトさせ，国内で強みを持つ分野にヒト・カネといった経営資源を集中させることで専門化・特化が進められれば，企業の競争優位の維持・改善に繋げることができる［経済産業省，2006][20]。

第二に，国内経済全体の観点から見ても，比較優位のある部門を拡大し，比較劣位にある部門に関しては輸入に任せる，つまり比較劣位部門から比較優位部門への生産資源の移動を円滑に行えれば，資源配分をより効率化し，国民の経済厚生を引き上げることができる。

第三に，人や企業の投資の自由化が進めば，新たな生産要素や技術が流入し，また競争を促し，それが企業の生産性向上や資本蓄積を通じて成長をもたらす効果がある。

世界では，第2章2.3.で示したように，EU，NAFTA，そしてアジアではAFTAなど，自由貿易協定や経済連携協定締結の動きが1990年代以降進んだ。

18　貿易転換効果とは，例えば域内国Aへの輸出を巡る国際競争において，他の域内国だけ関税が撤廃されることで域内国が域外国との競争で有利となり，それによって域外国からの輸出が域内国からの輸出に転換される効果を指す。日本は主要な貿易相手国との自由貿易協定の締結が遅れていたので，この貿易転換効果によって逆に貿易が不利化した。そのメカニズム，および経済厚生への影響については［石川，椋，菊地，2013］を参照のこと。［石川，椋，菊地，2013］は国際経済学の入門的なテキストであり，グローバルな国際分業，地域経済統合，あるいは貿易摩擦下にある世界経済など，国際経済をテーマに網羅的かつ平易に紹介している。

19　ISDSとはInvestor State Dispute Settlementの略であり，自国民と同様の権利を相手国の国民や企業にも保障する「内国民待遇」の概念に基づき，外国企業が進出先の国の規制で不利益にあった場合，参加国政府を自由に訴えることが出来る制度のことである。日本企業が海外に投資した時に財産権が侵食されたりする場合に備え，法に訴えて賠償を得ることは重要である。

20　米国のHDD産業は，早くからアジアに進出することで圧倒的な量産体制を確立し，競争優位を維持してきた［天野，2005]。

　しかし，日本のこれまでの経済連携協定や自由貿易協定の動きは，諸外国と比較して遅れてきた。日本はこれまで2002年に初めてシンガポールと経済連携協定を結んだのをはじめ，2008年にはASEANと経済連携協定を締結するなどしてきたが，貿易取引の多い国とはまだ十分に経済連携協定を結べておらず，2014年の段階で貿易のFTA比率は19％でしかなかった。

　図10-12は，日本の輸出相手国のシェアを見たものである。図が示すとおり，米国と中国は最大の輸出相手国であるが，日本はこれらの国と経済連携協定を結んでこなかった。これは，米国と経済連携協定を結ぶ場合には日本が保護するコメを中心とした農産物の市場開放が問題となり，また中国との間では市場競争上事実上優遇されている中国国営企業やそれら企業への補助金の問題，海賊版や技術漏洩が問題となる中国での外国企業の知的所有権保護の問題など，社会主国家中国との経済体制の違い，発展段階の違いが共通ルールの形成を妨げてきたからである。ただ，日本にとっては，経済連携協定を経済成長につなげるためには，この中国をはじめ，貿易関係の深い米国やEU，そして韓国などとの経済連携協定を新たに結ぶことが重要となっていた。

　アベノミクスでは，経済連携協定への積極的参加が政策課題となり，2013年に相次いで大型の経済連携協定に向けた交渉を開始した。まず，国家100年の計と銘打ち，米国も参加するTPPでの交渉に参加した[21]。また，EUとの経済連携協定の交渉を開始し，中国，韓国など，アジア太平洋地域の16か国が参加するRCEPの交渉も開始した[22]。

　特にTPPは，中国や韓国は参加しなかったものの，当初米国も参加し世界のGDPの約40％を占める巨大なEPAであり，関税の原則撤廃だけでなく，投資，税関，政府調達，知的所有権など，広範な国際ルールの設定を目指しており，その後の国際ルールの基盤になり得るものとしても期待された。しかし，米国がトランプ政権に替わると自国優先主義に変節して途中離脱し，その価値は当初より大きく下がってしまった。2018年に11か国で合意がなされたものの，ISDS条項や知的所有権保護などそれまで交渉された重要なテーマの多くは凍

　21　TPPとはTrans-Pacific Partnership（環太平洋戦略的経済連携協定）の略である。参加国は米国（途中脱退），オーストラリア，チリ，ブルネイ，シンガポール，日本などである。

　22　RCEPとはRegional Comprehensive Economic Partnership（地域的な包括的経済連携）の略である。参加国は日本，中国，韓国などを中心にASEAN10カ国，オーストラリア，ニュージーランドの15カ国である。

図10-12　日本の輸出相手国シェア

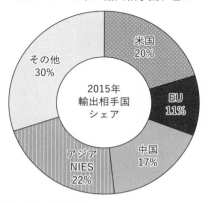

（出所）経済産業省『通商白書　2016年版』より筆者作成。

結され，日本の輸入に関しては，コメを除く農産物（牛肉や豚肉，小麦や大麦，
一部乳製品）の関税の段階的引き下げ，輸出に関しては各国の乗用車やその部
品の関税が引き下げられるなど，主に貿易障壁の撤廃に成果は限られた。

　TPPから米国が抜けた中で，急ピッチで交渉が進んだのがRCEPである。
RCEPは日本，中国，韓国が参加した初の経済連携協定であり，協定が締結さ
れれば，世界の人口とGDPの３割を占める大型の経済連携協定となり，米国
が抜けたTPPの12％を大きく超えるものと期待された。

　RCEPで影響力を行使したのが，域内のGDPの55％を占める中国である。
TPPでは国有企業を補助金で優遇するのは禁じられ，交渉が凍結されていると
はいえISDS条項があり，また，労働や環境に関するルールもあるなど，中国
にとって受け入れがたい国際ルールが制定されていた。中国としては，米国が
加入しないRCEPに参加することで，アジア・太平洋において，同様に国有企
業の優遇や知的所有権保護などにおいて利害の一致する途上国の意向を取り込
む形で，中国の国家資本主義体制を維持可能な国際ルールを策定する思惑が
あった［浜中，2020］。

　RCEPでは，物品貿易の関税撤廃，サービス貿易の自由化，知的財産権保護
などについて交渉が行われた。その結果2020年11月に交渉は妥結し，関税の撤
廃率は品目ベースで91％を達成した。さらには公共政策や安全保障を理由とし

た適用除外はあるものの，デジタル情報の国境を越えた移動の自由化が実現した。また，中国において外資系企業の進出の際に事実上強制される例があった「技術移転の強制」の禁止という，中国としては貿易協定で初となる国際ルール形成での譲歩もみられた。

　RCEPでは，カンボジアやミャンマー，ラオスなどの途上国の国内事情に配慮し，関税撤廃には最大20年の猶予が与えられ，またISDS条項の制定についても見送られるなど，自由な貿易・投資環境の実現には十分でない部分も見られる。また，当初交渉に参加していたインドが物品貿易の関税撤廃がもたらす国内産業への影響を恐れて脱退したのも大きな損失である。特に，公平な競争環境の整備の上で障害となり得る，中国の国家資本主義体制や政府による市場への恣意的な介入の可能性を，どのように国際ルールと調和させるかについては，今後の最大の課題として残されている。しかし，日本にとって貿易関係が深い中国，韓国も参加する経済連携協定が初めて締結され，アジアの地域経済統合に向けた国際ルールが締結されたことの意義は大きい［大庭，2021］。

　EUとの経済連携協定も2019年に妥結した。物品貿易の自由化に加えて，国有企業への優遇の禁止，近年拡大する電子商取引，知的財産権などについて原則自由化を目指すネガティブリスト方式による投資・サービス貿易の自由化や，WTOの規定よりも高度・詳細な知的財産権の保護，国有企業などの事業活動に関する規律などが規定された。さらに，国境を越えたデジタルサービスの拡大に伴い，その自由な取引を促進するために，電子的な送信への関税賦課の禁止や，企業秘密の漏洩につながる恐れのあるソースコードの開示要求を禁止する条項も盛り込まれた［上谷田，2019］。

　このように，アベノミクスでの交渉努力の結果，TPP，EUとの経済連携協定，RCEP（締結は菅政権下）という3つの経済連携協定が締結され，農業などの例外品目があるものの，日本の貿易に占める締結国の割合が2014年の19％から80％を超える形となる成果を上げたことは評価できる。

　トランプ政権の下で，米国は自国優先主義により，多国間主義から2国間主義に移った。多くの国の多数決で決まる多国間主義よりも2国間主義の方が，大国は自国の強さを活かして自国に有利なように国際交渉を進められるからである。トランプ政権下では，貿易赤字の相手国を中心に2国間交渉を進め，米中貿易摩擦や，日本との日米物品貿易協定（TAG）の締結要求など，関税引

き上げを脅しに，米国製品の輸入拡大や相手国の輸出自主規制や対米投資拡大を求めた。特に米中は，80年代から90年代にかけての日米貿易摩擦のように，貿易不均衡から技術覇権をめぐる争いになり，対決が深刻化している［郭,2019］。中国も，ウイグル自治区の強制労働という人権問題や，2020年にアリババグループの金融関連子会社アントグループの上海上場を延期させるなど，党が政治的な理由で市場に恣意的に介入する問題があり，対外関係でも，米国への対抗措置として，安全保障上問題となる国への輸出を禁止する輸出管理法を制定するなど，経済を政治的に利用する傾向が見られる。

　このように，世界経済は，米中の対立の中で両国が自国に有利な国際経済ルールの制定を目指す傾向が見え，GATT・WTOの理念である多角的貿易自由化とは反対の方向に流れつつある。この点で，2国協定の締結からは距離をとりつつ，TPPやRCEPのような多国間協定の締結を主導してきた日本の役割は重要である。今後も，まだ合意内容に問題の残るTPPやRCEPの改定に向けた協議，大国を含んだ多国間の経済連携に向けた交渉，あるいはWTOのような両国を含む多国間交渉の復活に向けた努力が求められている。

2.4　産業の新陳代謝の促進1：ベンチャー支援

　第4次産業革命の時代といわれる中，AIやIoTなど，ICT関連の技術の発展が新たなサービスや産業の創造につながるためには，起業の活性化が欠かせない。特に，デジタル化の進展の中で，製造業，サービス業にかかわらず，既存産業のDXを含み，新事業の機会は大きく拡大している。デジタル技術，プラットフォームの創造では収益，研究開発費，世界から集まる人材の面でGAFAと大きな差があるものの，それ自体は新しいビジネスを生み出す基盤となるため，それらを活かしたビジネスの変革を最大限実施すべきである。

　しかし，日本には，起業を阻む様々な理由がある。第一に，国民全体の起業家精神の欠如である。米国ではスタンフォード大学など最も優秀な学生は起業を目指し，台湾でも人々は最終的には独立して事業を起こすことを目指すのと比較して，日本人は安定志向であり，これまで優秀な学生は官僚や金融業界など安定した業界を目指す傾向にあり，親も子供に安定した職業についてほしいという傾向にあった。現在著しい発展遂げ，急速なデジタルエコノミー化が進む中国でも，若者の旺盛な起業家精神が新しいビジネスの興隆に大きく貢献し

ている[23]。

　第二に，ベンチャー・キャピタルの少なさである。企業には大きなリスクが伴い，そのためリスクマネーを供給するベンチャー・キャピタルの役割が欠かせない。米国では年金基金などの機関投資家を資金源とする，ハイリスク・ハイリターンを求めるリスクマネーが，ハイリスクな投資の実現に大きな役割を果たす。しかし，日本では家計の金融資産の半分が現金や預金であり，諸外国と比べてリスク資産である株式などの割合が低い。このため，家計の貯蓄が銀行を通じて金融市場に流れる割合が多い［内閣府, 2018］[24]。企業にとっては資金調達に占める銀行の融資の割合が多く，銀行は資金調達が元本保証をする預金であるため大きなリスクは負えず，ベンチャーへのリスクマネーの供給額は少なくなる。一方で，米国では，その高い期待収益率を目当てに，国内機関投資家に加え，世界中の機関投資家から投資資金が集まり，潤沢なリスクマネーが供給されている。**図10-13**は，世界各国におけるベンチャー・キャピタル投資額の対GDP比を比較したものである。起業が多いイスラエルや米国などが0.4％近い規模に達する一方で，日本では0.03％未満であり，かなり小規模となっている。

　この銀行融資と関連して，日本では，個人が起業に際して負うリスクが大きく，「失敗が許されない社会」といわれている。個人が起業する上では，銀行融資に頼らざるを得ない例が多く，そこでは従来個人保証が条件とされていた。つまり，企業が倒産した際には個人が自分の財産を犠牲にし，再起不能となるリスクがあったのである。

　この点，米国ではベンチャー・キャピタルが出資するので，起業が失敗した場合の責任は，機関投資家など，多くの出資者が分散して負うことになる。失敗した起業家もその経験が評価されて再起業できる可能もあるなど，日米で起業家の負うリスクは全く異なっている。

　日本でベンチャー・キャピタルによるベンチャーへの投資が低い理由は，い

23　逆にいえば，どんな優秀な人材でも解雇があり得る米国や，安定した大企業がまだない発展途上の中国とは異なり，日本には安定した（といわれた）高所得の大企業が就職先として選べるという就職環境が，これまで安定志向を助長してきたともいえる。

24　日本の家計の金融資産が株などのリスク資産に向かない理由は，日本人の金融リテラシーの低さ，米国と比較してリスク資産への投資を積極的に行う富裕層の割合が低いこと，持ち家志向が強く既にリスク資産である住宅投資で負債を抱えていることなどが挙げられている［内閣府, 2008］。

図10-13　ベンチャー・キャピタル投資額（対GDP比）

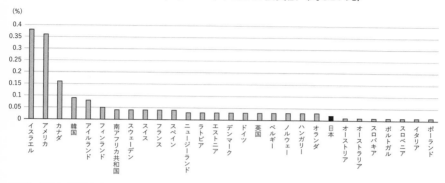

（出所）内閣府『経済白書　2018年版』を元に筆者作成。

くつかある。まず，従来日本のベンチャー・キャピタルには，これまで前述のように銀行系の会社が多く，出向で一時的に勤務する例も多く，必ずしもベンチャー支援の専門的な人材が揃っているわけではなかった。さらに，そもそも日本のベンチャー企業は層が薄く，米国のようにユニコーン企業のように成長する例はほとんどなく，よってベンチャー投資の収益率は低い[25]。第三に，日本でもソフトバンクグループが2.5兆円を出資し，サウジアラビアの政府系ファンドなどと共同出資するソフトバンク・ビジョン・ファンドなど，ベンチャー・キャピタルを運営しているが，その投資先は主にシリコンバレーや中国など，期待収益率の高い有力なベンチャー企業である。事実，ベンチャー投資の期待収益率の低い日本でベンチャー・キャピタルに出資するのはほとんど国内の機関投資家であり，一方で期待収益率の高い米国のベンチャーキャピタルには，全体の3割が北米以外の世界から集まっている［仮屋薗，2017］。仮にリスクマネーだけ揃ったとしても，有力なベンチャーの層が一定数生まれない限り，資金や人材は海外に流れて行くので，ベンチャー・キャピタルの育成とベンチャー企業の育成の好循環が生まれるためのハードルはかなり高いのである。

　これらの結果，日本の開業率，廃業率は諸外国と比較して低い。**図10-14**は，2001年から2016年について，日本，米国，英国，ドイツの開業率，廃業率を表

---

[25] 米国にはUber（時価総額7兆円）をはじめ110社を超えるユニコーン企業があり，中国にも55社ある。一方で日本にはメルカリなど，4社しかない。

図10-14　各国における企業の開業率・廃業率の推移

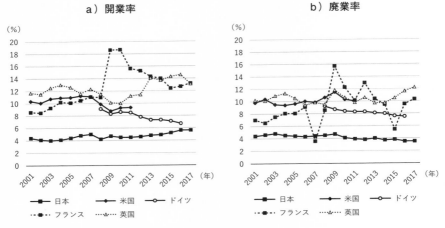

（出所）文部科学省『科学技術指標2019年版』

したものである。他国が10％近くを維持する一方で，日本は４％程度と停滞している。以上の結果，日本では産業の新陳代謝が進まない事態に陥っているのである。

　アベノミクスでは，ベンチャーへのリスクマネーの供給を促進する政策，起業家の個人保証の見直しによる起業の促進，事業再編・事業組み換えの促進などの政策が行われた。

　まず，リスクマネーの供給拡大のために，産業革新機構という政府系ファンドによるリスクマネーの供給を拡大し，またエンジェル税制の運用改善を行った。また，米国ではグーグルなどの大企業によるベンチャーの買収がベンチャー育成において重要な役割を果たしており，日本でも大企業が技術シーズや新規事業進出の手段として近年ベンチャー企業の買収を活発化させていることから，ベンチャーのM&Aをさらに促進するための税制改革などを行った[26]。また，中小企業が民間の金融機関から資金を借りる際の個人保証に関しては，法人の事業資産と個人の資産が明確に分離されている場合など，一定の条件を満たす場合には，保証を求めないとするガイドライン（あくまで指針であり法

---

[26]　たとえば，企業Aが自社株を渡す形で企業Bを買収する場合，企業Bが企業Aの株を保有しているうちは課税しないことで，売買を促進する法改正をした。

的拘束力はない）の作成を行った。

　大企業によるベンチャーの買収などは近年増加し，2018年には1,300億円に達したが，まだ米国などのベンチャー・キャピタルの規模には遠く及ばないのが現状である。日本のベンチャーへの投資額は約4,000億円であるのに対して，米国では13兆円と34倍にも達する。また，既にベンチャーへの投資には，1999年に中小企業基本法が改正されたことにより，金額に3,000万円という上限があるとはいえ，政府系金融機関による担保不要，経営者の個人保証不要の融資も整備されつつあり，その利用も活発とはいえない。その意味では，起業を志望する人材を前提とした起業支援策以前に，起業家志望の人材自体が少ないという構造的・文化的問題を克服する政策がまず求められているといえる［高橋，2019］。

2.5　産業の新陳代謝の促進２：規制緩和

　前述のように，経済成長率が低下し，一方でデジタル技術の進展により新しい事業機会が生まれている日本において，起業や既存企業の新事業の立ち上げを阻んでいるもう一つの制度的制約がある。それが各業界での事業活動に対する規制である。

　規制には，消費者や労働者の安全や健康，教育，環境保護や防災などを目的とした社会的規制と，経済的効率性向上の観点から事業者の参入，価格設定その他の活動について規制する経済的規制がある。しかし，実際にはそれらを名目に，多くの産業で生産者の既得権益を守ることを目的として，参入，価格，その他の事業活動に制約を設ける規制が多く残っている。

　たとえば，保育，介護，教育など国民生活に大きくかかわり利用者保護が重要な業界をはじめ，零細事業者の多い農業，運輸など，幅広い産業において，既存の生産者を保護するための規制が産業の発展と消費者の利便性を阻害している。

　また，デジタル技術の発達は，業界を超えた参入を可能としたが，業法と許認可によって業界の事業者を管理する従来型の規制が新事業の拡大を阻んでいる。たとえば，デジタル技術により可能となったシェアリングサービスは，企業と利用者ではなく利用者同士の取引を可能としたが，その一つであるライドシェアでは，日本の従来の規制では，タクシー事業者（個人を含む）を対象に

一定の条件を満たした事業者に認可を与える形で参入を管理してきたため，一般ドライバーによるタクシー輸送は「白タク」として原則認められていない。米国の一部の州や中国では，保険加入や運転歴など一定の条件を満たせば，認可を受けた一般の個人がタクシー輸送を行うことが認められているのと対照的である。民泊も同様に，ホテル業者を前提とした旅館業法に基づく縦割りの法規制が，利用者同士のシェアリングを妨げている。オンライン診療，遠隔教育では，デジタル技術で可能になった事業が，対面サービスを原則とするとした従来型の規制によって拡大が制限されている。

　参入規制や価格規制による市場競争の制限は，業界にレント（競争がないことで得ている利益）を生み出し，これが既得権益化する。このため，業界は業界団体を作り，政治家には献金と票を与え，官僚には天下りを受け入れることで規制維持を働きかけてきた。政治家は，業界とつながった族議員が中心となって業界団体に有利となる規制の維持につながる議決を国会で行い，官僚は業界を所轄して許認可権限や補助金などを使ったり，業界に有利な法案を立案したりして業界の既得権益を支えてきた。これらの利害が一致した3者の癒着関係は鉄のトライアングルと呼ばれ，規制を維持する強固な力を生み出していた［松原，2000］。その意味で，規制をめぐる問題は，経済問題としてだけでなく，政治問題としての側面も強いのが特徴である。財・サービス市場において，貿易財は国際的な貿易交渉や外圧によって規制が緩和されてきたが，一方で，サービスはそのような外圧がないことも，競争制限的な規制が多く残る一因となった。

　このような規制は1980年代まで日本の多くの産業で見られたが，多くの業界で規制緩和の努力がなされてきたのも事実である。80年代以降，欧米諸国の規制緩和の流れが日本にも波及し，さらには80年代後半には円高により内外価格差が拡大し，また日米貿易摩擦の中で日本市場の参入規制緩和を求める外圧が高まると，競争制限的な規制の緩和も徐々に進んできた。

　規制緩和は当事者である省庁内の審議会では改革が難しいため，官邸が直轄する形で進められ，81年に財界人や民間人を主体とした「第二次臨時行政調査会」，95年には政府の行政改革委員会の下に「規制緩和小委員会」が設立され，改革が進んだ[27]。

　まず80年代後半には航空輸送サービスや鉄道，電信・電話などの公営企業が

分割・民営化され，参入規制も緩和された。89年には日米構造協議で日本市場の参入規制が問題となったこともあり，93年には細川内閣の下で設置された私的諮問機関である「経済改革委員会」で，経済的規制は原則として撤廃し，社会的規制は必要最小限にとの方針が示された。それらの方針の下で，航空輸送や電気通信，電力，さらには小売業や運輸業でも参入規制緩和が進んだ［鶴田，1997］。

2000年代には小泉内閣の下で派遣労働の規制緩和をはじめ，「民間でできることは民間で」という方針の下，郵政民営化，道路公団民営化，刑務所の官民共同運営，駐車違反取締の民間開放なども進んだ［松原，2000；鶴田，1997；原，2019］。大学も，一部の学科を除き設立を原則として禁止する参入規制が大幅に緩和された。

日本において，大規模なショッピングモールでの便利な買い物，ネット証券での安価で便利な株の売買，休日のATM利用，高速バスでの安価で便利な長距離移動，コンビニやネットでのビタミン剤や栄養ドリンクなど一般用医薬品の販売，LCCを使った格安の空の旅，安価で多様な固定電話，データ通信や携帯電話サービスなど，サービスの多様化と低価格化が実現したのは，主に90年代から2000年代にかけて行われた規制緩和の賜物である[28]。

解　　説	規制緩和と市場メカニズム

　80年代以降の規制緩和の基本方針は，参入規制によって業界を統制し事前に管理する体制から，参入を原則として自由にした上で問題のある企業を情報公開や活動評価によって管理する，事後チェック体制への転換である。これはこれまで法的根拠の曖昧な許認可などによる事前の参入規制によって管理していた各業界を，市場メカニズムによって管理することに他ならない。

　市場メカニズムが働く上で重要な要素として，以下の4つが挙げられる。1）企業の自由な参入・退出機会がある。2）活動・価格設定の自由により多様な内容・価格のサービ

27　改革案は最終的には内閣だけでなく各省庁の合意が必要となるが，各省庁主導の委員会ではなく，外部の財界人や学者が原案を作成する委員会のため，規制改革が進みやすい。

28　たとえば，東京一大阪間の昼間の電話料金は，電電公社が独占していた時代には3分間400円という法外な値段が20年間続いていたが，1987年に電電公社の分割民営化と参入規制の緩和による新規参入が起こって以降の13年間で，1分63円〜90円に低下した。一方事実上競争が導入されなかった市内通話は3分10円のままだった［松原，2000］。

スを提供することが可能である。3）消費者は製品・サービスを自由に選択できる。そして，4）競争を制限したり，消費者利益に反したりする仕組みや慣行を排除するためのルールの策定とチェックがなされている，である。

　これらの条件が満たされることで，新規参入や競争を通じて生産性の向上や多様なサービスの提供が生まれ，優れた売り手とそのサービスが選別されることで，消費者利益の向上と産業の発展がもたらされる。特に，市場における自由な活動と競争は，現在のように急速な技術革新の時代には，新技術を取り入れた新しい製品やサービスを市場に取り込む上で，不可欠な環境となる。

　一方で，従来の規制で多用されてきた参入規制，価格規制，機関補助は，それぞれ市場機能を阻害する効果を持ってきた。

　まず，過当競争防止，中小企業保護，悪質な新規参入の阻止などを建前として行われてきた参入規制は，1）を阻害することで事実上既存事業者の既得権を守り，多様なサービスの発展を阻害してきた。また，介護，認可保育，医療行為などの公共サービスで広く見られるサービス価格の規制も，2）を制約することで，飲食・宿泊など普通のサービス市場で見られるようなコストをかけた質の高いサービスの創出を阻害してきた。さらに，規制の下では，教育や保育，介護などにおいて，利用者が施設を自由に選べず，また機関補助（サービスの利用者ではなくサービスを供給する機関に補助する）方式が多く取られてきたが，これは補助の対象となった機関を優遇することで，3）や4）の機能を阻害してきた[29]。

　規制改革は，競争を阻害する規制の撤廃と独占につながる慣行や構造を排除することで，市場メカニズムによる産業の発展を促してきたのである。

　しかし，前述のように，現在においても，規制を巡り以下の問題が残っている。第一に，これまでの規制緩和でも解消されなかった岩盤規制と呼ばれる規制が，農業，医療，保育，労働などで残っている。第二に，民泊やライドシェアなど，従来の業界の枠を超えるデジタルサービスの実現を，縦割り型の規制が阻んでいる。第三に，デジタル経済の実現という観点からは，政府の行政サービス自体のデジタル化や，個人情報にもなるデジタル情報の管理についての法整備などの問題もある。

---

[29]　たとえば，保育事業では，認可保育園については，利用者が自由に選べず，市町村が入園する保育園を選んでいた。また，公立の小中学校についても，1997年に学校選択制により学校の選択の自由度が広がるまで，学区内の所定の学校に通うことが原則として義務付けられていた。

　アベノミクスでは，これら岩盤規制やデジタル化のための規制改革についても検討課題として上がり，その規制緩和が進められた。

　表10-2は，岩盤規制と呼ばれる主な規制と，アベノミクスでの規制改革の進展度合いをまとめたものである。以下順に，政治力が強い医療業界と農業を取り上げ，市場競争を阻害する規制を中心に，アベノミクスでどのように緩和されたのかを議論する。

　医療は高齢化が進む日本にとって，規模でみても，成長性で見ても，今後有望なサービス市場であり，予防医療から治療まで，国民のニーズに応じて様々な医療サービス機会が拡大しうる分野である。また，遠隔治療やカルテや診察データの電子化によるデータの共有，ビッグデータによるAI診断への活用など，デジタル技術による事業改革も大きく期待できる産業の一つである。

　しかし，日本の医療には，零細の開業医を中心に構成され，毎年政治家に多額の献金をし，20万票の組織票を持つといわれる日本医師会という強固な政治力を持つ団体が存在し，その既得権益を守るために強固な規制が長年守られて

表10-2　岩盤規制（医療，農業）とアベノミクスでの規制緩和

	医療，農業での主な規制	アベノミクスでの規制緩和
医療	a）株式会社の参入規制	a）議題にすらあがらず。
	b）混合医療の禁止（歯科を除く）：保険の範囲を超えた診療が一部でも含まれれば，保険対象となる診療費まで全額自己負担となる。	b）適用範囲を2016年に緩和。患者の申請と，国の審査を前提に，対象となる病院は抗がん剤なら400に拡大するなど，対象病院や治療を拡大。
	c）遠隔医療の原則禁止	c）緩和せず。※コロナ禍で一時的措置としてのみ認められる。
	d）薬のネット販売規制（一般用医薬品の第3類のみ許可）	d）2014年に一般用医薬品の第一類（要指導医薬品を除く），第二類も含めてネット販売を解禁。
農業	a）農業法人（農地を利用できる法人）への規制：出資比率25％未満，役員の内1/2超が農業従事者。	a）15年に農業従事者の役員数を1人へ，出資比率上限を50％未満に緩和
	b）農地取得の制限：農地を購入することができない。	b）国家戦略特区の兵庫県養父市で，13年に条件付きで所有を認める。新潟市では農業法人の設立条件を緩和。
	c）米の減反（補助金付きの生産調整：全水田の4割に及ぶ）	c）2018年に減反廃止。ただし飼料用米の補助金を開始。

（出所）［八代，2013］，［原，2019］を元に筆者作成。

きた。

　既得権益を守る最大の規制が，病院経営には株式会社の参入禁止という強い参入規制が存在することである。日本では医療は非営利行為であり，営利団体である株式会社が資金を集めて病院チェーンを運営することは禁止されている[30]。これは，米国をはじめ，東南アジアなどで株式会社が病院経営に参入でき，効率的で高度かつ快適な医療サービスを提供しているのと対照的である[岡部，2014年1月6日，9日]。

　第二が，遠隔治療の制限である。デジタル化が進んだ現在では，先進的な医療を受けるために，遠隔治療を受けることが技術的に可能である。特に，専門的な医療機関がない地方の患者にとっては，遠隔治療が受けられるメリットは大きい。デジタル技術の進展に伴い，米国やシンガポールなどで規制が緩和され，ドイツやイギリス，オランダ，中国などでも実験的に導入が進んでいる。しかし，日本では，この遠隔治療は各地域の開業医にとって，既存の患者を取られかねない脅威となるため，その実施は一部の例外を除き禁止されてきた。

　アベノミクスでは，株式会社の病院参入については議題にすら上がらなかった。また，遠隔治療についても，2015年に法的には許可されたものの，実際の行政上の運用では不可とされた。コロナ禍で例外的に一部治療のみ認められたが，時限的措置であり，解禁されない状況が続いている[31]。

　医薬品のネット販売については進展があった。薬事法にはネット販売についての明確な規定はなく，2000年代から一般用医薬品のネット販売が普及したが，2009年に薬事法が改正され，第3類以外の一般用医薬品のネット販売が禁止されてきた。しかし，法的に明示的に制限されていない医薬品のネット販売が行政措置で規制されていることが営業の自由を侵害するものとして裁判となり，最高裁で対面販売を規制する国側が敗訴した。これを受けて，アベノミクスで

---

[30]　営利団体である株式会社が不当な利益を得て，非営利団体である病院が良質な医療サービスを提供するとは限らない。開業医や非営利の病院でも，経営層や医者が法外な給与を得たり，あるいは別の医療関連のサービス会社を作ってそこで利益を中抜きする手法で，非営利が事実上形骸化している例もみられる［岡部，2014年1月6日，9日]。

[31]　この他にも，混合医療について規制緩和が行われた。混合医療とは，保険対象の医療に保険の対象とならない医療を加えた場合に，保険対象の部分のみ保険適用になる医療のことである。しかし，日本では，保険の対象とならない医療を加えた場合には，保険対象の医療まで保険の対象外となる。アベノミクスでは規制が緩和され，混合医療の適用対象や対象となる病院が増えたが，認定の条件は依然厳しく，適用例は増えていない。

は，2014年に一般用医薬品の対面販売の規制が緩和され，それまで一般医薬品の内第三類にしか認めていなかったネット販売を，第一類（要指導医薬品を除く），第二類も含めて解禁され，消費者のネット販売による利便性の向上が進んだ。

　農業は，農協の準組合員も含め1,000万人ともいわれる組織票を背景に，岩盤規制によって零細農家が守られてきた産業である。農業でも輸入制限を含む厳しい参入規制が敷かれており，株式会社が自由に参入し，農地を取得して農業を営むことが規制によって阻まれていた。これは事実上既存の零細農家とそこから販売手数料などを得ている農協の既得権益を守ってきた。しかし，その結果日本の農業は農家の高齢化による農業人口の減少と，今や富山県の面積に匹敵する規模の耕作放棄地の減少に直面し，発展どころか衰退の道を進んでいる。これは問題であるとして2009年に規制が緩和され，農業法人を設立すれば，農地を借りて農業を行えるように規制が緩和された。

　これにより農業への参入は増加したが，アベノミクス前の時点で，参入のハードルは依然高かった。まず，農地が取得できないため，貸借契約期間後に地主に返却を求められるリスクがあり，土壌の改良やビニールハウスなどの設備への投資にリスクが残る。また，農地を借りるためには農業法人の設立が必須であり，設立には農作業者を探す必要や出資比率制限がある，などである[32]。

　第二に，減反である。減反は，米農家に補助金を与えることで一律にコメの生産調整をするものである。これは管制のカルテルであり，非効率な生産者の温存と効率的な生産者の拡大阻止，米の高価格などによる消費者利益の喪失をもたらしてきた。米作の生産性を上げるには，資金と能力を持つ農業者に農地を集め，大規模化によって生産性を向上させることが欠かせないが，減反はその機会を阻害してきた。

　アベノミクスでは，耕作放棄地の削減，企業の農業参入の促進，減反の廃止などによって農業の大規模化や活性化を目指すとして，そのための規制緩和が検討された。

　まず，それまで農地法人の役員の半数超を農作業者とする規制が，1人以上に緩和された。また，それまでの25％未満とする出資比率規制も，企業側が経

32　参入障壁の詳細については，［八代，2013］を参照のこと。

営権を取得できる50％超にする案も検討された。しかし，農協や族議員，農水省による政治的な反対が強く，2016年に50％未満への緩和で終わった。農業法人による参入は，一連の政策により，2009年の427件から2018年には3,286件（農林水産省経営局調べ）へ増加した。しかし，株式会社が経営権を持ち，農地を所有する形で参入できる環境は整備されていない。

　また，長年の非効率性の温床であった減反も2018年にようやく廃止された。しかし，代替措置として飼料用米生産の手厚い補助金を開始したことで，大規模農家への土地の集約や米の生産拡大などは起きず，規制緩和は事実上骨抜きとなった。

　医療，農業に通じるのは，政治力の強い両業界において，現在も既存の零細事業者を維持する力が強く働き，そのため株式会社の参入が規制されていることである。アベノミクスでの規制改革も，特に医療や農業では，改革は徐々に進んでいるとはいえ，スピードは遅く，重要な改革には手を付けないか，あるいは骨抜きにされ，事実上既存の事業者に大きな影響を与えないものとなっている。

　しかし，株式会社が市場に参入することには大きなメリットがある。株式会社であれば，優良なサービスを発案し経営能力も高い企業家が，出資者を集めて企業グループを形成でき，出資による設備や研究開発などへの投資をはじめ，資材の調達や人材採用・訓練などの共通化，効率化などのメリットがある［八代，2013］。電気，自動車をはじめ，飲食や小売などのサービス業でも，国際的，国内的に優れた事業者はすべて株式会社といってよい。電気メーカーが研究開発や設備に多額の投資をしてデジタル家電を開発したり，コンビニがATMやPOSシステムなどの情報システムを導入し，全国に良質で安価なサービス・製品を提供したりできるのは，株式会社の資金力によって蓄積した，技術，ノウハウ，設備，豊富な人材などの経営資源のおかげである[33]。特に，サービス業では経営主体の間での生産性の格差は大きく，産業構造の8割を占める現在，その生産性向上は需要な政策課題であり，その中で零細企業の乱立と保護による非効率性の放置は日本の成長をサービス産業の発展を阻む一因と

33　事実，株式会社の参入が認められている介護サービスでは，損保ジャパン日本興和HD がIT技術を活用した見守りセンサーを導入して省力化を図るなど，株式会社の資金力と技術を生かしたサービスが新規参入組によって導入されている［日本経済新聞2016年2月2日］。

なっている［アトキンソン，2019］。特に，医療では診察やカルテのデジタル化などの情報システムへの投資は大規模事業者ほどメリットが大きくなるが，株式会社であれば自由な増資により大規模な投資も可能になり，遠隔治療やデータ共有が可能な新しい情報システムをグループで一括して導入するメリットが大きく，導入が進みやすい。医療，農業，保育共に，株式会社の参入を通じて優れた経営主体をこれら産業に参入させることは，サービスの多様化と質の向上に不可欠である。株式会社は営利を追求するため，医療や保育などには不適切であるという批判もあるが，株式会社も市場での評価にさらされる限り，消費者利益を阻害する行動はとれず，逆に非営利団体であるからといって利潤追求行動をとらないとも限らない［八代，2013；岡部，2014年1月6日，9日］。勿論，医療などは情報の非対称性があり，またサービスにおける事故が非可逆的な不利益をもたらすため，現在のように入り口で規制するのではなく，市場メカニズムにゆだねつつ，情報公開を含めた消費者保護のためのルールに基づく事後的なチェックにより業界を管理すべきである。

　次に，デジタルエコノミーの構築を促すための規制改革も，アベノミクスで一定の進展が見られた（**表10-3**）。デジタルサービスは，サービスの主体が既存の業界を超えて広がる可能性があるため，従来の業界単位の管理から，業界横断的な管理へと移行する必要があり，そのための規制改革が必要である。

　民泊については，当初は旅館業法の対象外として，旅館として認められた施設での優勝の宿泊は認められなかったが，アベノミクスにおいて，2016年から一部の国家戦略特区において，宿泊2泊3日以上など（自治体による）を条件に例外的に認められるようになった。さらに，2018年には住宅宿泊事業法（民泊新法）が施行され，旅館業法や国家戦略特区の対象外でも，衛生確保や騒音防止，苦情対応などを条件に認められるようになった[34]。ただし，あくまで旅館ではなく住宅であるとして，年間営業日数180日以内という条件が課され，収益性の面で参入のハードルを上げている。

　タクシー輸送については，日本では道路運送法によって自家用車による有償での輸送は禁止されており，アベノミクスでもこの規制は緩和されなかった。ただし，国家戦略特区制度を用いて，兵庫県養父市で地元住民の自家用車を用

---

[34]　自治体によっては，別途住宅専用地域での営業を禁止するなど，より厳しい条件を設定している場合もある。

表10-3　デジタル関連規制の例とアベノミクス

	アベノミクス前の規制	アベノミクスでの規制緩和
デジタル化に関する規制例	民泊：宿泊業務は旅館業法で認められた宿泊業者しか行えない。	一部の国家戦略特区で2泊3日以上などを条件に解禁。また，2018年に民泊新法が施行され，年間180日以内などを条件に住宅での民泊が解禁された。
	タクシー輸送：輸送業務は道路運送法で認められたタクシー業者しか行えない。	国家戦略特区である一部の過疎地でライドシェアが認められる。
	完全自動運転・ドローン	トラックの隊列走行の実用化，ドローン輸送の実証実験が進む。
	遠隔教育：授業は対面が原則。遠隔教育は，大学では60単位までしか認定しない。	コロナ禍で対面授業がこんな場合のみ，60単位を超えてオンライン授業を認める。
政府行政サービスや法整備	a）行政サービスのデジタル化：日本では国民識別番号がないために，社会保障，税，戸籍や住所などの手続きが原則対面であり，煩雑。法人の対政府手続きも多数の諸機関があり煩雑。	マイナンバーカードの交付により住民票，税証明などをコンビニで交付，確定申告も簡略化。諸機関への手続きが煩雑だった法人設立もデジタル・ワンストップ化を目指す。
	b）国が持つデータの開放と民間データも含めた情報基盤整備。	地図，防災，犯罪，道路，交通，事故，気象・政府衛星・海洋データなど，政府が持つ様々なデータを個人情報に配慮しつつオープンデータとして公開。民間データの公開も促すことで，オープン・データの基盤づくり進める。

（出所）［首相官邸，2017］，日本経済新聞を元に筆者作成。

いた有償のライドシェアが始まった。

　自動運転やドローン輸送などのロボットの実用化についても，進展が見られる。これらの実用化には，法規制の改正と，実証実験による安全性の確認を含めた技術改善が求められる。ドローンはすでに農薬散布や空撮で実用化されているが，輸送についても，2016年の再興戦略において，早ければ3年以内にドローンを使った貨物輸送を可能とすると計画され，2018年にはドローン輸送のニーズが高かった山間部での実証実験を開始し，また2020年代には都市部でも荷物配送を実現するとした。完全自動運転については，米国や中国ですでに領域限定での完全自動運転であるレベル4の個人輸送サービスがすでに法整備と公道実験を終え，グーグル系のウェイモ（2018年）や中国の百度（バイドゥ）

（2020年）がサービスを展開しているが，日本でもアベノミクスにおいて2020年の東京オリンピックでの完全自動運転サービスの実現を目指し，レベル４によるタクシーやバスの実証実験が進められた。トラック輸送においても，有人走行が無人後続車を誘導する隊列走行の2022年度の実用化に向けて，高速道路での実証実験が2019年から開始されている。

　遠隔教育については，従来は遠隔医療と同様に，一極集中を招き，既存の教育機関に大きな影響を与えかねないため，たとえば大学教育では遠隔授業による単位取得は60単位までとするなど，規制が置かれていた。コロナ禍で一部可能になったものの，対面授業が実施できない非常時の特例的な扱いであり，学校教育での自由な使用は解禁されていない。

　デジタル化の中での行政の役割については，規制緩和の他に，行政サービスのデジタル化や，政府が持つ公共データを含めた官民のデータ基盤の整備などもテーマとなってきた。

　日本の行政サービスのデジタル化は遅々として進まなかったが，コロナ禍でその問題点が顕在化した。コロナ下の医療体制のひっ迫では，大学病院を所轄する文部省と自治体を所轄する総務省との連携が不足し，PCR検査では保健所と地方自治体の連携が不足するなど，国と地方自治体，保健所，医療機関の連携がうまく取れない問題が露呈した。特別定額給付金でも，欧米と比較して紙ベースでの事務手続きに時間かかり，政府サービスの電子化の遅れの問題が顕在化した。諸外国では，政府と自治体，企業と政府，個人と政府の間のデータベースを標準化，統合することで，ネット上で行政が連携し，市民に便利な電子行政サービスを行うための情報基盤の構築に早くから着手してきた国も存在する。

　たとえばデンマークでは，デジタル化庁を司令塔として，2002年から情報基盤形成に着手し，2007年から運用を開始した市民ポータルの「Borger.dk」では，在宅で政府クラウドのポータルにアクセスして，引っ越し関連の手続き，税金，育児，学校，年金など，あらゆる行政サービスを一括で受けられる体制が確立された。個人の識別には1968年から国民全員に付与した個人識別番号を使うことで，個人情報を一元管理している。ネット上で企業や行政への手続きを一括で行うための電子私書箱の利用率は84％を超え，2015年までに行政手続きを原則として全面ペーパレス化する計画を立てるなど，政府サービスの普及

が進んでいる［総務省，2013］。

　韓国でも，2001年から電子政府化を本格的に推し進め，各省庁間，地方自治体のシステムの連携と統合を進めた。国民IDを使い，ネットで政府の電子申請・入札，金融機関などのあらゆるサービスを利用可能であり，税の申告法人税97％，所得税75％と利用度が高く，住民票，不動産登記簿謄本などを自宅で出力可能となっている。

　一方で，日本も総務省が2000年から「e-Japan戦略」を策定し，その中で政府サービスの電子化や遠隔教育，遠隔医療の実現も目指すとし，また2001年には内閣の下にIT総合戦略本部も置かれ省庁横断的な政策を目指したが，省庁間，政府と自治体の情報システムの連携と統合は進まず，国民による電子行政サービスの利用は未だ普及していない。主要な原因は，日本は人口が多く，行政組織も複雑な上に，内閣府や総務省，経済産業省，厚生労働省などが別々にIT化に取り組んできた縦割り行政の弊害もあり各省庁のデータ連携がいまだ進んでいない，さらに自治体と政府の連携も取れていないことなどが挙げられる。

　アベノミクスでは，行政サービスの統合と電子化を促進するため，個人識別番号を付与し，税や住民票の申請などの電子サービスを行うマイナンバーカードが2016年から交付された。マイナンバーカードは身分証明書として使え，住民票や印鑑証明，税証明をコンビニで発行できたり，確定申告の電子申告や社会保障関連の手続きが簡略化できたりするなどのメリットがある。しかし，健康保険証としても使え，住民票の届け出もでき，金融取引情報の捕捉により確定申告も自動に近い形で行えるデンマークなどは異なり，住民票の届け出自体は紙で提出し，確定申告のe-Taxも紙がデジタルに変わっただけであることなど，諸外国と比較してカードの利便性にまだ限界がある。それに加えて，政府に個人情報を握られることを嫌う国民性なども影響し，カードの交付率は2021年の時点で未だ30％台であり，オンラインサービス「マイポータル」の利用者は国民の0.1％にとどまる。そのため，今後は利便性の向上を図るため，健康保険証や免許証などの統合も議論されている。

　さらに，ビッグデータがAIを使って様々なサービスを生み出す時代に，政府には地図，防災，犯罪，気象・政府衛星・海洋データなど，国民の生活とビジネスに活かせるビッグデータが集まっている。アベノミクスでは，「官民

データ活用推進戦略会議」を司令塔として，個人情報保護とデータ活用の調和を図る法改正を模索しつつ，それら国のデータを開放した上で，民間データと連携させるなど，官民合わせたビッグデータ利用の基盤整備を進めている［首相官邸，2017］。

　このように，規制改革が進展し，事前規制から事後チェックに移行したことで，より多くのサービス市場において市場メカニズムが働き，多用なサービスが生まれつつある。例えばアベノミクスでも，保育事業では待機児童の解消を目指す中でより広範な事業者に対して認可を認め，株式会社の参入も一部の形態の保育園を除き参入を促し，さらに利用者の選択の自由度を広げる制度改正が行われた。しかし，医療での株式会社の参入規制の維持のように，規制緩和は行われなかったか，あるいは農業での減反廃止のように改革は行われたものの事実上骨抜きにされ，やったふりにとどめたものも多い。デジタル化の中での関連法の整備を進めても，株式会社の参入を認めないなど，技術革新の担い手の参加を大きく制限した中での制度改革では効果が限られる。また，政府サービスのデジタル化が象徴するように，制度改革は諸外国と比較して漸進的であり，スピードが遅い。これらの問題は，当該市場における消費者利益を阻害するだけでなく，諸外国と比較した際のビジネスの発展スピードを遅らせることにつながる。例えば日本の医療は，その先端技術と人財という強みを生かせ，また高齢化の中で国内だけでなく国際的にも有望な産業といえるが，規制の維持は産業の発展を諸外国より遅らせ，長期的な日本の国際優位に負の影響を与えかねず，改革のスピードアップが求められている。

2.6　日本の労働市場改革とセーフティネットの整備

　日本では，大企業を中心に終身雇用制度と年功賃金という雇用慣行が形成され，その下で労働者の技能が蓄積され，日本のものづくりを人材面で強化してきた。また，終身雇用制度が定着した日本では，技術革新が起こる中でも，新規事業の立ち上げにおいて既存企業が果たした役割は大きく，企業競争の中で不採算部門が生まれると，大企業を中心に，社内で新しい事業を生み出し，社内労働移動を通じて，そこに人員を再配置していた。それは日本企業が成長を続けており，既存企業が新しい事業を次々に生み出せていた時代には機能したシステムあった。

　しかし，一方で，経済のグローバル化が進み，国際的な水平分業が進む中で，日本企業が競争力を有していた部門は次々と競争力を失った。既存の大企業では，第8章3.で論じたように，急速な技術の陳腐化と市場環境の大きな変化の中で，労働者の組み換えが必要となり，早期退職による雇用調整と社外からの即戦力へのニーズが高まっている。また，現在の日本の大企業に昔のようなイノベーション力はなく，社内労働移動による経済成長には限界がある。むしろ，現在のAIやIoTなど第4次産業革命ともいわれるビジネスの変革期には，新しい事業が社外の企業や研究機関など，様々な場所から生まれる可能性があり，そのため労働市場の流動化の重要性が高まっている。

　このようなグローバルな経済環境の変化の中で，かつては日本の強みであった終身雇用という雇用慣行が，現在の産業調整を阻んでいる。労働市場が硬直的となる他の原因として，日本では厳しい解雇規制も大きく影響してきた。日本では企業が倒産の危機に陥らない限り解雇はできず，このため既存の雇用を守るために不採算部門を可能な限り維持してきた。その結果，リクルートワークス研究所によれば，2015年に「社内失業」者は401万人にも上っている［日本経済新聞2017年10月12日］[35]。このような解雇規制が厳しく労働者の柔軟な再配置が損なわれる労働市場は，すでに雇われた正社員労働者の雇用を守る反面，企業の雇用調整を阻害することで，そのコストは結局社内の労働者に賃金低下や最終的な事業撤退によるリストラなどの形で跳ね返ってくる可能性がある。また，雇用規制は，新規雇用のリスクを増大させ，新規事業や起業など，新規の雇用創出にも影響する。これは，グローバル化した経済で重要となる外資企業の国内進出に対しても，日本での事業リスクが読めず，投資のインセンティブを大きく下げるという副作用をもたらす。

　イノベーションの主体が散らばりつつある現在のような経済環境では，新しい事業を設立するために人材の構成を自由に変更できる，企業間での労働移動が容易な米国のようなシステムが強みを発揮する。前述のように米国ではレイ

---

[35]　たとえば，みずほ銀行が2017年末に今後10年で1万9,000人の従業員を国内外でリストラすると発表し話題となったが，それは低金利による利ザヤの減少だけでなく，フィンテックの進展による窓口業務・事務などのための従業員の不要化と密接に関わっている。終身雇用制度を維持してきた，日本で国際競争力が最も強いといわれるトヨタでさえ，自動車産業のガソリン車から完全自動の電気自動車への世界的なシフトの流れ，そして所有からシェアへの大きな変革が今後予想される中で，終身雇用は維持できないと主張し，ニュースとなった。

オフなどの整理解雇や能力不足による普通解雇が行いやすい。福祉国家のスウェーデンやデンマークも事業整理のための解雇は行いやすく，かつて労働者解雇を厳しく規制してきたドイツ，フランス，イタリアなどでも，経済のグローバル化の中で失業率が高止まりする中で，解雇規制の緩和や，解雇の際の金銭補償のルール作りなどの改革が行われるなど，より柔軟な解雇ルールが波及してゆき，これが産業の新陳代謝や対内投資を促した[36]。企業が国を選ぶグローバル化，技術変化の加速化をもたらすデジタル化の中では，雇用規制の緩和によって経営の自由度を高め，それによって企業の新たな事業展開を促進し，かつ労働者の円滑な労働移動を支援することで，新規雇用機会の増大を目指すべきだという危機感が，先進国の経験から共有されるようになったのである［八代，2014］。

　このような状況の中で，日本でも解雇規制の緩和が重要な論点となった。解雇規制の緩和を議論する上では，欧州が雇用規制の緩和で雇用を守ることから"ヒト"を守ることへ政策転換したように，不安定化する雇用への対応策として国がセーフティネットを整備するのか，仮に行うとすればどのようにどの程度行うのかも，合わせて議論する必要がある。

　特に現在の日本においてこのセーフティネットの議論は重要である。というのも，近年日本では非正規雇用の労働者が増えており，彼らは正規社員との所得格差が大きく，また脆弱なセーフティネットでしか守られていないからである。

　日本では，グローバル競争の激化の中で，雇用調整を容易にしたいという産業界の要請もあり，労働規制を緩和した。しかし，それは正規雇用の規制緩和ではなく，もっぱら非正規の雇用を規制緩和する形で行われ，1999年に派遣労働に対する規制が一部業種を除き原則自由化され，2004年には製造業派遣も緩和された。その結果，日本企業は，国際競争の激化に伴い必要となった雇用調整を，正社員の雇用を守りつつ，非正規の労働者の雇用を調整することによっ

36　ドイツでは，シュレーダー首相が2003年に労働市場改革を行い，解雇規制，および派遣労働における派遣期間の制限・再雇用禁止などの規制が緩和された。また，解雇規制の緩和と関連して，裁判で解雇無効の判決がなされた場合，補償金の支払いで解雇を行う金銭解決が多かったが，その際の上限を予め法律で定めることになった。これは企業にとって新規事業を行う際，将来の事業縮小・生産の際のリスクを低下させる効果を持ち，この解雇無効の際の金銭補償の仕組みは他の欧州の主要国でも広く普及した［八代，2014］。

図10-15　日本の就業者の正規・非正規の内訳の推移

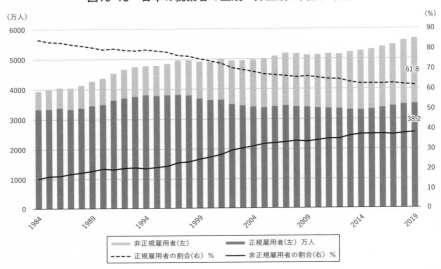

（出所）2013年以降は総務省「労働力調査」（基本集計，年平均），2002年以降2012年までは総務省「労働力調査」（詳細集計，年平均），2001年以前は同「労働力調査特別調査」（2月）。

　て行うようになったのである。
　　また，国際分業の進展や，サービス経済化が進む中で，製造業が縮小する一方，小売や医療，介護など，非正規労働の割合が多いサービス部門の雇用が拡大することで，**図10-15**が示すように，正規労働者の数が1998年以降減少傾向にある一方で，非正規労働者の数は増加の一途をたどり，その結果非正規労働者の割合は，1984年の15.3％から，2019年には38.2％に拡大した。今や5人中2人は非正規労働者であり，2015年の時点で，非正規の内3人に1人は「家計の主たる稼ぎ手として生活を維持するため」に働いている。
　　これら非正規労働と正規雇用の間には，明確な賃金格差がみられる。**図10-16a）**の通り，正規労働者の平均賃金は323.9万円であるのに対して，非正規労働者の平均賃金は209.4万円（正規の約2/3）である。また，正規と非正規だけでなく，男女格差や国籍格差の賃金格差もあるため，たとえば男性の正規労働者と女性の非正規労働者を比較すると，女性の非正規労働者は187.9万円しかなく，男性の正規労働者の賃金の約1/2しかない。特に母子世帯の平均年

図10-16　正規・非正規の賃金格差と国際比較

a）正社員と正社員以外の賃金の比較

b）主要国における非正規労働者の時間当たり賃金の正規労働者に対する割合（%）

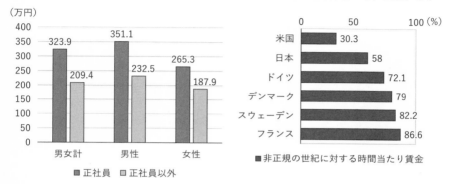

（出所）a）は厚生労働省「平成30年賃金構造基本統計調査の概況」，b）は労働政策研究・研修機構「データブック国際比較2017」より筆者作成。尚，b）で日米英は2016年，それ以外は2014年のデータ。

収は243万円と低い。そのためその子供の貧困率は66％と高く，一般家庭との教育格差にもつながっている。

　このような所得格差が生まれる原因には，非正規労働には単純労働が多く，正社員よりも労働時間が短いという理由がある他に，日本では，非正規労働はそもそも同じ仕事をしても正規労働より時給が低く，同一労働同一賃金が成立していないという日本特有の理由も大きい。ちなみに，フランスやスウェーデン，デンマークなど，EU諸国では労働者間の差別をなくすため同一労働同一賃金が成立している国が多い。このため，**図10-16b）**が示すように，時間当たり賃金で見ると，特に欧州は非正規労働も8割程度の賃金を獲得できているのに対して，日本は6割程度と低い。この結果，主要国の相対的貧困率を比較すると，**図10-17**が示すように，日本の相対的貧困率は15.6％と国際的見ても大きく，先進国では米国に次ぐ2番目の高さとなっている[37]。

　非正規労働者は，これら低賃金や，いつ解雇されるか分からないという雇用

37　相対的貧困率とは，等価可処分所得（世帯の可処分所得を世帯人員の平方根で割って調整した所得）が貧困線（中央値の半分）に満たない世帯員の割合である。母一人，子一人の世帯の例（2015年）では，相対的貧困に入る家計の可処分所得は172.5万円以下となる。

図10-17　各国の相対的貧困率の比較

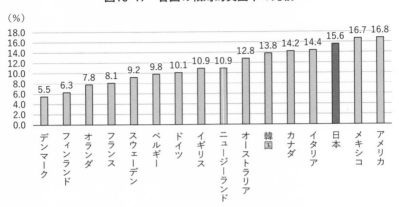

（出所）労働政策研究・研修機構「データブック国際労働比較2019」より筆者作成。

の不安定さだけでなく，労働市場を離れる場合に正社員には与えられているセーフティネットが未整備であり，労働市場の流動化においては，これら非正規労働者の生活が大きく悪化する可能性がある。

　非正規労働者は，セーフティネットからまず制度的に排除されている[38]。正規労働者については，雇用する事業所に健康保険，厚生年金，雇用保険などの社会保険に事業所単位で加入する義務がある一方，非正規に関しては事業所にその義務はない。リーマンショック時の派遣切りでは，失業した派遣労働者が大量にホームレスとなり，派遣労働者の大多数が雇用保険に加入していないことが判明した。2008年の国会では，雇用保険に加入していない非正規労働者が1,006万人，未加入率は58％と指摘された。また，パート・アルバイトの21.9％，派遣労働者の17.2％が配偶者の厚生年金も含め，いっさいの公的年金に加入していない［厚生労働省「平成18年版労働経済の分析」］。

　さらに，社会保険に加入していても，保険料が払えないことによる事実上の保障外も存在する。たとえば，非正規労働者が入る医療保険として，国民健康保険があるが，2012年には加入者数は2,000万人であり，その内無職者が4割，非正規が4割を占め，滞納率は約2割に及んだ。国民年金の内，自営業や学生，

---

[38]　以下の非正規労働者のセーフティネットからの排除と貧困についての議論の骨子は，［湯浅，2008；宮本，2009］を参考にしている。

無職，フリーターなどが入る第一号被保険者の未納率は3.5割（2016年度）と高い。これらの滞納者は，滞納が続けば事実上社会保険から疎外されてしまう。

　ちなみに，職を失い，そして病気や介護などで働けない場合，日本には憲法で保障された「健康で文化的な最低限度の生活」を保障するための生活保護制度があり，1人親，子1人で，東京では18万円程度の生活扶助を受けられる。しかし，申請主義であるため恥や自己責任を感じ申請しない人がいること，また申請しても財政難の中で役所の受領が厳しかったり，他の市町村で申請するようたらいまわしにされたりなどの，いわゆる窓際対策があること，また，生活費1か月分以上の貯蓄や車，自宅などの資産がある場合には原則受給できないなどの厳しい条件があるため，実際には日本の生活保護レベル以下の家計の内，実際に生活保護を受けている割合（捕捉率）は32.1％と低い［厚生労働省（2010）「生活保護基準未満の低所得世帯数推計について」］。これは80％を超えるドイツやスウェーデンなどと比較して著しく低く，生活困難層のセーフティネットが十分機能しているとはいえない。

　現在のアベノミクスでは，これら労働市場とセーフティネットの拡充について，どのような改革が行われてきたのであろうか。それぞれまとめたものが**表10-4**である。

　まず，1）の労働市場の流動化について，解雇規制の緩和については，アベノミクスでは，雇用の流動化を促進するため，既存産業での雇用維持効果のある雇用調整助成金を削減し，転職やそれに必要な職業訓練に助成する労働移動助成金を拡充することで，労働移動を促す政策に転換した。しかし，解雇規制の緩和という労働者への影響が大きい規制の緩和は見送られた。さらに，労働市場の流動化や新規事業の立ち上げ，対内投資の促進に大きく影響する解雇の際の金銭補償ルールの制定についても，経団連など大企業の労働組合などからの反対によって棚上げされるなど，小粒な改革に終始した。

　次に，2）のセーフティネットの整備については，セーフティネット外の生活困窮者への支援の拡充や，社会保険の適用範囲の拡充が行われた。まず，雇用保険に入っていない失業者への支援策として，アベノミクス以前に開始されたものではあるが，生活困窮者で，求職活動を行っている人を対象に，職業訓練とその間の生活費を支援する制度として，2009年から訓練・生活支援給付金制度，2011年からはその改定版である職業訓練受講給付金と制度がスタートし，

表10-4　アベノミクスでの労働市場と社会保障の改革

1）労働市場の流動化	a）雇用調整助成金の削減と労働移動助成金の拡充[39] b）解雇規制の緩和は見送り，解雇の際の金銭ルールの制定も見送り
2）セーフティネットの整備	a）雇用保険未加入の生活困窮者への訓練・生活支援給付制度（2011年より） b）非正規労働者の雇用保険，健康保険，厚生年金への加入条件の緩和 ※週20時間以上労働の場合を条件に，それぞれ以下の条件などが加わる 　ⅰ）厚生年金・健康保険への加入対象の拡大 　　・雇用期間が1年以上見込まれる 　　　※規模の大きい企業から順次適用開始 　ⅱ）雇用保険への加入対象の拡大 　　・週20時間以上労働の場合 　　・雇用継続の見通し（注）が条件[40]
3）所得格差への対応	a）同一労働同一賃金の法整備 　・パートタイム労働法の改正：パート労働者と正規労働者の間の不合理な格差を禁止（2015年） 　・契約社員や派遣労働者などの有期雇用者についても正規社員との不合理な格差を禁止（2020年） b）非正規社員の正規化促進のための法整備 　・5年以上勤務する非正規労働者は，本人の申し出があれば無期契約に切り替える c）教育無償化（所得制限付き） 　・幼児教育（0歳～5歳児） 　・高校教育（高校） 　・高等教育（大学，短大，専門学校など） 　・給付型奨学金の拡充
その他の働き方改革	a）ワークライフバランスの改善 　・限定正社員制度の法整備 　・残業時間の上限規制強化 　・有給休暇の義務化 b）育児支援 　・待機児童ゼロ

（出所）［首相官邸，2013］，厚生労働省HPを元に筆者作成。

コースに応じて数か月間毎月10万円の生活費を受け取りながら職業訓練を受けられるようになった。

　また，社会保険の適用対象の拡充として，介護や育児を行いながら働き続けることを支援するため，2016年に対象の拡充や支援の強化のための雇用保険の改定が行われた。たとえば雇用保険には適用除外だった高齢者も対象となり，

39　労働移動助成金とは，従業員の転職のために転職支援会社を活用した企業を対象にその費用を助成するものである。2014年で300億円の予算を付け，一方で，2013年度に1,175億円あった雇用調整助成金を徐々に削減するとした。

非正規労働者が育児休業給付金を取得しやすくするなど，改定が進められた。まず，雇用保険について，条件とされる雇用見通しが2010年からは31日以上と大幅に緩和された。さらに，厚生年金，健康保険についても，1年以上の雇用見通しなどを条件として，保険料支払いの余力がある大企業から順に加入義務が法的に義務付けられ，501人以上の企業が2016年10月から，それ以外の企業についても，順次義務付けられる見通しとなった。

　3）の所得格差への対応については，非正規労働者の待遇改善への改革も進んだ。まず，正規と非正規の間での同一労働同一賃金に向けた法整備も進められている。2015年にパートタイム労働法が改正されたことで，正規労働者と同一労働同一労働である場合に，パート労働者との不合理な格差が禁止され，また契約社員や派遣労働者など有期雇用労働者との不合理な格差も2020年から禁止する法改正が行われた。さらに，非正規の正社員化を促進するために，契約社員やパートなどの非正規雇用者について，2013年4月の労働契約改正法が制定され，「5年以上勤務する労働者は，本人の申し出によって無期契約に切り替える」ことが認められた。

　さらに，直接には社会保障改革ではないが，教育格差縮小や育児支援を目的として，教育の無償化がさらに進んだ。まず，2010年の公立高校授業料無償化を皮切りに，一定の所得以下の世帯を対象に，幼稚園，保育園などの幼児教育から始まり，高校や大学などの高校・高等教育でも無償化が進んだ。また，給付型奨学金も拡充された。

　その他，アベノミクスでは，働き方改革として，様々な改革が進んでいる。まず，多様な働き方を促進し，ワークライフバランスを改善して就業率を上げるために，これまで事実上無制限だった長時間労働に明確な上限を設ける残業制度改革，有給休暇の義務化などが設けられた。また，労働時間や勤務地などに制限がある共働き，育児，介護を行う人々の就業率を上げるために，勤務地や勤務時間などを限定した限定正社員制度の法整備が進められた。

　また，他にも子育てしながらの就労を支援するため，待機児童解消のための諸政策，育児休業を取りやすくするために，最長3年間の育児休業を企業に認

40　リーマンショック以降，法改正により雇用保険の加入条件の緩和は漸進的に進んでおり，2009年までは1年以上の雇用見通しが加入の条件だったが，2009年からは6カ月以上，2010年からは31日以上に短縮された。

めさせるためのガイドラインの作成なども進められた。

　以上のセーフティネットの整備や教育無償化，同一労働同一賃金に向けた法改正は，所得格差の縮小や生活保障の充実を目指すものであるが，合わせて働き方改革も推進することで，女性を含めた労働力率の向上，出生率の向上などを通じて，日本の社会保障体制の財源強化を狙ったものでもある。

　尚，これらの法の整備が企業に一定の圧力を与えることが期待されるものの，非正規労働者の待遇改善がどのようなペースで，そしてどこまで進むかは，以下の主に３つの理由により未知数である。第一に，人事制度上の問題として，同一労働同一賃金は，前提として職務とは何かを定義する必要がある。この点，終身雇用制度が広く浸透した日本は，メンバーシップ採用であり，総合職として一括採用し，その能力に対して給料を支払う職能給制度を採用している。そのため同じ職務でも年長者は能力が向上しているとみなして給料が年功序列となり，また職務範囲も曖昧となる。よって日本は，そこから人事制度を再構築する必要がある。第二に，同一労働同一賃金が広く浸透するためには，企業内だけでなく業界内で広く行われる必要があり，そのためには欧米のように産業別労働組合の下で労使による合意形成が不可欠である［宮本，2009］。しかし日本は企業別労働組合が一般的である上に，その参加率も低く，その仕組みが存在しない。第三に，あくまで“不合理な格差”が禁止されただけであり，格差の完全な解消を強いる法律ではない。そもそも厳密な同一労働を定義することが難しい。企業の経営環境を考慮すると，現実の対応としては，比較しにくい職務の中核ではなく，通勤手当や勤勉手当など，正社員に与えられていた付随的な特権のみを廃止することを中心に，基本給などについては不合理な格差を縮小することが事実上の主な対応策となる可能性がある。このように，制度改革はゆっくりと，かつ正社員の待遇も下げる形で行われると思われる。

　このように，アベノミクスでは，労働市場の柔軟性を高めるための雇用調整助成金，労働者の生産性を高めるための限定正社員制度が導入された一方，雇用規制の緩和や，労働移動を促すために重要な解雇の際の金銭補償制度の設立については先送りされた。労働者間の格差が広がる中でのセーフティネットの整備自体は評価できるものの，経済のパイを増やすための積極的労働市場政策に手を付けず，国民の反対が出にくいセーフティネットの拡充のみに手を付けるという政策に終始したことは，抜本的改革ではなく応急処置に過ぎない。ま

た厳しい財政制約の中で持続可能性が低く，世代間の不平等を招きかねないという点でも，問題を残している。

終わりに

　本書では，デジタル化，グローバル化が日本にどのような影響をもたらし，そしてそれに対して日本の大手電機，そして政府が近年どのような改革を行ってきたのかをまとめ，批判的に検討した。

　1980年代終わりまでは，日本経済はアナログ技術が中心であった自動車，電気機器をはじめとした機械工業において，そのものづくり力によって米国を追い抜き，世界をリードした。しかし，企業，個人，政府ともに，安定的，固定的な環境での改善を得意とする日本の強みは，1990年代以降，グローバル化とデジタル化の中で変化とリスクテイクの重要性が増した時代に，対応を遅らせる弱みに転化した。

　巨大企業となった日本の大手電機は，デジタル化，グローバル化したことで，コアコンピタンスへの集中や国際提携が重要となった世界のエレクトロクス製品市場において，自前主義の垂直統合型モデルに固執し，シェアを急激に落としていった。2000年代から2010年代にかけては選択と集中を進め，終身雇用や総合家電，自前主義のイノベーションという過去の経営手法を改め，事業構造改革や人事・組織構造の改革，そして国際連携などを進めてきた。これらの努力により利益率こそ回復したものの，諸外国と比較して改革は後手に回り，その変化も漸進的であった。その結果，デジタル化・ネットワーク化して専業化と国際提携が進み，経営のグローバル化や柔軟性・スピードが不可欠となったエレクトロニクス市場を生き残るための新たな経営モデルの確立は道半ばといえる。一方で，デジタル機器以外の，従来の日本の強みを活かせる市場でも，エレクトロニクス製品の落ち込みを補えるほどの成長を実現できていない。

　政府も，80年代まで科学技術立国の教育・研究基盤の整備に貢献したものの，近年は低成長，財政難が続く中で，技術シーズの創造をはじめとした国のイノベーション・システムの基盤整備に十分な資金を投入できずにいる。新しいビジネスの創造を刺激するために，これまで幅広い産業で規制緩和を進めてきたものの，強い解雇規制，そして少子高齢化の中で今後重要な産業となる医療で強い岩盤規制を残すなど，産業構造硬直化の原因となる日本の労働者保護・零細企業保護から十分には脱却できず，変化に柔軟で個人や企業の挑戦，リスク

テイクを後押しするための基盤整備をできずにいる。セーフティネットの拡充は評価できるものの，抜本的な成長戦略を欠いたままでは，その程度と持続可能性には問題が残る。

　グローバル化，デジタル化という大きな技術的・環境的変化の中で，グローバル人材・IT人材などの育成は急務である。しかし，諸外国が力を入れる中，日本の教育・研究機関でも改革が進むものの，財政難の中で進展は遅い。

　個人も，豊かになった日本では公務員，終身雇用の大企業などの安定した雇用があり，一方で起業には未だ個人のリスクが大きい状況で，相対的にローリスク・ハイリターンが期待できる従来型のビジネスや公務に希望が集中している。現在の日本には，国全体でリスクをカバーし合いながら，優秀で意欲のある人材が新規ビジネスを創り出す好循環が必要であるが，それがインセンティブ面でも欠けている。

　このように日本経済の新陳代謝が遅れる中，安定した良質な雇用も徐々に縮小する事態となっている。短期的な不利益を嫌い，リスクと変化を避ける風土が，長期的には停滞を招きかねないリスクに今の日本は直面している。本書により，グローバル化とデジタル化が進む中での現在の日本の状況と今後のあるべき方向性をわずかでも示すことができたなら幸いである。

　ただし，本書では，自動車産業など他の主要な業界の動向については論じることはできなかった。また，グローバル化の中で一層困難化している地方経済の活性化，グローバル化と所得格差，ものづくりの中心を行く中国のイノベーション・システム，米国との経済摩擦など，いずれも本書のテーマにかかわる重要な論点であるが，それは今後の研究課題としたい。

令和3年9月

帝京大学経済学部　堀内英次

主な参考文献

※引用順に記載した. 文献を複数の章で参考にしている場合には, 初出の章に記載した.

第1章

谷内満. (2012). 「金融の国際化：その特徴と成長との関係」. 『早稲田商学』第431号, pp565-593.

経済産業省. (2007). 『通商白書　2007年版』. ぎょうせい.

トーマス・フリードマン. (2006). 『フラット化する世界』. 日本経済新聞出版.

清田耕造. (2015). 『拡大する直接投資と日本企業』. NTT出版. (本書内第2, 3章でも参考)

日本経済新聞社 (編). (2000). 『起死回生：ドキュメント日産改革』. 日本経済新聞出版.

第2章

鐵和弘. (2001). 「開発戦略としての輸出加工区の有効性」. 静岡大学経済研究. 6 (1), p. 77-97.

大前研一. (2006). 『大前研一 新・経済原論』. 東洋経済新報社.

伊藤元重. (2005). 『ゼミナール国際経済入門　改訂第3版』pp482-484. 日本経済新聞出版. (本書内第3章でも参考)

第3章

小浜裕久. (2001). 『戦後日本の産業発展』. 日本評論社.

伊丹敬之, 伊丹研究室. (2004). 『空洞化はまだ起きていない』. NTT出版.

ジェトロ. (2002). 『ジェトロ貿易投資白書　2002年版』. ジェトロ.

天野倫文. (2005). 『東アジアの国際分業と日本企業：新たな企業成長への展望』. 有斐閣. (本書内第10章第2節でも参考)

経済産業省. (2010). 『産業構造ビジョン2010』. 経済産業調査会.

第4章

ソニー広報部. (1998). 『ソニー自叙伝』. ワック.

湯之上隆. (2009). 『日本「半導体」敗戦』. 光文社. (本書内第6章でも参考)

馬場錬成. (2000). 『大丈夫か日本のものづくり：IT革命が製造業を変える』. プレジデント社.

関満博. (1993). 『フルセット型産業構造を超えて：東アジア新時代のなかの日本産業』. 中央公論社.

科学技術庁. (1991). 『科学技術白書　平成3年版』. 大蔵省印刷局.

科学技術庁. (1992). 『科学技術白書　平成4年版』. 大蔵省印刷局.

マイケル・E・ポーター, 竹内弘高. (2000). 『日本の競争戦略』. ダイヤモンド社.

クリス・アンダーソン. (2012). 『MAKERS　21世紀の産業革命が始まる』. NHK出版. (本書内第5章でも参考)

小川紘一. (2009). 『国際標準化と事業戦略：日本型イノベーションとしての標準化ビジネスモデル』. 白桃書房. (本書内第7章でも参考)

NHK取材班. (2013). 『NHKスペシャル　メイド・イン・ジャパン逆襲のシナリオ』. 宝島社. (本書内第7章でも参考)

経済産業省, 厚生労働省, 文部科学省. (2012). 『ものづくり白書　2012年版』(第2章第1節). 経済産業調査会,.

経済産業省, 厚生労働省, 文部科学省. (2013). 『ものづくり白書　2013年版』(第1章第3節). 経済産業調査会, .

第5章

ジャック・ウェルチ. (2001). 『ジャック・ウェルチ　わが経営』(上・下). 日本経済新聞出版.

田村太一. (2005). 「アメリカ製造業の変貌とリエンジニアリング：IT製造業のサービス産業化に関連して」. 『季刊経済研究』第28巻第1号, pp85-106.

田中道昭. (2019). 『GAFA×BATH　米中メガテックの競争戦略』. 日本経済新聞出版.

野口悠紀雄. (2018). 『「産業革命以前」の未来へ：ビジネスモデルの大転換が始まる』. NHK出版. (本書内第7章でも参考)

藤岡淳一. (2017). 『「ハードウェアのシリコンバレー深圳」に学ぶ：これからの製造のトレンドとエコシステム』. インプレスR&D.

立本博文. (2009). 「台湾企業：米国企業とのモジュラー連携戦略：台湾パソコン産業とインテル」. 新宅純二郎, 天野倫文 (編), 『ものづくりの国際経営戦略：アジアの産業地理学』(第9章), pp209-231. 有斐閣.

妹尾堅一郎. (2009). 『技術力で勝る日本が, なぜ事業で負けるのか：画期的な新製品が惨敗する理由』. ダイヤモンド社.

大谷和利. (2012). 『アップルの未来：ポスト・ジョブズ時代に革新的な製品は現れるのか!?』. アスキー・メディアワークス.

雨宮寛二. (2015). 『アップル, アマゾン, グーグルのイノベーション戦略』. NTT出版. (本書内第9章でも参考)

第6章

新宅純二郎. (2009). 「東アジアにおける製造業ネットワーク：アーキテクチャから見た分業と協業」. 新宅純二郎, 天野倫文 (編), 『ものづくりの国際経営戦略：アジアの産業地理学』(第2章), pp28-54. 有斐閣.

宮崎智彦. (2008). 『ガラパゴス化する日本の製造業』. 東洋経済新報社. (本書内第7章でも参考)

岸本千佳司. (2014). 「台湾半導体産業における垂直分業体制と競争戦略の研究：日本企業凋落との対比により」. AGI　Working Paper Series.

立本博文, 藤本隆宏, 富田純一. (2009). 「プロセス産業としての半導体前工程：アーキテクチャ変動のダイナミクス」. 藤本隆宏, 桑嶋健一 (編), 『日本型プロセス産業：ものづくり経営学による競争力分析』(第6章), pp206-251. 有斐閣.

赤羽淳. (2014). 『東アジア液晶パネル産業の発展：韓国・台湾企業の急速キャッチアップと日本企業の対応』. 勁草書房.

新宅純二郎, 善本哲夫. (2009). 「液晶テレビ・パネル産業：アジアにおける国際分業」. 新宅純二郎, 天野倫文 (編), 『ものづくりの国際経営戦略：アジアの産業地理学』(第4章), pp83-110, 有斐閣.

大槻智洋, 浅川直輝 (2008)「巨大EMS企業Hon Hai」(1)〜(6)　日経クロステック. 参照先：(https://xtech.nikkei.com/dm/article/NEWS/20080714/154768/)

王樵一 (2016)『鴻海帝国の深層』翔泳社.

稲垣公夫. (2001). 『EMS戦略：企業価値を高める製造アウトソーシング』. ダイヤモンド社.

第7章

中田行彦．(2015)．『シャープ「液晶敗戦」の教訓』．実務教育出版．

丸川知雄，安本雅典．(2010)．『携帯電話産業の進化プロセス：日本はなぜ孤立したのか』．有斐閣．

許經明，今井健一．(2009)．「携帯電話産業：中国市場にみるアーキテクチャと競争構造の変容」．新宅純二郎，天野倫文（編），『ものづくりの国際経営戦略：アジアの産業地理学』（第5章），pp111-135，有斐閣．

畑村洋太郎・吉川良三．(2009)．『危機の経営：サムスンを世界一企業に変えた3つのイノベーション』．講談社．

北田秀人．(2010)．『シャープ「AQUOS」ブランド戦略：たった8年でオンリーワン企業となった理由』．東洋経済新報社．

大西康之．(2017)．『東芝解体：電機メーカーが消える日』．講談社．

小川紘一．(2014)．『オープン＆クローズ戦略』．翔泳社．

元橋一之．(2014)．『日はまた高く 産業競争力の再生』．日本経済新聞出版．

沼上幹．(2003)．『組織戦略の考え方：企業経営の健全性のために』．筑摩書房．

野中郁次郎．(1980)．『経営管理』．日本経済新聞出版．

樋原伸彦．(2017)．「オープン・イノベーションとCVC投資」．『早稲田国際経営研究』，No.48，pp71-78．

クレイトン・クリステンセン．(2000)．『イノベーションのジレンマ：技術革新が巨大企業を滅ぼすとき』．翔泳社．

第8章

小板橋太郎．(2014)．『異端児たちの決断：日立製作所 川村改革の2000日』．日経BP．

日経産業新聞（編）．(2016)．『SONY 平井改革の1500日』．日本経済新聞出版．

中田行彦．(2019)．『シャープ再建：鴻海流スピード経営と日本型リーダーシップ』．啓文社書房．

伊藤正晴．(2011)．「銀行を中心に，株式持ち合いの解消が進展：株式持ち合い構造の推計：2010年版」『大和総研調査季報』（1），pp90-117．

西田宗千佳．(2016)．『ソニー復興の劇薬SAPプロジェクトの苦闘』．KADOKAWA．

第9章
第1節

内閣府政策統括官（編）．(2017)．『日本経済2016‐2017：好循環の拡大に向けた展望』．日経印刷．

伊藤元重．(2017)．『伊藤元重が警告する日本の未来』．東洋経済新報社．

岸本千佳司．(2018)．「シリコンバレーのベンチャーエコシステムの発展：「システム」としての体系的理解を目指して」．AGI Working Paper Series，pp1-52．

デボラ・P・ピシオーニ．(2014)．『シリコンバレー 最強の仕組み』．日経BP．

東一眞．(2001)．『「シリコンバレー」のつくり方』．中央公論新社．

雨宮寛二．(2012)．『アップル，アマゾン，グーグルの競争戦略』．NTT出版．

堤未果．(2008)．『ルポ 貧困大国アメリカ』．岩波書店．

第2節

宮本太郎．(2009)．『生活保障：排除しない社会へ』．岩波書店．（本書内第10章第2節第6項でも参考）

翁百合，西沢和彦，山田久，湯元健治．(2012)．『北欧モデル：何が政策イノベーションを生み出すの

か」．日本経済新聞出版.

湯元健治，佐藤吉宗．（2010）．『スウェーデン・パラドックス』．日本経済新聞出版.

第3節

八代尚宏．（2014）．『反グローバリズムの克服：世界の経済政策に学ぶ』．新潮社．（本書内第10章でも参考）

岩崎育夫．（2013）．『物語　シンガポールの歴史：エリート開発主義国家の200年』．中央公論新社.

大前研一．（2013）．『クオリティ国家という戦略　これが日本の生きる道』．小学館.

第10章

第1節

首相官邸．（2013年6月14日）．「日本再興戦略　—JAPAN is BACK—」．参照先：首相官邸HP．（本書内第2節第6項でも参考）

首相官邸．（2015年6月30日）．「日本再興戦略　改訂2015：未来への投資・生産性革命」．参照先：首相官邸HP.

首相官邸．（2017年6月9日）．「未来投資戦略 2017：Society 5.0 の実現に向けた改革」．参照先：首相官邸HP．（本書内第2節第5項でも参考）

第2節

第1項

内閣府．（2018）．『経済財政白書　平成30年版』．日経印刷.

毎日新聞「幻の科学技術立国」取材班．（2019）．『誰が科学を殺すのか：科学技術立国「崩壊」の衝撃』．毎日新聞出版.

第2項

経済産業省．（2006）．『グローバル経済戦略：東アジア経済統合と日本の選択』．ぎょうせい．（本書内第3項でも参考）

第3項

石川城太，椋寛，菊地徹．（2013）．『国際経済学をつかむ』（第2版）．有斐閣.

浜中慎太郎．（2020年11月20日）．「IDEスクウェア：世界を見る目　RCEP署名は何を意味するか　地経学的見方」．参照先：アジア経済研究所：http://hdl.handle.net/2344/00051894.

大庭三枝．（2021年1月21日）．「経済教室：RCEP，TPPと対立せず」．日本経済新聞，p27.

上谷田卓．（2019）．「日・EU経済連携協定の特徴と論点：アジアと欧州をつなぐ包括的・先進的な通商ルール」．『立法と調査』．No.410，pp91-109.

郭四志（編）．（2019）．『米中摩擦下の中国経済と日中連携』．同友館.

第4項

内閣府．（2018）．『経済財政白書　平成30年版』（第3章第2節第3項）．日経印刷.

内閣府．（2008）．『経済財政白書　平成20年版』（第2章第5節）．社団法人時事画報社.

仮屋薗聡一．（2017）．「第四次産業革命に向けたリスクマネー供給に関する研究会」．
参照元：経済産業省審議会
（https://www.meti.go.jp/committee/kenkyukai/sansei/daiyoji_sangyo_risk/pdf/001_07_00.pdf）.

高橋徳行．（2019年4月9，10，11，12，16，17日）．「やさしい経済学　日本の起業意識と起業活動」（1）〜（6）．日本経済新聞.

第5項

松原聡．（2000）．『既得権の構造：「政・官・財」のスクラムは崩せるか』．PHP研究所.

鶴田俊正．（1997）．『規制緩和：市場の活性化と独禁法』．筑摩書房．

原英史．（2019）．『岩盤規制：誰が成長を阻むのか』．新潮社．

岡部陽二．（2014年1月6日，9日）．「医療改革を成長戦略の柱に」（上）（下）．『金融財政ビジネス』．第10381号，10382号．

八代尚宏．（2013）．『規制改革で何が変わるのか』．筑摩書房．

デービッド・アトキンソン（2019）．『国運の分岐点：中小企業改革で再び輝くか，中国の属国になるか』講談社．

総務省．（2013）．『情報通信白書　平成25年版』．日経印刷．

第6項

湯浅誠．（2008）．『反貧困：「すべり台社会」からの脱出』．岩波書店．

【著者紹介】

堀内 英次（ほりうち えいじ）

帝京大学経済学部准教授

一橋大学経済学部卒業。一橋大学大学院経済学研究科博士課程単位取得退学。一橋大学博士（経済学）。帝京大学講師，一橋大学COE研究員等を経て，2008年より現職。

専門分野は国際経済学，産業政策，産業構造論。主な著作に，「日本の産業政策と産業構造の転換について」（郭四志編著『中国経済の新時代』文眞堂，2017年），「1980年代後半の日米半導体摩擦：米中ハイテク摩擦への教訓」（郭四志編著『米中摩擦下の中国経済と日中連携』，日本評論社，2019年）"Strategic Technology Transfer through FDI in Vertically Related Markets"（with Jota Ishikawa, *The Economic Record*, 2008），"Tariffs and Technology Transfer through Intermediate Product"（with Jota Ishikawa, *Review of International Economics*, 2009）などがある。

グローバル化・デジタル革命のインパクト
日系電機の凋落と官民の改革

2022年3月1日　第1版第1刷発行

著 者	堀　内　英　次	
発行者	山　本　　　継	
発行所	㈱中央経済社	
発売元	㈱中央経済グループ パブリッシング	

〒101-0051　東京都千代田区神田神保町1-31-2
電話　03 (3293) 3371(編集代表)
　　　03 (3293) 3381(営業代表)
https://www.chuokeizai.co.jp

© 2022
Printed in Japan

印刷／三英印刷㈱
製本／誠　製　本㈱

＊頁の「欠落」や「順序違い」などがありましたらお取り替えいたしますので発売元までご送付ください。（送料小社負担）
ISBN978-4-502-41441-1　C3034

M&Aにおける
従業員重視経営の罠
―日本的経営がもたらす価格競争―

酒井 康之［著］

●A5判 / 176頁 /ハードカバー
●ISBN：978-4-502-37691-7

成熟産業でのM&Aは過当競争を解消し、商品・サービス価格の上昇や収益性改善につながるはずだが、必ずしも実際はそうなっていない。その理由とメカニズムを実証的に解明。

本書の構成

中央経済社